Joachim Behnke · Thomas Bräuninger
Susumu Shikano (Hrsg.)

Jahrbuch für Handlungs- und Entscheidungstheorie

D1727123

Joachim Behnke
Thomas Bräuninger
Susumu Shikano (Hrsg.)

Jahrbuch für Handlungs- und Entscheidungstheorie

Band 6: Schwerpunkt Neuere
Entwicklungen des Konzepts
der Rationalität und ihre Anwendungen

VS VERLAG

Bibliografische Information der Deutschen Nationalbibliothek
Die Deutsche Nationalbibliothek verzeichnet diese Publikation in der
Deutschen Nationalbibliografie; detaillierte bibliografische Daten sind im Internet über
<http://dnb.d-nb.de> abrufbar.

1. Auflage 2010

Alle Rechte vorbehalten
© VS Verlag für Sozialwissenschaften | Springer Fachmedien Wiesbaden GmbH 2010

Lektorat: Dorothee Koch / Tanja Köhler

Der VS Verlag für Sozialwissenschaften ist eine Marke von Springer Fachmedien.
Springer Fachmedien ist Teil der Fachverlagsgruppe Springer Science+Business Media.
www.vs-verlag.de

Umschlaggestaltung: KünkelLopka Medienentwicklung, Heidelberg
Gedruckt auf säurefreiem und chlorfrei gebleichtem Papier
Printed in Germany

ISBN 978-3-531-17556-0

Inhalt

Editorial

Es gibt wohl wenige Begriffe in den Sozialwissenschaften, die zugleich so einflussreich wie umstritten sind wie der der Rationalität. Vor allem eine Wissenschaft, die den Anspruch erhebt, menschliches Handeln „erklären" zu können und nicht nur verstehend nachzuvollziehen, kann schwerlich darauf verzichten, dem Prozess des Zustandekommens menschlicher Handlungen eine Eigenschaft zuzuschreiben, die mit dem Begriff „rational" zumindest annäherungsweise zu beschreiben ist. Diese Eigenschaft, bei der es sich streng genommen um ein Bündel von Eigenschaften handelt, besteht in der *bewussten Wahl einer Handlungsalternative*, d.h. der *Auswahl einer Option* aus einer Menge von verfügbaren Optionen. Wenn man die Verwendung des Begriffs „bewusst" nun wieder so versteht, dass Handlungen in einem instrumentellen Sinn ausgewählt werden, um bestimmte Ziele zu erreichen, dann ist damit zumindest der Kern dessen, was wir gemeinhin unter „rational" verstehen, wohl ganz gut umschrieben. Menschliches Handeln in seiner Gesamtheit ließe sich vermutlich weder erklären noch verstehen oder interpretieren, verzichtete man gänzlich auf diesen intentionalen Aspekt; insofern ist auch – zugespitzt formuliert – kaum eine Handlungstheorie vorstellbar, die ohne den Aspekt der Zielgerichtetheit von Handlungen auskäme. Denn auch die Beschreibung von arationalen oder irrationalen Handlungen kommen nicht ohne Rekurs auf die Referenzfolie rationalen Handelns aus, und während es offensichtlich möglich ist, eine – wenn auch mitunter nicht realistische – Theorie des Rationalen ohne Berücksichtigung der arationalen und irrationalen Aspekte menschlichen Handelns zu formulieren, so könnte man keine autonome Theorie des Irrationalen oder Arationalen bilden ohne das Konzept der Rationalität mitzudenken, unabhängig von der trivialen Tatsache, dass die Namen dieser Konzepte abgeleitet sind. Denn auch wenn man andere Namen wählen würde, man könnte nicht das *Konzept* des Arationalen als autonome Kategorie entwerfen.

Der gegenwärtige Streit um das Konzept der Rationalität entfacht sich daher auch weniger an diesem Kern des Konzepts, sondern regelmäßig an dessen spezifischer Auffüllung. Denn die lange Zeit vorherrschende „enge" Fassung von Rationalität als „Maximierungsprozess unter Nebenbedingungen" ist natürlich mit Recht aufgrund ihrer vielfältigen Mängel unter Beschuss geraten, wenn im Debattenfeuer mitunter auch vergessen wurde, den heuristischen Wert auch objektiv „falscher" oder besser unangemessener Konzepte genügend zu würdigen. Denn so wie Popper in Anlehnung an Kant von der Wahrheit als regulativer Idee spricht, so könnte man auch das Konzept der Rationalität als eines betrachten, dessen Fruchtbarkeit sich nicht aus seiner Angemessenheit zur Beschreibung bestimmter Sachverhalte ergibt, sondern sich gerade dadurch zeigt, dass es essentielle Aspekte dieser Sachverhalte ignoriert. Möglicherweise haben wir beim Nachdenken darüber, inwiefern menschliches Handeln *nicht* rational ist, ein tieferes Verständnis vom Gegenstand gewonnen, als es bei irgendeinem Versuch, menschliches Handeln mit einer positiven Eigenschaft zu beschreiben, hätte gelingen können. Möglicherweise verhält es sich mit dem Rationalitätsbegriff auch ganz ähnlich wie mit dem Konzept der „Kraft" in der Mechanik, ohne welches die klassischen Arbeiten von Galilei oder Newton wohl nicht zu formulieren gewesen wären, auf das aber Heinrich Hertz Ende des 19. Jahrhunderts mit guten Gründen zu verzichten können glaubte.

Das Konzept der Rationalität bestimmt also immer noch maßgeblich die Diskussion über die Erklärung von Handlungen, Grund genug für uns, diese Diskussion über neuere Entwicklungen des Konzepts der Rationalität als Schwerpunktthema des Jahrbuchs für Handlungs- und Entscheidungstheorie aufzunehmen.

Der erste Beitrag zu diesem Schwerpunktthema stammt von Henning Laux und bietet einen sehr grundlegenden Überblick über die derzeitige Diskussion. Ausgangspunkt ist die These, dass in der sozialwissenschaftlichen Literatur zu Handlungserklärungen tatsächlich ein Abschied vom Begriff der Rationalität zu konstatieren ist. Laux geht dabei in seinem Beitrag auf vier Aspekte ein: Erstens überprüft er die Ausgangsthese, ob denn überhaupt von einem Abschied vom Konzept der Rationalität gesprochen werden kann, bzw. wenn ja, von welchem Konzept. Zweitens geht er auf die oben erwähnte Frage ein, inwieweit Handlungserklärungen denn überhaupt ohne das Konzept der Rationalität noch möglich sind, bzw. ob der Verzicht denn sinnvoll sein kann, wenn das Konzept ansonsten durch ein anderes ersetzt werden muss, um die entstehende Lücke zu schließen. Drittens setzt er sich mit den Einwänden gegen das klassische Rationalitätskonzept auseinander, die ein Umdenken erforderlich gemacht haben. Viertens stellt er schließlich die Frage, wie ein solches neues Konzept der Rationalität denn beschaffen sein müsste, um diesen Einwänden zu begegnen, ohne gleichzeitig die Mächtigkeit des Konzepts zur Erklärung von Handlungen preiszugeben.

Susanne Hahn setzt sich in ihrem Beitrag mit einem der Klassiker des Rationalitätsbegriffs in den Sozialwissenschaften auseinander, mit Max Weber. Wie schon der Untertitel des Beitrags zeigt „Von Max Weber lernen?" demonstriert Susanne Hahn überzeugend, dass die volle Komplexität des Weber'schen Denkens in diesem Zusammenhang doch nur unvollständig und auf problematische Weise verkürzend in die Debatte eingegangen ist. Denn auch wenn die verschiedenen Weber'schen Konnotationen des Rationalen wie z.b. die des wertrationalen Handelns durchaus ihren Eingang in die Weber-Rezeption gefunden haben, so werden sie doch in formalen Modellen des Handelns weiterhin vernachlässigt. Doch gerade die Kritik am derzeitigen auf „Zweckrationalität" verengten Rationalitätsbegriff zeigt, dass einige der bemängelten Lücken des Konzepts genau die Aspekte betreffen, die Max Weber in seiner komplexen Theorie des Handelns schon berücksichtigt hat. Auch wenn dies bei einem Autor wie Max Weber auf den ersten Blick ein absurder Gedanke zu sein scheint, so zeigt Susanne Hahn, dass Max Weber in dieser Hinsicht als ein zu Unrecht vernachlässigter Autor gesehen werden kann.

Während Susanne Hahn die Brücke zur Tradition aufbaut, schlägt Johannes Marx in seinem Beitrag den Bogen vom Rationalitätsbegriff, wie er in der analytischen Philosophie Donald Davidsons Verwendung findet, zu neueren Entwicklungen in der Kultur- und in der Neurowissenschaft. Aus beiden Richtungen kommt zum Teil fundamentale Kritik am Rationalitätsbegriff, wie er in der Ökonomie unter dem Label Rational Choice verwendet wird, und der dem Typus des Weber'schen zweckrationalen Handelns entspricht. Die kulturwissenschaftliche Kritik ist bekannt und betont vor allem die (angebliche) Vernachlässigung des Kontexts in zweckrationalen Rationalitätsmodellen. Radikaler ist die Kritik der Neurowissenschaften, die das „intentionale Idiom" als Ganzes ablehnt. In gewisser Weise an die alte Schopenhauer'sche Frage anknüpfend, ob der Mensch in der Lage sei „das Wollen zu wollen", wird die Fähigkeit in Frage gestellt, überhaupt bewusste Entscheidungen im Sinne eines Kalkulationsprozesses nach einer entsprechenden Bewertung von Optionen anhand von Kriterien treffen zu können. Das zentrale Argument der Neurowissenschaften bestreitet damit die a priori bestehende Ergebnisoffenheit der Entscheidung. Die Empfindung, eine Auswahl getroffen zu haben, wird gewissermaßen zum Epiphänomen, also zu einer vom Gehirn nachgereichten Begleiterscheinung. Diese Sichtweise, die dem klassischen Behaviorismus nahesteht, stellt naheliegenderweise eine fundamentale Herausforderung des Rationalitätskonzepts dar, aber auch des damit verbundenen Menschenbildes eines sich frei und bewusst entscheidenden Individuums.

Der Beitrag von Eduard Brandstätter, Ralph Hertwig und Manuela Gußmack beschäftigt sich mit den Entscheidungsparadoxien, die im Zusammenhang mit der Auswahl von Lotterien auftreten, wenn man das klassische Erwartungsnutzenkonzept anlegt. Dieses wurde gewissermaßen von Daniel Bernoulli 1738 zur Lösung des sogenannten St. Petersburg-Paradoxes erfunden und von John von Neumann und Oskar Morgenstern in eine axiomatische Form gebracht. Doch als so dominant sich dieses Nutzenkonzept in der formalen Theorie, vor allem der Ökonomie, auch erwiesen hat, seine Unfähigkeit, von den Erwartungen abweichendes Verhalten zu erklären, wie z.B. im Allais-Paradox, war der maßgebliche Auslöser für die Anhänger der Konzeption einer „bounded rationality", die sich inzwischen in der Ökonomie unter dem Namen „Behavioral Economics" etabliert hat. Auch die Anhänger des „beschränkten" Rationalitätskonzepts gehen davon aus, dass Menschen in der Regel nicht die reflektierenden und kalkulierenden Entscheider sind, wie im klassischen zweckrationalen Rationalitätsmodell, sondern sich bei ihren Entscheidungen vielmehr von informationssparsamen Heuristiken leiten lassen. Brandstätter, Hertwig und Gußmack stellen einige dieser Heuristiken vor, mit einer besonderen Betonung auf die sogenannte Prioritätsheuristik.

Ganz im klassischen Rahmen hingegen bewegt sich Roger Berger, der untersucht, inwieweit sich das Rationalitätskonzept zur Untersuchung von Entscheidungen im Sport sinnvoll anwenden lässt. Hierbei nimmt er die Entscheidungen von Torhütern und Torschützen beim Elfmeterschießen unter die Lupe und untersucht, inwieweit die Verteilung der Handlungsoptionen der Akteure der optimalen gemischten Strategie im Sinne des Minimax-Theorems von Von Neumann und Morgenstern entspricht. Die entscheidende Frage ist hierbei, ob die Akteure dieser optimalen Strategiewahl in irgendeiner Form nahekommen. Auch die Frage, auf welche Weise die konkrete Mischung der reinen Strategien jedoch zustande kommt, also ob durch geplante Kalkulationen oder durch internalisierte Heuristiken, wird hierbei angerissen, auch wenn sie aus naheliegenden Gründen nicht abschließend beantwortet werden kann.

Joachim Behnke, Johannes Hintermaier und Lukas Rudolph beschäftigen sich, wenn man so will, mit einem anderen „Defekt" des klassischen Rationalitätskalküls. Hier geht es um die Entscheidungen von Akteuren in sogenannten Ultimatum- und Diktatorspielen, in denen es darum geht, einen bestimmten Geldbetrag zwischen zwei Akteure aufzuteilen. Auch hier zeigen bekannte empirische Untersuchungen, dass es zu Abweichungen vom im Sinne der Spieltheorie erwarteten Verhalten kommt, wenn man streng nutzenmaximierende Individuen voraussetzt. Während es bei den oben erwähnten Heuristiken bei Brandstätter, Hertwig und Gußmack um Alternativstrategien ging, die in erster Linie die Komplexität des Handlungsproblems heruntersetzen und somit dieses lösbar machen sollten, sind die Abweichungen bei diesen Teilungsspielen eher damit zu erklären, dass sich die Akteure gar nicht im klassischen Sinn „zweckrational" verhalten wollen, sondern gewissermaßen sich bei ihrer Handlungswahl eher „wertrational" von bestimmten Normen der Fairness leiten lassen.

Einem ganz anderen Aspekt von „Rationalität" widmet sich der Beitrag von André Bächtiger, Seraina Pedrini und Mirjam Ryser und demonstriert damit die Vielschichtigkeit des Konzepts. Während in allen anderen Beiträgen das Prädikat „rational" immer auf die handelnden Akteure bezogen war, wird es hier zur Bezeichnung eines Diskurses verwendet. Konkret geht es dabei darum, wie diese empirisch messbar gemacht werden kann. Der Beitrag zielt darauf ab, das von Steenbergen, Bächtiger, Spörndli und Steiner entworfene Messinstrument DQI (Discourse Quality Index) zu verbessern. Dem DQI, das die Messung der Deliberation in politischen Entscheidungsfindungen ermöglicht, liegt das Konzept der kommunikativen Rationalität à la Habermas zugrunde. Somit finden hier die normativen Überlegungen von Habermas bzw. weiterer Deliberationstheoretiker einen Zugang zur empirischen Analyse.

Wir möchten uns an dieser Stelle bei allen Autoren bedanken, die mit ihren Beiträgen geholfen haben, einen neuen Band des Jahrbuchs fertigzustellen, der mit inhaltlich interessanten und vielschichtigen Artikeln aufwarten kann, von denen wir hoffen, dass sie die wissenschaftliche Diskussion innerhalb des Fachs entsprechend bereichern werden.

Unser herzlicher Dank gilt außerdem Frau Jennifer Eurich, die den wesentlichen Teil der Formatierungsarbeit übernommen hat und eine wichtige und wertvolle Stütze bei den Korrekturarbeiten war. Bedanken möchten wir uns ebenfalls bei Susanne Michalik, Jakob Bösch, Linh Nguyen, Narith Epstein, Martin Brunner, Anna Kurella, Verena Mack, Sjard Seibert und Tobias Heck, die jeweils einzelne Teile des Manuskripts Korrektur gelesen haben.

11

In Memoriam: Rationalität (†)

Henning Laux

1. Einführung

Dereinst - und das ist eigentlich noch gar nicht so lange her - da galt der Rationalitätsbegriff geradezu als Herzstück entscheidungstheoretischer Modelle. Die Forschungsliteratur sprach mitunter ganz unverhohlen von „Theorien *rationaler* Wahl". Das Verhalten individueller Akteure wurde selbstbewusst unter Rückgriff auf einige wenige (Rationalitäts-)Prämissen beschrieben, erklärt und prognostiziert. Diese stolzen Zeiten scheinen nunmehr der Vergangenheit anzugehören. Selbst überzeugte Jünger des Rationalen wenden sich zermürbt von einem Begriff ab, der unter den mannigfaltigen Angriffen der letzten Jahrzehnte kaum mehr zu erkennen ist. Diese Distanzierung erfolgte bislang eher lautlos. Kürzlich haben jedoch Andreas Diekmann und Thomas Voss die aktuelle Stimmungslage expliziert: „Da es mehrere Entscheidungstheorien gibt, gibt es entsprechend auch mehrere Rationalitätsbestimmungen. Die Theorie verliert nichts, wenn man auf den Begriff der Rationalität verzichtet" (Diekmann/Voss 2004: 13-14). Selbstverständlich stoßen derartige Äußerungen nicht auf die einhellige Zustimmung innerhalb des Paradigmas. Unbestreitbar kristallisiert sich in ihnen jedoch eine Gemütslage, die gegenwärtig kontinuierlich an Kraft gewinnt und vehement den Abschied von dem (emphatischen) Rationalitätsbegriff der Gründerjahre einfordert.

Im vorliegenden Beitrag gilt die Konzentration einigen besonders drängenden Ungewissheiten, welche sich an die geschilderte Entwicklung anschließen und deren Entschlüsselung in der weiteren Theoriedebatte hilfreich sein könnte. (1.) *Wer* verabschiedet sich von *welchem* Rationalitätsbegriff und welche Indizien stützen diese Behauptung? (2.) Ist eine Suspendierung des Rationalen möglich und sinnvoll? (3.) Welche Einwände und Veränderungen haben das Umdenken in der Debatte begünstigt oder gar erzwungen? Und schließlich: (4.) Wie könnte ein Rationalitätsbegriff aussehen, der sowohl spätmodernen Konstellationen als auch den Ambitionen der Entscheidungstheorie genügt?

In der Folge werden die aufgeworfenen Fragen einzeln adressiert. Übergreifendes Ziel der Untersuchung ist eine Bestandsaufnahme über Begriff und Ort des Rationalen in Entscheidungstheorien der Gegenwart. Entgegen dem

wahrgenommenen Trend einer Verabschiedung werde ich für die Rekonturie-
rung und Rekontextualisierung des Rationalitätskonzepts argumentieren.

## 2.	Vom Verschwinden des Rationalen in den RCT

2.1. Präzisierung der Ausgangsthese

Bislang wurde behauptet, dass *die* Entscheidungstheorie *den* Rationalitätsbegriff
aus ihren Modellen verbannt. Das ist in dieser Pauschalität offensichtlich falsch.
Daher soll als erstes konkretisiert werden, welche Bedeutung der Hypothese im
vorliegenden Beitrag zukommen wird.

Entscheidungstheorien differieren im Hinblick auf zahlreiche wesentliche
Merkmale. Insbesondere kann es natürlich Autoren geben, für die der Begriff
'rational' gänzlich irrelevant ist, da sie von andersartigen Überlegungen ihren
Ausgang nehmen. Von solchen Ansätzen soll nicht weiter die Rede sein. Die
Aufmerksamkeit gilt vielmehr explizit jenen Autoren, die sich hinter dem impo-
santen Banner der *Rational Choice Theorien* (RCT) versammelt haben. Trotz
des einheitlichen Labels adressiere ich damit eine zutiefst heterogene Theorieschule (vgl. Hechter/Kanazawa 1997: 194; Opp 2004: 45; Diekmann/Voss
2004: 13). Gemeinsamkeiten bestehen im Hinblick auf den betrachteten Gegenstand (Akteurszentrierung) und die favorisierte Erklärungsrichtung (methodologischer Individualismus). Hinzu trat bislang, als unbestrittenes Zentrum der
Theoriebildung, die Vorstellung, dass menschliche Akteure *rationale* Entscheidungen treffen. Was aber verbirgt sich hinter diesem vermeintlich harmlosen
Attribut, das nun angeblich nicht länger benötigt wird?

Zur besseren Strukturierung des wissenschaftlichen Terrains kann zwischen einer „engen" und einer „weiten" Version der RCT unterschieden werden
(vgl. Opp 2004: 45-51), die mit jeweils unterschiedlichen Definitionen des Rationalen arbeiten. Die enge RCT, gegenwärtig vor allem noch von Ökonomen
vertreten, gründet sich auf das Akteursmodell des „homo oeconomicus". Dieser
ist nach heutigem Sprachgebrauch 'perfekt rational'. Er ist dazu in der Lage auf
Basis vollständig geordneter Präferenzen und perfekter Informationen seinen
Nutzen zu maximieren. Er überblickt die Konsequenzen seiner Entscheidung
demnach in ihrer Gänze und verfolgt ausschließlich materiell-egoistische Interessen. Genügt das Verhalten einer Person den externalistisch bestimmbaren
Kriterien, so ist es als „rational" zu bezeichnen.

Aus dem schulinternen Streit um das Prädikat 'rational' ist schon früh eine alternative Deutung hervorgegangen. Der so genannte „RREEM-Man" geht auf William Meckling (1976) zurück und wurde von Siegwart Lindenberg (1985) in seine endgültige Form gegossen. Der RREEM-Man ist weder vollständig informiert, noch kann sein Entscheidungsverhalten als egoistische Nutzenmaximierung beschrieben werden. Seine Präferenzen können durchaus altruistischer Natur sein. Zudem wird im Rahmen dieses Akteursmodells berücksichtigt, dass die subjektive Wahrnehmung einer Situation von der „objektiven" Sicht des Beobachters häufig abweicht. Da es aber in erster Linie die subjektive Interpretation ist, die handlungsleitende Kräfte entfaltet, wird in der weiten Variante von RC die Wahrnehmung des Akteurs zum Ausgangspunkt der Handlungserklärung genommen (vgl. Esser 1996: 3).[1] Der RREEM-Man orientiert sich kreativ an vorhandenen Restriktionen und maximiert seinen individuellen Erwartungsnutzen. Seine Rationalität ist jedoch aufgrund kognitiver Limitierungen im Bereich der Informationsaufnahme und -verarbeitung stets „beschränkt" (Simon 1957).

Der soeben angedeutete Graben zwischen enger und weiter Interpretation der RCT könnte den Eindruck einer seit jeher gespaltenen Theorieschule erwecken. In der Forschungsliteratur wird jedoch vielfach betont, dass es sich hierbei lediglich um einen Streit über Zusatzannahmen handelt. Nach dieser Lesart existiert ein nomologischer Kern, der bislang durchaus als Grundlage für alle RCT gelten durfte (vgl. etwa Kunz 2004: 35-41). Danach besteht Konsens darüber, dass *rationale* Akteure ihre Ressourcen so einsetzen, dass ihre Präferenzen „möglichst gut"[2] realisiert werden. Diese Annahme impliziert im Hinblick auf den Entscheider das Vorhandensein einer vollständigen und transitiven Präferenzordnung, ein bewusstes Entscheidungskalkül und die Orientierung an zukünftigen „Auszahlungen". Variationen im Entscheidungsverhalten einer Person werden grundsätzlich anhand von veränderten Restriktionen erklärt und nicht im Rückgriff auf endogenen Präferenzwandel. RCT machen sich im Regelfall eine kausal-intentionale Perspektive zu Eigen, die als Basis zur Erklärung von Makrophänomenen herangezogen werden kann.

Insgesamt lassen sich also im Rahmen des RC-Paradigmas mindestens drei verschiedene Begriffe des Rationalen identifizieren: die enge Version des homo oeconomicus ('perfekt rational'), die weite Variante des RREEM-Man ('be-

---

1 Diese Vorgehensweise geht auf das so genannte Thomas-Theorem zurück (Thomas/Thomas 1928: 572).

2 Uneinigkeit besteht freilich darüber, was unter „möglichst gut" genau zu verstehen ist (vgl. hierzu auch Diekmann/Voss 2004: 15).

schränkt rational') und ein Minimalkonsens ('basal rational'). Meine Ausgangsthese lässt sich nunmehr präzisieren. Wenn ich davon spreche, dass sich *die* Entscheidungstheorie von *dem* Rationalitätsbegriff verabschiedet, ist damit gemeint, dass sich gegenwärtige RC-Vertreter sukzessive von allen drei Varianten des Rationalen distanzieren. Dieser Gedanke ist im folgenden Unterabschnitt argumentativ zu entfalten.

2.2. Plausibilisierung der Ausgangsthese

Bereits ein flüchtiger Blick auf jene Studien, welche ihre Grundannahmen explizit reflektieren, zeigt, dass die Zahl der Fürsprecher des Rationalen mittlerweile sehr überschaubar geworden ist.[3] Weiter oben wurde bereits ausgeführt, dass der Kampf um die angemessene Ausdeutung des rationalen Kerns der RCT eine gewisse Tradition besitzt. In jüngster Zeit hat diese Auseinandersetzung jedoch eine neue Stufe erklommen. Immer häufiger wird das Rationale gemieden, aufgeweicht, modifiziert, ersetzt oder als redundant empfunden. Hiervon ist gerade auch der identifizierte Minimalkonsens betroffen. Das Zentrum der Theoriebildung wird somit ausgehöhlt, unscharf und unsichtbar. An dieser Stelle sollen einige Indizien für diese Behauptung versammelt werden.

Die orthodoxe Entscheidungstheorie offeriert auf Basis des homo oeconomicus ein sparsames Erklärungsmodell, das sich auf einige wenige Rationalitätsannahmen beruft. Gleichwohl sind diese Prämissen keineswegs trivial. Entsprechend harsch wurden diese Zuschreibungen auch theorieintern kritisiert. Bis vor einiger Zeit konnte das enge Modell allerdings erfolgreich gegen seine Kritiker verteidigt werden, indem man seine Leistungsfähigkeit (aber auch seine Grenzen!) sorgfältig markierte. In den letzten Jahren ist indessen eine fluchtartige Abkehr von den strengen Rationalitätsannahmen der neoklassischen Ökonomie zu verzeichnen. Das gilt für die seit jeher kritischen Sozialwissenschaften, in ansteigendem Maße aber auch für wirtschaftswissenschaftliche Untersuchungen. Der homo oeconomicus hat als Erklärungs- und Integrationsfigur stark an Akzeptanz eingebüßt (vgl. Haug 1998; Simon 1993; Selten 2001: 13; Point-

---

3   Auch in jenen Fällen, in denen der Rationalitätsbegriff weiterhin zum Einsatz kommt, wird zumeist darauf verwiesen, dass es sich dabei um eine Heuristik handelt, zu der es eben bislang keine angemessene Alternative gebe (vgl. etwa Abell 1992: 203; Opp 2004: 51). Derlei Verweise auf die Konkurrenzlosigkeit der Rationalitätszuschreibung können freilich nicht als emphatisches Plädoyer für die eigene Stärke verstanden werden. Sie stellen vielmehr einen letzten Rückzugspunkt dar, der zumindest nach Popper'schem Wissenschaftsverständnis wenig Überzeugungskraft besitzt.

ner/Franzen 2007; Kirchgässner 2000: VII). In diesem Sinne schreibt etwa Werner Güth (1995: 342): „Of course, the assumption of perfect individual rationality is simply wrong". Zusammen mit dem Akteursmodell verliert die Idee einer perfekten Entscheidungsrationalität ihren Ort in aktuellen RCT.

Stattdessen ist seit längerem eine verstärkte Hinwendung zu *bounded-rationality*-Modellen beobachtbar. Obwohl es intuitiv einleuchtet, dass diese Variante den Gegebenheiten eher entspricht als der homo oeconomicus, ist das Konzept des beschränkt rationalen Akteurs lange Zeit vergleichsweise unbeachtet geblieben (vgl. Wiesenthal 2006: 148). Die meisten Studien der Gegenwart berücksichtigen jedoch mittlerweile sowohl die kognitiven Limitierungen des Menschen als auch seine Einbettung in soziale Kontexte. Entsprechend relativieren sie ihre Rationalitätsansprüche nach unten. Diese Entwicklung ist allerdings nicht unproblematisch, wie Gigerenzer/Selten kürzlich festgestellt haben: „bounded rationality has become a fashionable label for almost every model of human behavoiur [...] A comprehensive, coherent theory of bounded rationality is not available" (Gigerenzenzer/Selten 2001: 4). Aufgrund der diffusen Begrifflichkeit ist also unklar, wie genau die oben angesprochene Relativierung der orthodoxen Rationalitätskriterien aussehen soll. Beinahe folgerichtig ist es in den letzten Jahren ausgehend von diesem fluiden Fundament zu einer explosionsartigen Pluralisierung der RC-Ansätze gekommen. Dies zeigt sich etwa im Hinblick auf Entwicklungen im Bereich der Selektionsregeln. Dort stehen sich mittlerweile so unterschiedliche Konzepte wie EU-, SEU-, ERC- oder Prospect-Theory gegenüber. Was aber ist etwa das rationale Element innerhalb der *adaptive toolbox* von Reinhard Selten (2001)? Offenkundig gehört dazu weder zwangsläufig die bewusste Selektion einer Handlungsalternative noch eine konsistente Präferenzordnung. Mit derartigen Konzepten wird letztlich nicht nur der homo oeconomicus beerdigt, sondern RREEM-Man und Minimalkonsens gleich dazu. Interessant ist in diesem Zusammenhang auch die Entwicklung im Bezug auf die Maximierungsannahme. Anfänglich wurde noch davon ausgegangen, dass Rationalität gleichzusetzen ist mit „irgendeiner Form von Maximierung" (Arrow; 1951: 3), wenn auch immer häufiger „ohne Angabe eines bestimmten Ziels" (Riker 1990: 173). Mittlerweile wird von RC-Vertretern zunehmend bestritten, dass rationale Entscheidungen überhaupt etwas mit Optimierung zu tun haben. Neuere Selektionsregeln verzichten folglich meistens auf die 'zusätzliche' Annahme einer Maximierung (vgl. Selten 2001) und tendieren stattdessen zum Konzept der „satisficing solutions" (Simon 1957).

Ein weiteres Indiz für den leisen Abschied von Rationalitätsannahmen der Vergangenheit ist in der schlichten Tatsache zu sehen, dass das Rationale im

Grunde nur noch in Begleitung anderer Termini auftaucht. So ist vermehrt die Rede von „emergenter Rationalität", „adaptiver Rationalität" oder eben „beschränkter Rationalität". Bei genauerer Betrachtung erwächst auch hier zumindest die Frage, inwieweit diese Vorstellungen noch auf einen gemeinsamen Rationalitätskern zurückgeführt werden können, der diesen Namen auch verdient (vgl. dazu Kliemt 2004).

Die zunehmende Distanznahme vom Rationalen in allen drei vorgestellten Varianten hat in der Gegenwart sogar zu einer Renaissance überwunden geglaubter Konzepte geführt. So wird die gegenwärtige Theoriedebatte in zunehmendem Maße durch behavioristische und evolutionäre Modelle okkupiert (vgl. Franzen/Pointner 2007; Diekmann/Voss 2004; Kappelhoff 2004a; Miller 2004; Simon 1993; Skyrms 2004; Witt 2003, 2006). Hierbei wird der Rationalitätsanspruch so stark eingeschränkt, dass auch noch seine Grundelemente (z.B. Transitivität und Intentionalität) verschwinden. Im Zuge dessen wird der Ballast (anspruchsvoller) Rationalitätskriterien explizit und endgültig über Bord geworfen: „We prefer the natural psychological categories of human decision making over their artificial analogues resulting when they are represented in the typical neoclassical framework of utility maximisation based on subjective beliefs" (Güth 1995: 342). Besonders prägnant lässt sich diese Tendenz für die moderne Spieltheorie zeigen. Hier hat innerhalb kürzester Zeit eine Entwicklung von den starken Annahmen des homo oeconomicus, etwa bei von Neumann und Morgenstern (1944), hin zu evolutionären trial-and-error-Zuschreibungen stattgefunden (vgl. etwa Binmore 1992; Skyrms 1996). Das Attribut „rational" ist in diesen Forschungskontexten auch bei genauerem Hinsehen kaum noch erkennbar und wird in der Tat häufig durch das Label „Adaption" ersetzt. Letzteres ist jedoch „ein Grenzfall, in dem Rationalität nur noch Metapher ist" (Schmidt/Zintl 1996: 586).[4]

Besonders eindrucksvoll lässt sich der aktuelle Sinneswandel abschließend auch und gerade an der Werkentwicklung prominenter (Ex-)Vertreter[5] von RC ablesen. So zeichnen sich etwa Jon Elster und Hartmut Esser in den letzten Jahren eher mit ihrer Kritik an zentralen RC-Annahmen aus als durch positive Bezugnahmen (vgl. etwa Elster 1990, 1991, 1999). Hartmut Esser hat diese Zweifel kürzlich so ausgedrückt: „Ich gehe (schon seit langem) nicht davon aus, dass der reflektierende Akteur der Normalfall ist (was immer das heißt: empi-

---

4   Für eine etwas ausführlichere Diskussion der „adaptiven Rationalität" vgl. den folgenden Unterabschnitt.

5   Zumindest im Fall von Hartmut Esser kann die Zugehörigkeit zum RC-Paradigma mittlerweile mit Recht bezweifelt werden.

risch, konzeptionell, normativ?) oder dass jedes Handeln von einer Gründe bedenkenden Subjektivität ‚verursacht' ist. Das war der offenbar schwer zu verstehende Clou des Framingskonzepts" (Esser 2007: 359).

In der Vergangenheit wurde stets die Eleganz des nomologischen Zentrums der RCT hervorgehoben. Gleichsam erfreute sich der allmächtige homo oeconomicus größter Beliebtheit, da er aufgrund sparsamer Zusatzannahmen und quantifizierbarer Elemente ohne Mühe mit der komplexen Wirklichkeit konfrontiert werden konnte. Diese Vorzüge sind jedoch zunehmend verblasst, während seine Defizite immer stärker ins Rampenlicht gezerrt wurden. Der kurze Blick auf die aktuelle Forschungsdebatte nährt den Verdacht, dass mit dem Denkmal des homo oeconomicus auch der erarbeitete Minimalkonsens zu bröckeln beginnt. In dem Maße, in dem dieses Einvernehmen schwächer wird, verliert das Rationale in allen drei herausgearbeiteten Varianten seinen Ort. Zur bestehenden Uneinigkeit im Hinblick auf diverse „Zusatzannahmen", ist die Pluralisierung der „Kernannahmen" getreten. Daran schließt sich unweigerlich die wissenschaftssoziologische Frage an, inwiefern es legitim ist, weiterhin von Theorien rationaler Wahl zu sprechen.[6] Das Bindeglied des 'Unternehmens RC' ist derzeit allenfalls noch in der endgültigen Abwendung vom Rationalitätsanspruch zu erkennen.[7] Nun soll gezeigt werden, welche Probleme daraus erwachsen.

3. Rationalitätsbegriff – überflüssiges Reisegepäck oder unverzichtbares Equipment?

3.1. Status und Funktion des Rationalen

Die bisherige Darstellung hat gezeigt, dass das Rationale langsam und geräuschlos aus den Modellen der RCT entweicht. Dieser Vorgang wird von ihren Vertretern in der Regel als unproblematisch empfunden, manchmal sogar eingefordert. Der Begriff ist jedenfalls „entbehrlich" (Diekmann/Voss 2004: 13) geworden. Diese Grundhaltung ist vor dem Hintergrund jahrzehntelanger Kritik an

---

6   Für eine ähnliche Kritik vgl. etwa Schüßler 2004: 77.

7   Das alles impliziert selbstverständlich nicht, dass das Wort „rational" in *empirischen* Studien nicht mehr auftauchte - das geschieht nach wie vor recht häufig. Der Rationalitätsbegriff ist dort allerdings mittlerweile zu einem diffusen Platzhalter mutiert, der je nach Belieben und Kontext mit Inhalt gefüllt wird.

den Rationalitätsprämissen und veränderter Ambitionen in gewisser Weise verständlich (vgl. Abschnitt 4). Gleichwohl soll an dieser Stelle herausgearbeitet werden, welche Gefahren damit verbunden sind.

Auf das bloße Wort könnten RCT natürlich problemlos verzichten. Man würde dann zum Beispiel einfach von Theorien *intelligenter* Wahl sprechen. Das kann aber selbstverständlich nicht gemeint sein und verlagerte das Problem lediglich hin zu einer Debatte um den Gehalt des „Intelligenten". Es ist nicht in erster Linie der Begriff „rational", der aus den Modellen entfernt wird und auf den sich die Kritik fokussiert, sondern das, was er bezeichnet, nämlich bestimmte Annahmen über die Natur menschlichen Entscheidungshandelns.

Allen RCT gemeinsam ist bisher die kausal-intentionale Betrachtung menschlicher Entscheidungen. In der Terminologie Donald Davidsons (2006) bedeutet dies, dass Wahlhandlungen der Akteure auf einen „Primärgrund" zurückgeführt werden, der seinerseits aus *desires* und *beliefs* besteht. Diese Elemente verursachen dann im rationalen Modus *als* Gründe die Entscheidung. Mit Searle (2001) kann erläuternd hinzugefügt werden, dass dem Rationalitätskriterium nicht genüge getan ist, sobald eine Ursache für die Entscheidungshandlung existiert (kausaler Aspekt). Vielmehr muss bei rationalen Entscheidungen in der „gap" zwischen Primärgrund und Entscheidung ein Prozess der bewussten Deliberation stattfinden, der eine bestimmte Ursache zum Grund für die Entscheidung *macht* (intentionaler Aspekt). Es existiert demnach stets ein Präferenz- und Überzeugungsgefüge, das *bewusst* als Grundlage der Entscheidung eingesetzt wird. Erst in der Lücke zwischen Ursache und Wirkung zeigt sich das Rationale. In diesem basalen Sinne gehört „Rationalität" zum Selbstanspruch des modernen Menschen. Er möchte in der Regel nicht als willenloser Automat sein Leben fristen, sondern auf Basis eigener Wünsche und Überzeugungen gestaltend auf sich und seine Umwelt einwirken. Es ist offensichtlich, dass dieser Ehrgeiz nicht mit allen menschlichen Tätigkeiten verknüpft ist und vermutlich auch gar nicht sein kann. Kaum bestreitbar ist jedoch, dass dieser Anspruch untrennbar mit den *Entscheidungen* eines Menschen verbunden ist. In solchen Situationen geht es dem Selbst gerade darum, den Kausalfluss der Ereignisse bewusst zu unterbrechen, um vor dem Hintergrund reflektierter Ziele und Überzeugungen gestaltend in die Welt einzugreifen. Die Zusprechung prozeduraler Rationalität wird in diesen Fällen zu einem wichtigen Schlüssel für das Verstehen eines Menschen (vgl. Rescher 1993; Searle 2001). Entscheidungstheorien wie RC sollten daher qua Forschungsgegenstand unter keinen Umständen auf sie verzichten (vgl. hierfür auch: Boudon 1992). Würden die Annahmen der 'Intentionalität', 'bewussten Kalkulation' und 'Konsistenz der Präferenzordnung' tatsächlich aus den RC-Modellen getilgt, so versperrte sich das Paradigma den Zugang zum eigenen Analysebereich. Die faktische Suspendierung 'basaler Rationalität' kann daher nicht ernsthaft in Betracht gezogen werden. Dieses Unterfangen käme einer wissenschaftlichen Kapitulation gleich.

Wie sieht es nun aber mit den anderen Versionen des Rationalen aus? Problematischer wird ein Festhalten am Rationalitätsbegriff, sobald das basale Verständnis mit konkreteren Inhalten angereichert wird. Dies ist in Entscheidungstheorien jedoch unbedingt erforderlich, da die angestrebten Erklärungen und Prognosen nur aus substanziellen Axiomen abgeleitet werden können. Basale Zuschreibungen wie 'Intentionalität' oder 'konsistentes Präferenzgefüge' eröffnen zwar den Zugang zum Akteur, sie sind aber viel zu abstrakt, um daraus interessante Hypothesen ableiten zu können. Daher bedarf es einer exakten Selektionsregel, die festlegt, nach welchem Prinzip und unter welchen Restriktionen bewusste Entscheidungen erfolgen. Zum anderen ist ein Akteursmodell vonnöten, das Angaben über das relevante Präferenzgefüge und die Informationsverarbeitungskapazitäten des Entscheiders bereit hält. Solche Ergänzungen sind sowohl im Rahmen der engen als auch der weiten Variante von RC verfügbar. Auch der Verzicht auf 'enge' oder 'weite' Ergänzungen 'basaler' Rationalitätsannahmen kommt somit nicht in Frage, falls RCT an ihrem Erklärungsanspruch festhalten wollen.

Es kann daher konstatiert werden, dass dem Rationalitätsbegriff innerhalb der Entscheidungstheorie ein privilegierter Ort zusteht. Seine Suspendierung ist weder möglich noch sinnvoll.

3.2. *Alternativen*

Bislang wurde dafür argumentiert, dass eine Verabschiedung des Rationalen nicht im Sinne der RC-Ambitionen sein kann. Dies geschah vor dem unausgesprochenen Hintergrund, dass keine plausible Alternative zu dem bisherigen Kern des Paradigmas existiert. Ich möchte nun erläutern, was für diese Überzeugungen spricht. Hierfür werde ich zwei andere Optionen skizzieren und aufzeigen, warum es mit ihrer Hilfe nicht möglich ist, die derzeit entstehende Lücke innerhalb des Theoriegebäudes auf befriedigende Weise zu schließen.

Zum einen denke ich hierbei an den Vorschlag von Diekmann und Voss (2004). Beide scheinen dort die gegenwärtige Tendenz zur maximalen Flexibilisierung des Rationalen zu favorisieren. Danach gibt es eine Vielfalt an Entscheidungstheorien mit jeweils unterschiedlichen Grundannahmen und anvisierten Anwendungsbereichen. Je nach Kontext ist eine problemadäquate Selekti-

21

onsheuristik auszuwählen, die dann situationssensibel mithilfe von Brückenhypothesen inhaltlich angereichert und spezifiziert wird. Letztlich erschafft damit jede Einzelfallstudie ihre eigene RC-Theorie.[8] Anders als besagte Autoren halte ich ein derartiges Vorgehen zumindest für problematisch. Eine solche Strategie führt nämlich mitnichten automatisch zu der gewünschten Realitätsnähe. Denn mit der Pluralisierung entsteht ein Problem auf höherer Ebene: In welcher Situation ist eigentlich welches RC-Instrumentarium anzuwenden? Gibt es Bedingungen, die eine solche Auswahl ex ante zulassen und damit eine ad-hoc-Modellierung verhindern? Zumindest bislang scheint es einen entsprechenden Kriterienkatalog nicht zu geben - und es ist fraglich, ob es so etwas überhaupt geben kann.[9] So entsteht die Gefahr, dass Annahmen nachträglich angepasst werden, um das interessierende Phänomen (vordergründig) zu erklären. Noch offensichtlicher werden die Defizite bei den prognostischen oder präskriptiven Bemühungen der RCT. Es war in der Vergangenheit gerade der Reiz, dass man mithilfe eines sparsamen Instrumentariums eindeutige Hypothesen über zukünftige Ereignisse formulieren bzw. präzise Handlungsanweisungen anbieten konnte. Je nach selektiertem Rationalitätsbegriff kann nunmehr eine ganze Reihe verschiedener Prognosen und Anweisungen artikuliert werden. Das dient dann zwar der Immunisierung gegenüber unangenehmen Falsifikationen, es trägt aber sicherlich nicht zur analytischen Durchdringung einer ohnehin komplexen Wirklichkeit bei. Schließlich verlieren RCT durch die zunehmende Pluralisierung ihren ohnehin schon brüchigen Zusammenhalt. Je stärker der Rationalitätsbegriff diffundiert und verblasst, um so weniger kann von einer Theorieschule oder einem geteilten Blickwinkel gesprochen werden. Ein gemeinsamer Forschungsgegenstand ist hierfür sicherlich zu wenig, es bedarf vielmehr einer nicht-trivialen begrifflichen Schnittmenge. Synergieeffekte, die aus geteilten Grundannahmen und Begriffsdefinitionen entstehen, entfallen, sobald jede Studie andere Zuschreibungen vornimmt. Im Zuge dessen verlieren Forschungsergebnisse nicht zuletzt ihre intersubjektive Vergleichbarkeit, was die Analyse eines Realitätsausschnitts erheblich beeinträchtigt.

---

8   Letztlich bleibt bei Diekmann und Voss unklar, ob sich die Pluralisierungsthese nur auf die „Zusatzannahmen" bezieht oder auch auf den „nomologischen Kern" der Theorie. Zudem ist unklar, ob ein solcher Kern für sie eine Notwendigkeit oder eine Entbehrlichkeit darstellt. Unabhängig von dieser Frage findet sich bei ihnen interessanterweise eine Verkürzung der ‚basalen Rationalität' auf die Annahme der Transitivität. Ich halte es für zweifelhaft, dass diese Zuschreibung ausreicht, um Zugang zu den Konstruktionen der Akteure zu erhalten oder um überhaupt von „Rationalität" sprechen zu können.

9   Ein ähnliches Unbehagen artikuliert etwa Smelser (1992), der angesichts der aktuellen, begrifflichen Diffusion sogar von einer „Degenerierung" der RCT spricht.

Selbst wenn man gegen Diekmann/Voss und andere am Ideal einer möglichst homogenen Begriffsverwendung festhalten möchte, so wären grundsätzlich natürlich auch andere Kandidaten denkbar, welche die Position des Rationalen innerhalb des Forschungsprogramms einnehmen könnten. Eine für RCT anschlussfähige Alternative stellt aktuell vermutlich am ehesten das bereits angeführte Konzept der „Adaption" (vgl. Güth/Kliemt 1998; Schmid 2003, 2004; Kappelhoff 2004a; Macy 1997; Witt 2003) dar. Im Rahmen evolutionärer Ansätze, die sich zur Zeit vor allem in der Spieltheorie durchzusetzen scheinen, wird das Verhalten menschlicher Akteure als allmähliche „Anpassung" an die Umwelt beschrieben. Dabei ist es nicht länger erforderlich anzunehmen, dass die Subjekte intentionale Kosten-Nutzen-Kalküle anstellen, nach Optimierung streben oder eine konsistent-stabile Präferenzordnung aufweisen. Stattdessen wird vorausgesetzt, dass sie aus (Fehl-)Entscheidungen der Vergangenheit lernen und somit nach einer gewissen Zeit aus ihrer Sicht bessere Ergebnisse erreichen (vgl. etwa Ockenfels 1999: 23-29). Vor einer theoretischen Implementierung des Adaptiven ist allerdings dreierlei zu bedenken.

Zum einen löste sich der RC-Ansatz dann als eigenständiges Forschungsprogramm unweigerlich auf, da er nunmehr allenfalls als Teilkomponente eines umfassenderen evolutionstheoretischen Forschungsprogramms im Geiste Darwins fungierte (vgl. Kappelhoff 2004b). Zum anderen ist damit eine Richtungsentscheidung verbunden: Mit der Annahme adaptiv-„rationaler" Akteure ist in vielen Fällen vermutlich eine bessere Beschreibung realer Abläufe möglich. Auf einer anderen Erkenntnisebene ist der Erfolg einer solchen Zusprechung jedoch äußerst zweifelhaft: Aufgrund der Vielzahl zu beachtender Variablen ist nämlich eine Verhaltensprognose kaum noch möglich und Erklärungen stünden aus den gleichen Gründen immer schon unter dem Verdacht, den Adaptionsbegriff ex post willkürlich zu füllen. Auf diese Weise wird die anspruchsvolle Suche nach kausalen Mechanismen auf der Akteursebene zugunsten von funktionalistischen „Erklärungen" aufgegeben. Schließlich muss angezweifelt werden, ob es sich bei adaptivem Verhalten überhaupt noch um Entscheidungen im klassischen Sinne handelt - also um Fälle, in denen eine bewusste Wahl zwischen Alternativen erfolgt (vgl. etwa Pritzlaff 2006). In diesem Sinne ist die Theorie der Adaption für Ziele einer Verhaltenstheorie interessant, nicht aber für die Ambitionen der Entscheidungstheorie.

Im vorliegenden Abschnitt wurde zu zeigen versucht, dass RCT qua Selbstanspruch nicht auf den Rationalitätsbegriff verzichten können. Die theorieimmanente Lücke, die durch die Tilgung des Rationalen entstünde, kann nicht adäquat durch alternative Konzepte geschlossen werden. RCT sind daher existenziell auf einen basalen und homogenen Rationalitätskern angewiesen, der je nach Forschungsziel und -kontext durch die enge oder weite Version des Rationalen ergänzt werden muss. Andernfalls verließe das Paradigma nicht nur den Boden des Rationalen, sondern auch den Rahmen der Entscheidungsanalyse.

Im nächsten Schritt werde ich den Ursachen für die beschriebene Entwicklung nachspüren. Welche Faktoren haben zur allmählichen Distanzierung gegenüber dem Rationalen in der aktuellen Forschungslandschaft beigetragen? Ohne Anspruch auf Vollständigkeit werden zentrale Kritikpunkte an bisherigen Rationalitätsannahmen präsentiert. Hierbei werden insgesamt sechs Weggabelungen herausgearbeitet, an denen das Rationale auf dem Prüfstand steht. Im letzten Abschnitt dieses Beitrags soll dann anhand dieser Abzweigungen das Forschungsprofil der RCT geschärft werden.

4. Gründe für den Abschied vom Rationalitätsbegriff

4.1. Philosophie der Rationalität

Im folgenden Unterabschnitt wird in aller (unbotmäßigen) Kürze die Rationalitätsdebatte in der Philosophie konturiert. Der philosophische Diskurs stellt die erste Adresse für begriffliche Grundfragen dar. Insbesondere die Themen Vernunft und Rationalität[10] gelten als sein ureigenstes Terrain. Die Ausstrahlungskraft der dortigen Begriffsarbeit auf verwandte Sprachspiele ist beträchtlich. Gleichwohl möchte ich auf dem Gebiet der Philosophie nur einige wenige Schritte unternehmen und mich auf zwei wichtige Aspekte beschränken, die aus philosophischer Perspektive problematisch erscheinen. Meine Vermutung ist, dass die daraus entstandene Kritik mitverantwortlich für das Verschwinden des Rationalitätsbegriffs in den RCT ist.

---

10 In diesem Aufsatz werde ich die Begriffe Rationalität und Vernunft stets analog verwenden. Damit schließe ich mich zahlreichen Stimmen aus dem philosophischen Lager an, welche den Begriff der Vernunft unter dem Druck nachmetaphysischer Bedingungen, sozusagen als Arbeitshypothese, durch jenen der Rationalität(en) ersetzen (vgl. etwa Schnädelbach 1984: 8).

Das Irrationale

Nach hegemonialer Auffassung unserer philosophischen Repräsentanten ist der Mensch ein „animal rationale"[11]. Eine derartige (Selbst-)Beschreibung verortet den homo sapiens inmitten der Tierwelt. Allerdings mit einem entscheidenden Unterschied: Allen Menschen wird gleichermaßen und a priori das Prädikat „rational" zuerkannt. Doch an dieser Stelle ist Vorsicht geboten. Innerhalb der philosophischen Tradition gilt Vernunft zwar als Alleinstellungsmerkmal des Menschen – allerdings im Sinne eines Potenzials, das es erst noch zu aktivieren gilt. Kant spricht daher auch präzisierend von einem *animal rationabile* (vgl. Kant 1964b: A 315; Gosepath 1999: 9). Folgerichtig wird die Epoche der Aufklärung als jener Moment beschrieben, in dem der Mensch im Ausgang „aus seiner selbst verschuldeten Unmündigkeit" (Kant 1964a: A 481) Gebrauch von seiner Vernunft machen *kann* und *soll*. Die Einmaligkeit der historischen Situation liegt für Kant gerade darin, dass der Mensch nun endlich die *Option* hat, rational zu handeln.

An dieser Stelle zeichnet sich ein erster Unterschied zu Theorien rationaler Wahl ab, der unabhängig von begrifflichen Differenzen zu betrachten ist. Sichtbar wird hier nämlich eine unmerkliche, aber entscheidende Differenz in den Prämissen. In ihren deskriptiven, erklärenden und prognostizierenden Bemühungen gehen Entscheidungstheorien bekanntlich von der Annahme aus, dass Akteure *tatsächlich* rational handeln. Hierbei geht es also nicht länger um einen Appell, sondern um eine faktische Zusprechung. Akteure *aktivieren* ihr vorhandenes Rationalitätspotential. RC-Ansätze gehen damit ganz bewusst einen einzigen, aber wichtigen Schritt weiter als philosophische Grundlagenforschung. Menschen sind nicht nur grundsätzlich dazu in der Lage, rationale Entscheidungen zu treffen, sondern sie entfesseln dieses Potenzial auch in der sozialen Realität. Und zwar nicht nur gelegentlich, sondern sie verhalten sich immer rational. Diese Ausgangsannahme ist in der Vergangenheit alles andere als kritiklos geblieben.[12] Vor allem Jon Elster hat in seinen Schriften immer wieder hervorgehoben, dass daraus eine systematische Blindheit der Theorie für jene Fälle droht, in denen Akteure eben gerade nicht rational handeln: „Wir sollten nicht vergessen, daß die Erklärung auch manchmal deshalb nicht funktioniert, weil

---

11 vgl. Aristoteles 2003: 1037b 13-14; Kant 1964b: A 315; Tugendhat 2007: 10; Schnädelbach 1992; Rescher 1993; eine gewichtige Ausnahme bildet hingegen die Achse Schopenhauer-Nietzsche-Foucault.

12 Ganz unabhängig davon steht sie natürlich auch in einer gewissen Spannung zu ihren präskriptiven Ambitionen. Derlei anleitende Unternehmungen machen natürlich nur dann Sinn, wenn da ein Subjekt ist, das sich auch arational, irrational oder wenigstens etwas weniger rational verhalten kann.

Menschen einfach irrational handeln. Sie überlassen sich Wunschdenken [...]. Oder sie beugen sich der Willensschwäche, indem sie gemäß dem Wunsch handeln, den sie selbst niedriger bewerten als andere bestehende Wünsche. Schließlich können ihre Interpretationen und Meinungen in verschiedenen Widersprüchen zueinander stehen, was ebenso mit einer rationalen Entscheidung nicht vereinbar ist" (Elster 1999: 74-75). In dem Bemühen, theorieimmanente Erklärungen für bestimmte Verhaltensweisen und Entscheidungen zu finden, entsteht die permanente Gefahr, Handlungen unzulässiger Weise zu 'rationalisieren'. Damit ist dann zwar eine 'Erklärung' für das beobachtete Phänomen gefunden, aber eben nicht die zutreffende.

Analytische Philosophen wie John Searle und Donald Davidson haben in jüngster Zeit energisch darauf hingewiesen, dass eine Konzentration auf das Rationale nicht ausreichend sein kann, um das Denken, Entscheiden und Handeln von Menschen nachzuvollziehen. Es ist vor allem Searle, der in seinem Werk *Rationality in Action* (2001) zahlreiche Beispiele für Verhaltensweisen präsentiert, die weder subjektiv noch objektiv rationalisierbar sind. Warum wird etwa die Vorstellung von Willensschwäche so hartnäckig bekämpft? Welchen Sinn hat es, wenn selbst noch dem Drogensüchtigen Rationalität zugesprochen wird?[13]

Jenseits empirischer Evidenzen fordert das Irrationale zudem begrifflich seinen Raum. Das Irrationale ist die Bedingung der Möglichkeit des Rationalen. So könnte man in der etwas komplizierten Terminologie von Jacques Derrida den Umstand ausdrücken, dass die Rede von etwas Rationalem nur dann einen Sinngehalt besitzt, wenn zugleich ein Bereich des Irrationalen in Betracht gezogen wird. Erst in ihrer Differenz lassen sich die beiden Seiten dieser Unterscheidung jeweils konturieren und adressieren. Wenn wirklich alles rational wäre, was der Mensch denkt und tut, dann löste sich der Begriff auf (vgl. hierzu auch: Schmidt 2000: 75). Man brauchte ihn dann nicht mehr und könnte ihn gar nicht haben, da es dann kein Außen gäbe. Eine Rationalität, die als Gewissheit existierte, wäre als Ununterscheidbarkeit genauso unsichtbar wie der menschliche Atem. Im Grunde wäre sie gar keine Rationalität mehr, sie verkehrte sich unter der Hand in ihr Gegenteil, da das Rationale untrennbar mit dem Moment der Freiheit verknüpft ist. Entscheidungen, Handlungen, Gedanken oder Ziele verdienen daher nur dann das Prädikat „rational", wenn das betreffende Subjekt die Wahl hat, auch das Irrationale zu tun. Wird aber diese Möglichkeit systematisch

---

13 Problematisch werden solche Zuschreibungs(-versuche) immer dann, wenn sich dahinter die Motivation verbirgt, mögliche empirische Falsifikatoren auszuschalten. Besonders überraschend oder gar unüblich ist eine solche Forschungspraxis freilich nicht (vgl. Kuhn 1962).

ausgeschlossen, aufgesogen und negiert, so verliert auch das Rationale seine Bedeutung.

An diesem Punkt kommt eine *erste Weggabelung* in den Blick. RCT können die Einwände aus der philosophischen Perspektive ignorieren oder darauf reagieren. In der Folge wird stets angenommen, dass es mit einer schlichten Zurückweisung der Kritik nicht getan ist, da die referierten Beanstandungen in gewisser Weise zutreffend sind. Ein unreflektiertes Weitergehen auf vertrauten Pfaden ist also nicht möglich. Welche Konsequenzen hat dies für den Ort des Rationalen in den RCT? In Abschnitt 5 werde ich auf diese Frage zurückkommen.

Das Rationale

Die Tatsache, dass unter Philosophen weitgehend Einigkeit über das Rationalitätspotenzial des Menschen herrscht, bedeutet selbstverständlich noch nicht, dass Konsens bezüglich der Bedeutung von „Rationalität" bestünde. In der Tat stößt jeder Versuch einer Begriffsgeschichte oder gar eines Syntheseversuchs schnell an seine Grenzen. Somit bleibt der philosophische 'Konsens' leider ein wenig kraftlos für die hier interessierende Frage. Fest steht allerdings, dass sich bis in die Philosophie der Moderne hinein ein äußerst reichhaltiges Konzept von Rationalität erhalten hat. Exemplarisch mag hierfür das Werk von Jürgen Habermas stehen, in dem sich das Vernünftige als das Wahre, Wahrhaftige, Richtige und Verstehbare erweist, das sich in herrschaftsfreier Kommunikation intersubjektiv entfalten kann. Kommunikative Rationalität zeigt sich dann im Diskurs über Ziele und Mittel des Handelns. Das Rationale erhält hier noch eine erkenntnistheoretische, moralische und ästhetische Dimension (vgl. Habermas 1981).

Die begriffliche Differenz zu Theorien rationaler Wahl könnte kaum größer sein. Als Gravitationspunkt der Entscheidungstheorie erweist sich analog zu Habermas das Werk des Soziologen Max Weber, dessen Handlungstypologie zwischen zweckrationalem, wertrationalem, affektuellem und traditionalem Handeln differenziert (vgl. Weber 1922: 12). In bewusster Verkürzung des Weber'schen Konzepts der Zweckrationalität geht es in entscheidungstheoretischen Modellierungen um die Rationalität der Mittel zur Erreichung gegebener und weitgehend stabiler Ziele. Diese Ziele werden in der Theorie rationalen Handelns lediglich als exogene Konstanten gedacht, ohne dass der Rationalitätsbegriff auf sie angewendet werden würde (vgl. stellvertretend Elster 1986: 1). Für zahlreiche Philosophen ist es aber gerade das Charakteristikum des *vernunft*begabten Menschen, dass er seine Ziele oder Wünsche kritisch hinterfragen kann.

So ist Searle (2001: 1-3) der Auffassung, dass auch ein Schimpanse durchaus einfache Wünsche und Ziele 'rational' verfolgen kann. Im Gegensatz zum Menschen sind Affen jedoch nicht in der Lage, diese Wünsche gegebenenfalls zu suspendieren. Sie sind also dem Kausalfluss vorhandener Wünsche und Triebe hilflos ausgesetzt. Doch erst in der Kontrolle persönlicher Ziele zeigt sich das spezifisch Rationale. Charles Taylor (1992) spricht in seiner Analyse menschlichen Handelns von „starken" und „schwachen" Wertungen, Harry G. Frankfurt (1971) vielleicht noch eindrücklicher von „Wünschen zweiter Ordnung". Nach dieser Lesart ist es erst die Besinnung auf und die Berücksichtigung von diesen höheren Zielen, die eine Entscheidung rational machen. Nicholas Rescher (1993: 128-143) arbeitet schließlich in expliziter Abgrenzung zur Entscheidungstheorie anhand anschaulicher Beispiele heraus, dass eine Entscheidung, die sich strikt nach dem Erwartungsnutzen richtet, mitnichten „rational" sein muss, eben weil „Rationalität" immer erst auf die Ziele anzuwenden ist. Als gefährlich wird ein derart verkürztes Verständnis von Rationalität deshalb angesehen, da der Begriff immer auch eine normative Konnotation beinhaltet.[14]

Hier wird also eine *zweite Spannungslinie* sichtbar, die RCT eine Richtungsentscheidung abverlangt und auf die ich in Kürze zurückkommen werde.

4.2. Soziologie der Rationalität

Die Soziologie ist spätestens seit Parsons' fundamentaler Kritik am Neo-Utilitarismus stets eine äußerst kritische Begleiterin von Theorien rationaler Wahl gewesen. Das lässt sich nicht zuletzt daran ablesen, dass der 'Shooting-star' unter den sozialwissenschaftlichen Analyseinstrumenten, gemeint ist die Spieltheorie, bislang wenig bis gar keine Verwendung findet.[15] Das ist vor allem deswegen ein wenig überraschend, da die interaktionistische Erweiterung subjektzentrierter Ansätze aus gesellschaftstheoretischer Perspektive sicherlich zu begrüßen ist. Die Spieltheorie ist damit nämlich durchaus anschlussfähig an interaktionistische Traditionen innerhalb der Soziologie. Zu stark sind jedoch offenbar die Vorbehalte gegen Rationalwahlmodelle in einer Wissenschaft, die Akteure oftmals nur von der fernen Makroebene aus betrachtet. Spannungen zwischen soziologischen Grundüberzeugungen und entscheidungstheoretischer

---

14 Wer möchte schon gerne als „irrational" gelten.

15 Prominente Ausnahmen von der Regel sind in der deutschen Soziologie: Hartmut Esser, Andreas Diekmann, Thomas Voss und Uwe Schimank.

Analyse sind demnach vorprogrammiert und bis heute unübersehbar.[16] Auch hier möchte ich zwei wirkmächtige Einwände herausgreifen, die nach meiner Auffassung den allmählichen Abschied vom Rationalitätsbegriff in den RCT befördern.

Akteure als Automaten
Eine der aus soziologischer Perspektive am häufigsten kritisierten Prämissen der RCT ist die Vorstellung, dass die soziale Welt aus Akteuren besteht, die auf Basis einer gegebenen Zielhierarchie ein zeitaufwendiges Kalkül vornehmen, um sich im Anschluss daran für eine bestimmte Handlungsalternative zu entscheiden. Um manche Soziologen zu provozieren, muss man an dieser Stelle gar nicht von der „Maximierung" eines Nutzens sprechen. Immerhin ist für System-theoretiker in der Tradition Luhmanns schon die Aussage, dass die Gesellschaft überhaupt aus Menschen besteht, theoriestrategisch abzulehnen. Doch um diese Extrempositionen soll es hier gar nicht gehen. Vielmehr möchte ich hier nur kurz die (scheinbar) harmlosere Voraussetzung einer *Kalkulation* untersuchen.

Die sicherlich bekannteste und wirkmächtigste Aussage eines Soziologen zu diesem Thema stammt von dem Franzosen Pierre Bourdieu. Die darin enthal-tene Kritik mag hier stellvertretend für ein weit verbreitetes Unbehagen an der Idee einer Kalkulation stehen, die einer rationalen Entscheidung definitionsge-mäß stets vorausgeht. In *Die feinen Unterschiede* betont Bourdieu mit Leibniz und im Rahmen einer empirisch gestützten Analyse, dass der Mensch doch wohl eher ein Automat sei – und zwar zu 75 Prozent! (vgl. Bourdieu 1982: 740). Bourdieu stellt dem Konzept der rationalen Kalkulation seine Theorie des Habi-tus entgegen. Danach graben sich die Kontextbedingungen des sozialen Raums und der Felder bis hinein in die Gestik und Mimik eines Menschen. Das Subjekt lebt in einer vorstrukturierten Welt, in der Wahlhandlungen eher die Ausnahme bilden. Nur in strukturell neuartigen Situationen, auf die der Habitus keine Ant-wort weiß, kommt es nach Bourdieus Überzeugung überhaupt zur Reflexion über potenzielle Alternativen. Dies geschieht etwa beim Wechsel in ein anderes Milieu oder in Zeiten rapiden Wandels. Einmal als vorteilhaft erkannte Verhal-tensweisen werden in der Regel ohne weiteres Nachdenken über andersartige Optionen (tagtäglich) wiederholt. Ohne habitualisierte Praxis wäre die Ge-schwindigkeit und Stabilität unseres alltäglichen Verhaltens kaum zu erklären. Im Gegensatz zur weiter oben skizzierten „philosophischen" Kritik wirft Bour-

---

16 Autoren wie Zafirovski (1999b: 495) versuchen sogar zu zeigen, dass „classical sociology in its Durkheimian-Weberian version emerged as a result of dissatisfaction with utaltitarianism as found [...] in Herbert Spencer's 'rational choice' social theory".

dieu den RCT also nicht etwa einen verkürzten, sondern einen zu anspruchsvollen Begriff von Rationalität vor.[17]

Damit sind wir in der Darstellung an *Weggabelung 3* angekommen. Auch die gerade formulierte Kritik kann je nach Standpunkt als Rechtfertigung für eine Verbannung oder Relativierung der zugrunde liegenden Rationalitätsprämissen herangezogen werden. In Abschnitt 5 wird gezeigt, wie eine plausible Reaktion auf Bourdieus Kritik aussehen könnte.

Über das Verschwinden der Rationalitätsressourcen

Eine zweite Spannungslinie zwischen soziologischen Befunden und entscheidungstheoretischen Modellierungen entsteht aus der Frage, ob Menschen in der Spätmoderne überhaupt die Ressourcen besitzen, um rationale Entscheidungen zu treffen. Da dieser Gesichtspunkt in der Literatur bislang eher vernachlässigt wurde, will ich mich ihm in der Folge etwas ausführlicher widmen.

Theorien werden in den Sozialwissenschaften zumeist als widerspruchsfreie Systeme von Aussagen definiert, welche einen bestimmten Ausschnitt der Realität vereinfacht abbilden, um eine Erklärung für das Vorgefundene zu liefern. Sichtbare Veränderungen im Bereich des „Vorgefundenen" erfordern nach diesem Verständnis eine Überprüfung der Theorie. Im Normalfall erzwingt dies kleinere Modifikationen am Erklärungsmodell, im Extremfall führt es zur Falsifikation oder gar zum Paradigmenwechsel. Umgekehrt ist es natürlich ebenso denkbar, dass soziale Wandlungsprozesse so verlaufen, dass eine Theorie sogar noch an Plausibilität und Reichweite hinzugewinnt. Die Frage ist nun, ob sich der Gegenstand entscheidungstheoretischer Forschung in der Spätmoderne verwandelt hat? Und, falls ja: Welche Konsequenzen lassen sich daraus für die Theoriebildung ableiten? Genauer: Was folgt daraus für den Rationalitätsbegriff?

Theorien rationaler Wahl stehen in sichtbarer Verbindung zu den Ideen der Aufklärung. Immerhin ist es Immanuel Kant, der das menschliche Subjekt erstmals ins Zentrum der Welt rückt. Nur unter der Annahme, dass der Mensch als vernunftbegabter Akteur begriffen wird, der handelnd in die Welt eingreift, ohne lediglich determiniertes Produkt derselben zu sein, ist eine Theorie der rationalen Entscheidung denkbar. Erst dann erhält die Rede von einer „Wahl" einen gehaltvollen Sinn. Diese Idee der Selbstbestimmung ist konstitutiv für die

---

17 Wie kommt es dann aber, dass wir uns etwa auf Nachfrage selbst durchaus als kalkulierende Akteure beschreiben würden? Hier könnte man mit Uwe Schimanks wissenssoziologischem Konzept der „Rationalitätsfiktionen" (Schimank 2006) anschließen, was aber an dieser Stelle zu weit führte.

Moderne. In ihrer gesellschaftstheoretischen Transformation durch Jürgen Habermas erfährt die Philosophie einen entscheidenden zeitkritischen Impuls: Das Rationalitätspotenzial wird hier nämlich explizit auf seine empirische Realisierung hin befragt. In seiner *Theorie des kommunikativen Handelns* (1981) gelangt Habermas zu der Überzeugung, dass sich Modernisierung ausdrücklich als eine „Versprachlichung des Sakralen" interpretieren lässt. Im Zuge einer „Rationalisierung der Lebenswelt" werden alte Gewissheiten, Bräuche, Überzeugungen und Dogmen diskutabel. In kommunikativer Verständigung werden bisherige Selbstverständlichkeiten kritisch hinterfragbar. An die Stelle blinder Regelbefolgung tritt - zumindest potenziell - eine Reflexion über Ziele, Zwecke und Mittel des Zusammenlebens, die in vormodernen Gesellschaften aufgrund bestehender Restriktionen gar nicht möglich gewesen wäre. Im 'Sonnenlicht' ausdifferenzierter Wertsphären wird das handelnde und entscheidende Subjekt geboren. Im Rahmen angemessener „Anerkennungsverhältnisse" (Honneth 1994) kommt es zur intersubjektiven Entfaltung jener Vernunft, die immer schon in der Sprache geschlummert hatte. Nach dieser Lesart verwirklicht sich im Laufe der Moderne endlich jenes Versprechen, das Kant so viele Jahre zuvor gegeben hatte.

Dieses, in meiner Darstellung etwas zugespitzte Narrativ, erhält Unterstützung von anderen namhaften Erzählern der Moderne, die in ihren soziologischen Deutungen gewisse Freiheitsgewinne der Moderne hervorheben (vgl. etwa Simmel 1890). Ulrich Beck und Elisabeth Beck-Gernsheim sprechen für die „reflexive Moderne" sogar von einem *homo optionis*: „Der Mensch wird (im radikalsten Sinne Sartres) zur Wahl seiner Möglichkeiten, zum homo optionis. Leben, Tod, Geschlecht, Körperlichkeit, Identität, Religion, Ehe, Elternschaft, soziale Bindungen – alles wird sozusagen bis ins Kleingedruckte entscheidbar, muß, einmal zu Optionen zerschellt, entschieden werden" (Beck/Beck-Gernsheim 1994: 16-17). Im Schatten solcher Freisetzungsprozesse lassen sich jedoch auch gegenläufige Tendenzen in der Moderne beobachten. So steigert sich zeitgleich - quasi im Rücken fortschreitender Lebensweltrationalisierungen - die Komplexität der menschlichen Lebenspraxis (vgl. Habermas 1981). Systeme differenzieren sich aus, um die materielle Reproduktion moderner Gesellschaft überhaupt sicherstellen zu können. Im Laufe der Zeit verselbstständigen sich diese Gebilde und beginnen damit, bislang kommunikativ strukturierte Lebensbereiche zu kolonialisieren. Potenzielle Freiheitsspielräume entstehen also, nur um sogleich wieder verloren zu gehen. Die Welt befindet sich im Fluss und das Individuum wird mitgerissen. Es kann zwar immer mehr entschieden werden, aber die Entscheidungssituationen selbst werden immer komplexer. Die

Kluft zwischen erreichbarem Wissen und der Verarbeitungskapazität der Akteure vergrößert sich. Während die Verfügbarkeit von Informationen durch technische Innovationen stark zunimmt, bleibt die Aufnahmefähigkeit der Entscheider evolutionär ziemlich stabil (vgl. Schimank 2005: 159). Die funktionale Ausdifferenzierung der Gesellschaft begünstigt zudem das Auseinandertreten der Interessen. Die daraus resultierende Pluralisierung von Lebensentwürfen und Weltanschauungen innerhalb einer Gesellschaftsformation führt in der sozialen Dimension zu weiteren Unsicherheiten (vgl. Schimank 2005: 122-155). Die Zielkonflikte zwischen den Akteuren potenzieren sich entsprechend. Schließlich führt die schiere Dynamik der Veränderungen zu einer Verknappung der Zeitressourcen. Die Beschleunigung von sozialem Wandel und technischer Entwicklung führt gleichzeitig zu einer Erhöhung des individuellen Lebenstempos (vgl. Rosa 2007: 195-240). Entscheidungen müssen daher immer schneller getroffen werden – hiervon sind Individuen ebenso betroffen wie Kollektivsubjekte (Staat, Gewerkschaften, etc.). Hinzu kommt, dass beschleunigte Umwelten eine zunehmende Planungsunsicherheit verursachen. Vor allem lang- und mittelfristige Entscheidungen werden in beinahe allen Lebensbereichen nur noch „unter Unsicherheit" getroffen. Dies betrifft den Unternehmer, der über einen Standortwechsel nachdenkt, im selben Maße wie das Ehepaar, das ein gemeinsames Haus bauen will, oder die Studentin, die sich einen neuen Computer anschaffen möchte. Entscheidungshandeln sieht sich infolge der geschilderten Entwicklungen mit einem stetig zunehmenden Komplexitätsniveau konfrontiert.

Die bislang dargestellten Befunde sind also durchaus ambivalent: Einerseits werden individuellen und kollektiven Akteuren im Laufe der Modernisierung immer mehr Entscheidungen ermöglicht bzw. abverlangt, da alte Restriktionen in Auflösung begriffen sind. Andererseits schwinden die Ressourcen, mit deren Hilfe (rationale) Entscheidungen im eigentlichen Sinne überhaupt getroffen werden können. Was aber bedeutet eine derartige Charakterisierung der Spätmoderne nun für die Entscheidungstheorie?

Zum einen wird aus der obigen Darstellung ersichtlich, dass ihr Analysebereich zunehmend wichtiger wird. Immerhin werden mehr Entscheidungen als jemals zuvor getroffen.[18] Darüber hinaus werden, wie oben gezeigt, Wahlakte in immer zahlreicheren Kontexten denkbar. Auf der anderen Seite müssen sich RCT offenbar der zur Verfügung stehenden Handlungsressourcen auf Seiten der Akteure rückversichern. Hierbei müssen anthropologische Überzeugungen, etwa über die Informationsverarbeitungskapazitäten des Menschen, dringend durch

---

18 Das manifestiert sich nicht zuletzt in Begriffen wie „Multioptionsgesellschaft" (Gross 1994) oder „Entscheidungsgesellschaft" (Schimank 2005).

soziologische Untersuchungen ergänzt werden. Die anspruchsvollen Rationalitätskriterien des homo oeconomicus erscheinen unter spätmodernen Vorzeichen auf den ersten Blick antiquierter denn je. Die Frage muss vielmehr erlaubt sein, ob viele Entscheidungen nicht mittlerweile sogar notgedrungen im arationalen Modus ablaufen. Inwieweit verfügen Akteure über eine ausreichend stabile Entscheidungsgrundlage, auf deren Basis Erwartungswertberechnungen erst möglich werden? Eine soziologisch informierte RCT muss die Tatsache berücksichtigen, dass sich in der Spätmoderne zwar vielfältige Handlungsspielräume eröffnen, es den Akteuren aber gleichzeitig an den notwendigen Ressourcen mangelt, um diese Freiheiten produktiv zu nutzen.

Damit sehen sich RCT mit einer *vierten Herausforderung* konfrontiert, welche durch die Kritik der soziologischen Modernisierungstheorie sichtbar gemacht wird.

4.3. Psychologie der Rationalität

Bislang habe ich mich auf eine Auswahl von Kritikpunkten am Rationalitätskonzept konzentriert, die quasi von außen in die Debatte des RC-Paradigmas eingespeist wurden. Ursache für die zunehmende Distanzierung von den Rationalitätsannahmen der Anfangsjahre sind jedoch insbesondere auch Probleme und Irritationen, die aus der direkten Konfrontation eigener Modelle mit der menschlichen Psyche erwachsen sind.

Ein erstes Indiz für die offensichtlichen Probleme mit dem Rationalen ist der inflationäre Gebrauch des Wortes „Anomalie" in Veröffentlichungen von RC-Theoretikern. Offensichtlich treten in den Analysen häufig Phänomene auf, die sich nicht ohne weiteres mit dem zur Verfügung stehenden Instrumentarium erklären lassen. An dieser Stelle sei nur auf die Erklärungsnöte verwiesen, welches das so genannte „Wahlparadoxon" seit dem Erscheinen von Anthony Downs' *An Economic Theory of Democracy* (1957) verursacht; oder auf die vielen ungeklärten Fragen, die sich an *The Logic of Collective Action* (1965) von Mancur Olson anschließen, etwa wenn es darum geht, warum überhaupt so viele Kollektivgüter in einer Welt voller potentieller Trittbrettfahrer generiert werden.

Direkte empirische Überprüfungen von RCT haben sich gleichwohl in der Vergangenheit als äußerst schwierig erwiesen (vgl. Brüderl 2004). In jüngster Zeit hat sich das jedoch geändert. Inspiriert durch Forschungsmethoden aus dem Bereich der Psychologie, gibt es mittlerweile eine Reihe von Experimenten, welche die RC-Vorhersagen explizit unter Laborbedingungen überprüfen. „Die

Hypothese, dass der Mensch vor allem egoistisch und rational sei, ist eine Hypothese der Ökonomen, die lange Zeit nie getestet worden ist. Aber der Mensch war vermutlich nie so rational und so eigennützig, wie der Ökonom ihn gerne hätte in seinen Modellen. Insofern hat sich der Mensch nicht geändert, sondern die Wirtschaftswissenschaft hat sich geändert, indem sie diesen neuen Ideen und neuen empirischen Befunden Rechnung trägt und den 'Homo Oeconomicus' langsam verabschiedet" (Ockenfels 2005). Die experimentelle Forschung der jüngsten Vergangenheit hat also - beinahe erwartungsgemäß - nicht zu einer Bestätigung der Rationalitätsannahmen geführt (vgl. v.a. Kahnemann/Tversky 1990). Vielmehr hat die Skepsis mit jedem Experiment zugenommen. Das wird aktuell insbesondere in der angewandten Spieltheorie deutlich (vgl. Diekmann/Voss 2004; Thaler 1992; Green/Shapiro 1999; Kagel/Roth 1995; Gigerenzer/Selten 2001; Fehr/Schwarz 2002). Schon in relativ überschaubaren Zweipersonenspielen gelingt es den Probanden häufig nicht, 'rationale' Entscheidungen im Sinne der Theorie zu treffen. Zahlreiche Befunde beweisen, dass Probanden nur selten in der Lage sind, eine logisch korrekte Berechnung ihres Erwartungswertes anzustellen. Menschen mangelt es offenbar nicht nur an den sozialen Ressourcen (vgl. Abschnitt 4.2), sondern auch an den psychischen Ressourcen für (perfekt) rationale Wahlhandlungen. Wenn es sich um das 'Forschungsobjekt' Mensch handelt, sind folglich kognitive Limitierungen unbedingt zu beachten.[19] Die derzeit vorliegenden Laborbefunde legen somit den Schluss nahe, das Modell des homo oeconomicus zu verabschieden, wenn es um die *Deskription* menschlichen Handelns geht. Konsequenterweise setzen sich gerade in eher psychologisch orientierten Forschergruppen Vorstellungen einer *bounded rationality* durch (vgl. etwa Manktelow/Over 1996). Darüber hinaus stellt sich allerdings die Frage, von welcher Art Akteursrationalität überhaupt ausgegangen werden kann, wenn sich selbst die Annahme transitiver Präferenzen zunehmend als falsch herausstellt.[20] Ist eine Suspendierung des Rationalitätsbegriffs in allen Varianten also am Ende sogar zu begrüßen? Hier wird eine *fünfte Weggabelung* erkennbar.

---

19 Schließlich ist zu berücksichtigen, dass normorientierte Verhaltensweisen offenbar eine viel größere Rolle spielen als bisher von RCT angenommen.

20 „They do not have consistent preferences" (Selten 2001: 15; vgl. ebenfalls Simon 1993: 26; Schüßler 2004)

4.4. Wandel der Selbstbeschreibung

Die jüngsten Distanzierungsversuche vom Rationalitätsbegriff speisen sich nach meiner Auffassung aus mindestens zwei verschiedenen Quellen. Das wichtigste Motiv für den feststellbaren Sinneswandel entstammt sicherlich den soeben erläuterten, kritischen Einwänden der Vergangenheit. Eine nicht unwesentliche Rolle spielen aber sicherlich ebenfalls die veränderten Ansprüche, die RCT an ihre Modelle stellen.

Zum einen ist hier der Versuch einer *Ausweitung des Anwendungsbereichs* der Theorie zu nennen. Im Zuge dessen wird es für nötig befunden, die Grenze des Rationalen sukzessive nach außen zu verschieben, um Zugang zu bislang versperrten Phänomenen zu erhalten. Besonders pointiert formuliert Coleman (1991: 22) diesen Anspruch: „Ich vertrete [...] die Position, daß der Erfolg einer Sozialtheorie, die sich auf Rationalität gründet, darin liegt, den Bereich sozialer Handlungen, den die Theorie nicht erklären kann, Schritt für Schritt zu verkleinern."[21] In dem Bemühen, das Terrain für rationale Erklärungen zu erweitern, kommt es zu instruktiven Ansätzen, bei denen RC-Modelle etwa auf Emotionen (Schnabel 2003) oder normorientiertes Handeln (Esser 2002) ausgeweitet werden. Als besonders extremes Beispiel für diese Strategie kann das Werk Gary Beckers gelten, der den RC-Ansatz selbstbewusst auch für die Erklärung von Rassismus oder elterlicher Fürsorge heranzieht (vgl. Becker 1996; in ähnlicher Weise: Frey 1990). Es ist kaum bestreitbar, dass diese Steigerung der Erklärungsreichweite durch die Diffusion der Begrifflichkeit erkauft wurde. Von dem Zeitpunkt, an dem alles rational ist, bis zu dem Moment, an dem man auf das Rationale gleich ganz verzichten kann, ist es nicht weit (vgl. Smelser 1992).

Ein zweites Motiv für die Verabschiedung der Rationalitätsprämissen gründet in der Suche nach einer angemesseneren Beschreibung der sozialen Wirklichkeit. Hierbei geht es weniger darum, *mehr* zu erklären als bislang, vielmehr soll die *Qualität* der Beschreibung gesteigert werden. Diese Entwicklung der RCT steht unter dem Motto: „Let us [...] start with man as he is" (Coase 1984: 231). Im Zuge dessen werden idealtypische Analysen durch weniger abstrakte und vermeintlich realitätsnähere Annahmen ersetzt. In diesem Sinne erhofft und befördert etwa Herbert A. Simon eine verhaltenstheoretische Wende: „We will be able, in time, to return economics to the real world." (Simon 1997: 276). In „behavioristischen" Modellen erweisen sich starke Rationalitätskriterien als hinderlich und werden folglich sukzessive getilgt.

---

21 vgl. auch Opp (2004: 51) und Becker (1976: 8) für ähnliche Aussagen.

Hiermit kommt eine *letzte Weggabelung* in den Blick: Muss der Rationalitätsbegriff am Ende doch geopfert werden, um dem veränderten Präferenzgefüge der RC-Theoretiker zu entsprechen?

5.   Rationalität revisited - Pfade der Beharrung

Der Rationalitätsbegriff ist stets *das* Einfallstor für Kritik an RCT gewesen. Zweifel an den damit verknüpften Annahmen gingen in der Vergangenheit nahtlos einher mit einer Infragestellung des gesamten Forschungsprogramms. In Reaktion auf die vehementen Proteste haben RC-TheoretikerInnen viel Zeit darauf verwendet, Explizierungen und Modifizierungen vorzunehmen. Entwicklungen wie das Konzept der „bounded rationality" (Simon 1957), das „RREEMM-Modell" (Lindenberg 1985) oder die „Prospect Theory" (Tversky/Kahnemann 1990) sind nur die prominentesten Zeugnisse dieser Anstrengungen. Diese innerparadigmatischen Schöpfungen haben gleichwohl ihren Teil zum Verschwinden des Rationalitätsbegriffs beigetragen, indem sie die Diffusion der Begrifflichkeit befördert haben. In der heutigen Debatte ist nicht viel übrig geblieben von dem ehemals stolzen Terminus. Die damit verbundenen Gefahren wurden in Abschnitt 3 ausführlich erläutert.

Aufgabe entscheidungstheoretischer Ansätze kann es nun sicherlich nicht sein, die altehrwürdige Frage nach dem Rationalen endgültig oder gar 'richtig' zu beantworten. Das ist in einem nachmetaphysischen Zeitalter weder möglich noch fruchtbar. Ziel ihrer Anstrengungen muss es allerdings sein, den Begriff so zu bestimmen, dass er als stabile Basis für ihre Forschungsambitionen angesehen werden kann. Zum Abschluss dieses Beitrags soll eruiert werden, inwieweit Ort und Gehalt des Rationalen mit den kritischen Einwänden so versöhnt werden können, dass an möglichst vielen Zielen des Forschungsprogramms festgehalten werden kann. Hierfür empfiehlt sich ein Rückgriff auf die bereits identifizierten 'Weggabelungen'.

Der an *Weggabelung 1* für eine Beibehaltung des Rationalitätsbegriffs geforderte Preis beinhaltet die Anerkennung arationaler und irrationaler Handlungsmodi. Eine plausible Entscheidungstheorie muss sich an ihre natürlichen Grenzen erinnern und das Nicht-Rationale in jenen Situationen zulassen, in denen es auftritt. Im Rahmen der üblichen Forschungspraxis wird abweichendes Verhalten bislang als Anomalie oder Paradoxie klassifiziert. Solche Begrifflichkeiten sind jedoch irreführend, da sie implizieren, dass die betreffenden Phänomene lediglich Sonderfälle darstellen, die früher oder später innerhalb des RC-

Forschungsprogramms erklärt werden können. Will die Theorie aber am Begriff der Rationalität festhalten, so muss sie andersartige Entscheidungslogiken unbedingt zulassen, um nicht zirkulär zu werden. Wenn Menschen die Handlungsfreiheit besitzen, um eine Wahl zu treffen, dann können sie sich auch gegen ihre Interessen (irrational) oder auf unüberlegt-impulsive Weise (arational) entscheiden. RCT müssen daher anerkennen, dass Menschen mitunter auch zu irrationalen und arationalen Verhaltensweisen neigen, die mittels kausal-intentionaler Ansätze nicht adäquat erklärt werden können. Soziologische Befunde legen sogar die Vermutung nahe, dass derartige Phänomene in der Spätmoderne gehäuft auftreten, da die Ressourcen für rationale Wahlhandlungen schwinden. Dieser erste Kritikpunkt spricht deutlich gegen die derzeit stattfindende Ausweitung des Rationalitätsbegriffs. Eine angemessene Reaktion kann daher nur in der Rückbesinnung auf einen trennscharfen Ausdruck bestehen.

An *Weggabelung 2* werden RCT mit dem Vorwurf konfrontiert, einen verstümmelten Begriff von Rationalität zu transportieren, der dieses Label im Grunde nicht verdient hat. Diese Kritik impliziert mitunter gar den Vorwurf, dass sich RC-Vertreter aus ideologischen Gründen genau diesen Begriff diskursiv aneignen, um ihrer Vorstellung einer neoliberalen Gesellschaftsordnung Legitimität zu verschaffen (vgl. etwa Archer/Tritter 2000: 1-3 oder Miller 1994). Diesem Einwand ist im Grund nur mit einer Profilschärfung zu begegnen. Hierbei muss klargestellt werden, dass es nicht unbedingt zum Aufgabengebiet einer Entscheidungstheorie gehört, eine Evaluation der Präferenzordnungen vorzunehmen. Im Rahmen *analytischer* Ambitionen ist es durchaus zulässig, vielleicht sogar notwendig, die jeweiligen Handlungsziele als gegeben anzunehmen, und mit einem „sparsamen" Begriff von Rationalität zu arbeiten. Bedeutsam ist dieser Einwurf jedoch für die *präskriptiven* Ziele der RCT. Sobald explizite Handlungsanleitungen formuliert werden, ist zu berücksichtigen, dass ein tragfähiges Rationalitätskonzept auch auf die Primärgründe der Akteure angewendet werden muss.[22]

An der *dritten Weggabelung* wartet mit Bourdieu ein Vertreter der Soziologie, der dem Paradigma entgegen hält, dass der Mensch eher ein gewöhnlicher Automat als ein gottähnlicher Taschenrechner ist. Darauf kann reagiert werden, indem betont wird, dass RCT im Gegensatz zu Rational *Action* Theorien überhaupt keine generellen Aussagen über das menschliche Handeln treffen wollen. Es darf daher bezweifelt werden, ob die von Bourdieu adressierte Erklärung des *Alltagshandelns* jemals zum bevorzugten Aufgabengebiet der Entscheidungs-

---

22 Mir fällt jedenfalls kein Argument ein, warum „Wünsche zweiter Ordnung" nicht in die Modelle normativer Entscheidungstheorien einbezogen werden könnten oder sollten.

theorien gehört hat. Vielmehr sind RCT explizit für den Fall des Entscheidungs-handelns konzipiert, der sicherlich nicht den Normalfall im Alltagsleben dar-stellt. Für diese Auffassung mag etwa Hartmut Esser als Kronzeuge dienen: „Die Rationalität [ist] kein allgemeiner Grundzug des Handelns der Menschen" (Esser 1997: 89).[23] Leider wird diese Einsicht nicht von allen Vertretern der Theorie beherzigt, so dass die Bourdieu'sche Kritik durchaus ihre Berechtigung hat. Letztlich muss der Einwand also als eindringliche Aufforderung für eine Rückbesinnung auf die 'Kernkompetenz' der RCT als *Entscheidungstheorie* interpretiert werden.

Die zweite soziologische Beanstandung erzwingt an *Weggabelung 4* eine erneute Richtungsentscheidung der RCT. Nach meinem Ermessen ist der Hin-weis auf mangelnde Entscheidungsressourcen in einer komplexen Welt einer der stärksten Einwände gegen die Vorstellung einer *rationalen* Wahl. Ist die Rede von „Rationalität" in der Spätmoderne angemessen, wenn die Entscheidungs-grundlage der Akteure *instabiler*, Ressourcen wie die Zeit *knapper* und die zu lösenden Probleme *komplexer* werden? Die Lücke zwischen den Rationalitäts-ansprüchen der RCT und den realen Möglichkeiten der Menschen vergrößert sich. Dadurch verliert die Theorie an Beschreibungs-, Erklärungs- und Progno-sekraft. Dies trifft auch auf Vorstellungen beschränkter Rationalität zu, sofern sie etwa an der Idee der Maximierung festhalten. Trotzdem kann gerade das Insistieren auf einen starken Rationalitätsbegriff hier Sinn machen - nämlich um den betreffenden Realitätsausschnitt analytisch zu durchdringen. Eine solche Aufhellung kann dann sogar zum Zweck der Gesellschaftskritik herangezogen werden, indem sie anzeigt, an welchen institutionellen Rahmenbedingungen es offenbar liegt, dass rationale Entscheidungen ausbleiben (vgl. auch Wiesenthal 1987: 447). Ich glaube somit nicht, dass eine Aufweichung der Rationalitätsan-forderungen hier zweckdienlich ist. Vielmehr muss sorgfältig geprüft werden, ob von den Akteuren rationale Entscheidungen erwartet werden können. Erweist sich bei näherer Untersuchung, dass diese Grundvoraussetzung nicht gegeben ist, so kann eine Analyse auf Basis des RC-Instrumentariums nicht über eine idealtypische Rekonstruktion hinausgehen. Es gilt anzuerkennen, dass RC nicht alles erklären kann und muss.[24]

---

23 Essers Framingkonzept kann gleichzeitig als Beispiel dafür dienen, wie man die RCT umbauen müsste, um bei einer verallgemeinerungsfähigen Rational Action Theorie anzukommen (vgl. Esser 2002).

24 Die enorme Fruchtbarkeit *idealtypischer* Rekonstruktionen hat schon Max Weber vor über 100 Jahren mit seiner berühmten Studie über die „Protestantische Ethik" eindrucksvoll unter Beweis gestellt.

Damit bin ich an *Weggabelung 5* angekommen. Hierbei handelt es sich um den experimentell erhärteten Eindruck, dass menschliches Entscheidungshandeln in vielen Situationen von dem theoretisch prognostizierten Verhalten abweicht. Die kognitive 'Limitierung' des Menschen, seine Psyche, verhindert offenbar (perfekt) rationale Wahlentscheidungen. Diese Kritik betrifft in erster Linie die Annahmen des homo oeconomicus, in abgeschwächter Form aber auch Versionen eines RREEMM, die etwa mit Werterwartungstheorien verknüpft werden. Das stellt für die *präskriptive* Version der RCT sicherlich das kleinste Problem dar: Diese versteht sich ohnehin als Dienstleister für Entscheidungsträger (etwa in der Politikberatung), die erst auf die jeweils rationale Strategie aufmerksam gemacht werden sollen. Anders sieht das natürlich aus, wenn RCT etwas verstehen, beschreiben, erklären oder prognostizieren wollen. Solchen Ansprüchen ist es nicht förderlich, wenn sich der Verdacht erhärtete, dass Menschen nicht rational im angenommenen Sinne entscheiden können oder wollen. Trotz dieser Befunde bleibt das plötzliche Verschwinden des Rationalen zutiefst rätselhaft. Immerhin wurde bereits seit Geburt des homo oeconomicus im Werk von Thomas Hobbes darauf aufmerksam gemacht, dass es sich hierbei um eine kontrafaktische Zusprechung handelt. Dazu passt eine Aussage Schumpeters aus dem Jahr 1912: „[Die] Annahme eines Verhaltens, das der Beobachter als prompt und rationell begreifen kann, ist eine Fiktion auf alle Fälle. Aber sie bewährt sich dann, wenn und weil die Dinge Zeit haben, Logik in die Menschen zu hämmern. Wo das geschehen ist und innerhalb der Grenzen, in denen das geschehen ist, kann man ruhig mit dieser Fiktion arbeiten und Theorien darauf bauen" (Schumpeter 1997: 118). Es ist demnach keine neue wissenschaftliche Erkenntnis, dass die Annahme rationaler Akteure mit der Wirklichkeit nicht besonders viel zu tun hat. Eine plausible Reaktion auf experimentelle 'Falsifikationen' liegt demnach nicht in einer Suspendierung des Rationalen, sondern in der Bescheidenheit im Hinblick auf die Leistungsfähigkeit der RCT.

Abschließend erzwingt eine *sechste Weggabelung* eine Entscheidung. In diesem Fall ist es der Präferenzwandel einiger RC-Vertreter, welcher die Verabschiedung des Rationalen begünstigt. Sowohl die Versuche einer *Ausweitung des Anwendungsbereichs* der RCT (a) als auch die damit oftmals verknüpften Bemühungen um eine *realitätsnähere Beschreibung* menschlicher Entscheidungen (b) sind ursächlich für die Distanzierung von ehemaligen Grundannahmen verantwortlich. Beide Strategien sind daher hoch problematisch (vgl. Abschnitt 3).

Strategie (a) führt die RCT auf den beschwerlichen Weg hin zu einer allgemeinen Handlungstheorie. Nimmt man dieses Ziel aber ernsthaft ins Visier, so wird es nicht genügen, den Begriff der Rationalität auf Normen und Emotionen auszuweiten. In einer phänomenologisch reichhaltigen Handlungstheorie wären neben dem Rationalen viele weitere Elemente zu berücksichtigen.[25] In einer solchen Hinwendung löste sich die RCT unwiederbringlich als eigenständiges Paradigma auf. Sparsam-idealtypische würden künftig zugunsten komplex-realtypischer Modelle ersetzt. Es ist durchaus zweifelhaft, ob derartige Unternehmungen vom Erfolg gekrönt sein werden. Fest steht jedenfalls, dass die *Entscheidungstheorie* auf sie verzichten kann und muss. Gerade aus der Kritik anderer Theorieschulen wäre nämlich zu lernen, dass „dem Homo Oeconomicus aus der Klemme zu helfen [ist], indem wir ihn gar nicht erst durch überzogene Erklärungsansprüche hineinbringen" (Kliemt 1991: 200).

Strategie (b) impliziert eine verhaltenstheoretische Wende, die sowohl mit dem kausal-intentionalen Erbe der RCT[26] als auch mit deren Gegenwart als leistungsfähiger Heuristik bricht. Im Gegensatz zur 'engen' Variante des Rationalen ist die Eignung von *bounded-rationality*-Ansätzen für die explikativen und prognostischen Ambitionen der Entscheidungstheorie als eher gering einzuschätzen. Kombinationen aus RREEMM und Selektionsregel sind in der Forschungspraxis nämlich oft zu unhandlich und unpräzise, um eindeutige Hypothesen zu generieren.[27] Sie scheinen allein dann wertvolle Dienste zu leisten, wenn es um die *Beschreibung* realer Entscheidungsprozesse geht. Durch ihren weiten Rationalitätsbegriff sind sie anschlussfähig für die Zwecke allgemeiner Handlungstheorien (vgl. Esser 1999: 353-358) oder für evolutionär-verhaltenstheoretische Überlegungen (vgl. Simon 1993 oder Witt 2003). Diese Vorzüge sind sicherlich nicht von der Hand zu weisen, der Einsatz von weiten und 'uferlosen'[28] Varianten des Rationalen erodiert jedoch eindeutig die Kernkompetenz der RCT im Bereich der analytischen Durchdringung komplexer Situationen. Realistische Deskriptionen werden hingegen nach meiner Auffas-

---

25 So zum Beispiel die wichtige Einsicht pragmatistischer Handlungstheorien in die Kreativität des Handelns (vgl. Joas 1996).

26 Wiesenthal spricht in diesem Zusammenhang von der „Sinnblindheit" des Behaviorismus (Wiesenthal 1987: 434).

27 In diesem Sinne argumentiert etwa Elster gegen eine weite Version von RCT, wie sie von Simon oder Selten vertreten wird: „The strength and main weakness of the theory is its realism. On the one hand it is true and important that many people are happy once their aspiration level has been reached [...] On the other hand, there is to my knowledge no robust explanation of why people have the aspiration levels they do, nor of why they use the particular search rules they do. The theory describes behaviour, but does not really explain it" (Elster 1990: 42).

28 Gemeint ist an dieser Stelle etwa das in Abschn. 3 diskutierte Konzept der „adaptiven Rationalität"

sung nie zu den Stärken der RCT gehören – auch wenn man das Rationale noch so sehr dehnt, streckt und beugt.

Abschließend lässt sich konstatieren, dass ein Konglomerat aus Kritik, 'neuen' Einsichten und veränderten Ambitionen für das plötzliche Verschwinden des (idealtypischen) Rationalitätsbegriffs in der aktuellen Debatte verantwortlich ist. Im Rahmen dieses Aufsatzes wurde jedoch zu zeigen versucht, dass RCT (auch kontrafaktisch!) auf einen basalen Rationalitätskern angewiesen sind, der dann durch Zusatzannahmen anzureichern ist. Diese Annahme erweist sich als notwendig, um überhaupt Zugang zum anvisierten Untersuchungsgegenstand zu erhalten. Ergänzend plädiere ich entgegen dem aktuellen Trend für den Einsatz eines möglichst starken und homogenen Begriffs des Rationalen. Nur so können RCT einen gehaltvollen Forschungsbeitrag zur Diskussion um das menschliche Entscheidungshandeln leisten. Vor diesem Hintergrund sollte über ein Comeback des homo oeconomicus zumindest nachgedacht werden.

Literaturverzeichnis

Abell, Peter, 1992: Is Rational Choice Theory a Rational Choice of Theory. S. 183-206 in: James S. Coleman und Thomas J. Fararo (Hrsg.): Rational Choice Theory. Advocacy and Critique. Sage: Newbury Park, London, New Dehli.

Archer, Margaret S und *Jonathan Q. Tritter,* (Hrsg.), 2000: Rational Choice Theory: Resisting Colonisation. Routledge: London.

Aristoteles, 2003: Metaphysik. Übersetzt und herausgegeben von Thomas A. Szlezak. Akademie Verlag: Berlin.

Arrow, Kenneth, 1951: Social Choice an Individual Values. Yale University Press: New Haven.

Beck, Ulrich und *Elisabeth Beck-Gernsheim,* 1994: Individualisierung in modernen Gesellschaften – Perspektiven und Kontroversen einer subjektorientierten Soziologie. S. 10-39 in: dies. (Hrsg.): Riskante Freiheiten. Individualisierung in modernen Gesellschaften. Suhrkamp: Frankfurt.

Becker, Gary S., 1976: The Economic Approach to Human Behavior. Chicago University Press: Chicago.

Becker, Gary S., 1996: Die ökonomische Sicht menschlichen Verhaltens. S. 21-49 in: ders. (Hrsg.): Familie, Gesellschaft und Politik. Die ökonomische Perspektive. Mohr: Tübingen.

Binmore, Ken, 1992: Fun and Games: A Text on Game Theory. D.C. Heath: Lexington, Mass.

Boudon, Raymond, 1992: Subjektive Rationality and the Explanation of Social Behaviour. In: Massimo Egidi und Robin Marris (Hrsg.): Economics, Bounded Rationality and the Cognitive Revolution. Edward Elgar: Aldershot.

Bourdieu, Pierre, 1982: Die feinen Unterschiede. Kritik der gesellschaftlichen Urteilskraft. Suhrkamp: Frankfurt/M.

Brüderl, Josef, 2004: Die Überprüfung von Rational-Choice-Modellen mit Umfragedaten. S. 163-180 in: Andreas Diekmann und Thoma Voss (Hrsg.): Rational-Choice-Theorien in den Sozialwissenschaften. Anwendungen und Probleme. Oldenburg: München.

Coase, Ronald S., 1984: The New Instituitional Economics. In: Journal of Institutional and Theoertical Economics, 140, 229-231.

Coleman, James S., 1991: Grundlagen der Sozialtheorie, Bd.1: Handlungen und Handlungssysteme. Oldenbourg: München.

Davidson, Donald, 2006: Probleme der Handlungserklärung (1987). In: ders. (Hrsg.): Probleme der Rationalität. Suhrkamp: Frankfurt/M.

Diekmann, Andreas und *Thomas Voss,* 2004: Die Theorie rationalen Handelns. Stand und Perspektiven. S. 13-29 in: dies. (Hrsg.): Rational-Choice-Theorien in den Sozialwissenschaften. Anwendungen und Probleme. Oldenburg: München.

Downs, Anthony, 1957: An Economic Theory of Democracy, Harper: New York.

Elster, Jon, 1986: Rational Choice. Blackwell: Oxford.

Elster, Jon, 1990: When Rationality Fails. In: Karen S. Cook und Margaret Levi (Hrsg.): The Limits of Rationality. The University of Chicago Press: Chicago.

Elster, Jon, 1991: The cement of society. A study of social order. Cambridge University Press: Cambridge, Mass.

Elster, Jon, 1999: Wesen und Reichweite rationaler Handlungserklärung. S. 57-75 in: Stefan Gosepath (Hrsg.): Motive, Gründe, Zwecke. Theorien praktischer Rationalität. Fischer: Frankfurt/M.

Esser, Hartmut, 1996: Die Definition der Situation. In: Kölner Zeitschrift für Soziologie und Sozialpsychologie, 48, 1-34.

Esser, Hartmut, 1997: Die „Definition" der Situation und die Rationalität des Handelns. , S. 69-90 in: Tamas Meleghy et al. (Hrsg.): Soziologie im Konzert der Wissenschaften. Westdeutscher Verlag: Wiesbaden.

Esser, Hartmut, 1999: Soziologie. Spezielle Grundlagen, Bd. 1: Situationslogik und Handeln. Campus: Frankfurt/M.

Esser, Hartmut, 2002: Soziologie. Spezielle Grundlagen. Band 6: Sinn und Kultur. Campus: Frankfurt/M.

Esser, Hartmut, 2007: Nachwort kurz vor Redaktionsschluss. Kommentar zur Einleitung von Saake und Nassehi. In: Soziale Welt, 58 (3), 359.

Fehr, Ernst und *Gerhard Schwarz* (Hrsg.), 2002: Psychologische Grundlagen der Ökonomie. Verlag der NZZ: Zürich.

Frankfurt, Harry G., 1971: Freedom of the Will and the Concept of a Person. In: Journal of Philosophy, 67 (1), 5-20.

Franzen, Axel und *Sonja Pointner,* 2007: Fairness und Reziprozität im Diktatorspiel. In: K.-S. Rehberg (Hrsg.): Die Natur der Gesellschaft. Verhandlungen des 33. Kongresses der Deutschen Gesellschaft für Soziologie in Kassel 2006. Frankfurt/New York.

Frey, Bruno S., 1990: Ökonomie ist Sozialwissenschaft. Die Anwendung der Ökonomie auf neue Gebiete. Franz Vahlen: München.

Gigerenzer, Gerd und *Reinhard Selten,* 2001: Rethinking Rationality. S. 1-12 in: dies. (Hrsg.): Bounded Rationality. The Adaptive Toolbox. MIT Press: Cambridge, Mass.

Gosepath, Stefan, 1999: Praktische Rationalität. Eine Problemübersicht. S. 7-53 in: ders. (Hrsg.): Motive, Gründe, Zwecke. Theorien praktischer Rationalität. Fischer: Frankfurt/M.

Green, Donald P. und *Ian Shapiro,* 1999: Rational Choice: Eine Kritik am Beispiel von Anwendungen in der Politischen Wissenschaft. Oldenbourg: München.

Gross, Peter, 1994: Die Multioptionsgesellschaft, Suhrkamp Verlag: Frankfurt/M.

Güth, Werner, 1995: On Ultimatum Bargaining Experiments-A Personal Review. In: Journal of Economic Behavior and Organization, 27 (3), 329-344.

Güth, Werner und *Hartmut Kliemt,* 1998: The Indirect Evolutionary Approach: Bridging the Gap Between Rationality and Adaption. In: Rationality and Society, 10, 377-399.

Habermas, Jürgen, 1981: Theorie des kommunikativen Handelns, 2 Bd. Suhrkamp: Frankfurt/M.

Haug, Sonja, 1998: Anomalien in der Entscheidungstheorie. Empirische Evidenz und Konsequenzen. S. 126-160 in: Ulrich Druwe und Volker Kunz (Hrsg.): Anomalien in der Handlungs- und Entscheidungstheorie. Leske+Budrich: Opladen.

Hechter, Michael und *Satoshi Kanazawa,* 1997: Sociological Rational Choice Theory. In: Annual Review of Sociology, 23, 191–214.

Honneth, Axel, 1994: Kampf um Anerkennung. Zur moralischen Grammatik sozialer Konflikte. Suhrkamp: Frankfurt/M.

Joas, Hans, 1996: Die Kreativität des Handelns. Suhrkamp: Frankfurt/M.

Kagel, John H. und *Alvin E. Roth,* (Hrsg.), 1995: The Handbook of Experimental Economics. Princeton University Press: Princeton.

Kant, Immanuel, 1964a [1784]: Beantwortung der Frage: Was ist Aufklärung? In: ders.: Werke, hg. v. Wilhelm Weischedel, Bd. VI. Insel-Verlag: Darmstadt, 53-61.

Kant, Immanuel, 1964b [1796]: Anthropologie in pragmatischer Absicht. In: ders.: Werke, hg. v. Wilhelm Weischedel, Bd. VI. Insel-Verlag: Darmstadt, 399-690.

Kappelhoff, Peter, 2004a: Adaptive Rationalität, Gruppenselektion und Ultrasozialität. S. 79-95 in: Andreas Diekmann und Thomas Voss (Hrsg.): Rational-Choice-Theorien in den Sozialwissenschaften. Anwendungen und Probleme. München: Oldenburg.

Kappelhoff, Peter, 2004b: Evolution und Steuerung von Komplexität. S. 129-148 in: Ch. Henning und Ch. Melbeck (Hrsg.): Interdisziplinäre Sozialforschung. Theorie und empirische Anwendungen. Campus: Frankfurt/M.

Kahnemann, Daniel und *Amos Tversky,* 1990: Prospect Theory: an Analysis of Decisions under Risk. In: P. K. Moser (Hrsg.): Rationality in Action. Cambridge University Press: Cambridge, Mass.

Kirchgässner, Gebhard, 2000: Homo Oeconomicus. Das ökonomische Modell individuellen Verhaltens und seine Anwendung in den Wirtschafts- und Sozialwissenschaften. Mohr Siebeck: Tübingen.

Kliemt, Hartmut, 1991: Der Homo oeconomicus in der Klemme. Der Beitrag der Spieltheorie zur Erzeugung und Lösung des Hobbesschen Ordnungsproblems. S. 179-

204 in: Hartmut Esser und Klaus G. Troitzsch (Hrsg.): Modellierung sozialer Prozesse. Informationszentrum Sozialwissenschaften: Bonn.

Kliemt, Hartmut, 2004: Beschränkte als vollkommene Rationalität. S. 11-47 in: Joachim Behnke, Thomas Plümper und Hans-Peter Burth (Hrsg.): Jahrbuch für Handlungs- und Entscheidungstheorie. Band 3. VS Verlag: Wiesbaden.

Kuhn, Thomas, 1962: The Structure of Scientific Revolutions. Chicago: University of Chicago Press.

Kunz, Volker, 2004: Rational Choice, Campus: Frankfurt/M.

Lindenberg, Siegwart, 1985: An Assessment of the New Political Economy: Its Potential for the Social Sciences and for Sociology in Particular. In: Sociological Theory, 3, 99-114.

Macy, Michael M., 1997: Identity, Interest and Emergent Rationality: An Evolutionary Synthesis. In: Rationality and Society, 9, 427-448.

Manktelow, Kenneth I. und *David O. Over* (Hrsg): 1996: Rationality. Psychological and Philosophical Perspectives. Routledge: London/New York.

Meckling, William H., 1976: Values and the Choice of the Individual in the Social Sciences. In: Schweizerische Zeitschrift für Volkswirtschaft und Statistik, 112, 545-560.

Miller, Dennis C., 2004: Models of Man: Neoclassical, Behavioural, and Evolutionary. In: politics, philosophy & economics, 3 (1), 59-76.

Miller, Max, 1994: Ellbogenmentalität und ihre theoretische Apotheose – Einige kritische Anmerkungen zur Rational Choice Theorie. In: Soziale Welt, 45 (1), 5-15.

Neumann, John von und *Oskar Morgenstern,* 1944: The Theory of Games and Economic Behaviour. Princeton.

Ockenfels, Axe,l 1999: Fairneß, Reziprozität und Eigennutz. Ökonomische Theorie und experimentelle Evidenz. Mohr Siebeck: Tübingen.

Ockenfels, Axel, 2005: Abschied vom Homo Oeconomicus. Ein Interview mit Ingun Arnold von der DW-World, Datum: 2.3.2005; www.dw-world.de/dw/article/0,2144,1505080_page_1,00.html.

Olson, Mancur, 1965: The Logic of Collective Action: Public Goods and the Theory of Groups. Harvard University Press: Cambridge, Mass.

Opp, Karl-Dieter, 2004: Die Theorie rationales Handelns im Vergleich mit alternativen Theorien. S. 43-68 in: Manfred Gabriel (Hrsg), 2004: Paradigmen der akteurszentrierten Soziologie. VS Verlag: Wiesbaden.

Pritzlaff, Tanja, 2006: Entscheiden als Handeln. Eine begriffliche Rekonstruktion. Campus: Frankfurt/M.

Rescher, Nicholas, 1993: Rationalität. Eine philosophische Untersuchung über das Wesen und die Begründung der Vernunft. Königshausen & Neumann: Würzburg.

Riker, William H., 1990: Political Science and Rational Choice. In: James E. Alt und Kenneth Shepsle (Hrsg.): Perspectives on Positive Political Economy. Cambridge University Press: Cambridge, Mass.

Rosa, Hartmut, 2007: Beschleunigung. Die Veränderung der Zeitstrukturen in der Moderne. Suhrkamp: Frankfurt/M.

Schimank, Uwe, 2005: Die Entscheidungsgesellschaft. Komplexität und Rationalität der Moderne. VS Verlag: Wiesbaden.

Schimank, Uwe, 2006: Rationalitätsfiktionen in der Entscheidungsgesellschaft. S. 57-81 in: Dirk Tänzler, Hubert Knoblauch und Hans-Georg Soeffner (Hrsg.): Zur Kritik der Wissensgesellschaft. Erfahrung - Wissen - Imagination. Schriften zur Wissenssoziologie. UVK: Konstanz.

Schmid, Michael, 2003: Evolution und Selektion. Handlungstheoretische Begründung eines soziologischen Forschungsprogramms. In: Österreichische Zeitschrift für Soziologie, Sonderband 7, 74-101.

Schmid, Michael, 2004: Rationales Handeln und soziale Prozesse. Beiträge zur soziologischen Theoriebildung. VS Verlag: Wiesbaden.

Schmidt, Johannes und *Reinhard Zintl,* 1996: Rational Choice - Möglichkeiten und Grenzen (Sammelrezension). In: Politische Vierteljahresschrift, 37, 575-597.

Schmidt, Jürgen, 2000: Die Grenzen der Rational Choice Theorie. Eine kritische theoretische und empirische Studie. Leske+Budrich: Opladen.

Schnädelbach, Herbert (Hrsg.), 1984: Rationalität. Philosophische Beiträge. Suhrkamp: Frankfurt/M.

Schnädelbach, Herbert, 1992: Zur Rehabilitierung des „animal rationale". Vorträge und Abhandlungen 2. Suhrkamp: Frankfurt/M.

Schnabel, Annette, 2003: Die Rationalität der Emotionen. Die neue deutsche Frauenbewegung als soziale Bewegung im Blickfeld der Theorie rationaler Wahl. Westdeutscher Verlag: Wiesbaden.

Schüßler, Rudolf, 2004: Irrationalität und zyklische Präferenzen. S. 61-77 in: Andreas Diekmann und Thomas Voss (Hrsg.): Rational-Choice-Theorien in den Sozialwissenschaften. Anwendungen und Probleme. München: Oldenburg.

Schumpeter, Joseph, 1997 [1912]: Theorie der wirtschaftlichen Entwicklung: Eine Untersuchung über Unternehmergewinn, Kapital, Kredit, Zins und den Konjunkturzyklus. Duncker & Humblot: Berlin.

Searle, John R., 2001: Rationality in Action. The Jean Nicod Lectures. MIT Press: Cambridge, Mass.

Selten, Reinhard, 2001: What is Bounded Rationality? S. 13-36 in: Gerd Gigerenzer und Reinhard Selten (Hrsg.): Bounded Rationality. The Adaptive Toolbox. MIT Press: Cambridge, Mass.

Simmel, Georg, 1989 [1890]: Über sociale Differenzierung. Sociologische und psychologische Untersuchungen. S. 109-295 in: Heinz-Jürgen Dahme (Hrsg.): Georg Simmel. Aufsätze 1887 bis 1890. Georg Simmel Gesamtausgabe, Band 2. Suhrkamp: Frankfurt/M.

Simon, Herbert A., 1957: A behavioral model of rational choice. S. 241-260 in: Ders. (Hrsg.): Models of Man. Social and rational. Mathematical essays on rational human behavior in a social setting. New York/London.

Simon, Herbert A., 1993: Homo rationalis. Die Vernunft im menschlichen Leben. Campus Verlag: Frankfurt/New York.

Simon, Herbert A., 1997: Models of Bounded Rationality. Vol. 3: Empirically Grounded Economic Reason. MIT Press: Cambridge, Mass.

Skyrms, Brian, 1996: Evolution of the Social Contract. Cambridge University Press: Cambridge, Mass.

Skyrms, Brian, 2004: The Stag Hunt and the Evolution of the Social Structure. Cambridge University Press: Cambridge, Mass.

Smelser, Neil J., 1992: The Rational Choice Perspective: A Theoretical Assessment. In: Rationality and Society 4 (4), 381-410.

Taylor, Charles, 1992: Was ist menschliches Handeln? S. 9-51 in: Charles Taylor (Hrsg.): Negative Freiheit? Zur Kritik des neuzeitlichen Individualismus. Suhrkamp: Frankfurt/M.

Thaler, Richard H., 1992: The winner's curse. Paradoxes and anomalies of economic life. Princeton University Press: Princeton.

Thomas, William I. und *Dorothy S. Thomas,* 1928: The Child in America: Behavior Problems and Programs. Knopf: New York.

Tugendhat, Ernst, 2007: Willensfreiheit und Determinismus. In: Information Philosophie, 1 (1), 7-17.

Weber, Max, 1922: Wirtschaft und Gesellschaft. Grundriß der verstehenden Soziologie. J.C. Mohr: Tübingen

Wiesenthal, Helmut, 1987: Rational Choice. Ein Überblick über Grundlinie, Theoriefelder und neuere Themenakquisition eines sozialwissenschaftlichen Paradigmas. In: Zeitschrift für Soziologie, 16 (6), 434-449.

Wiesenthal, Helmut, 2006: Gesellschaftssteuerung und gesellschaftliche Selbststeuerung. Eine Einführung. VS Verlag: Wiesbaden.

Witt, Ulrich, 2003: The Evolving Economy. Essays on the Evolutionary Approach to Economics. Edward Elgar: Northhampton, Mass.

Witt, Ulrich, 2006: Evolutionary Economics and Psychology. Papers on Economics and Evolution. 2006-13, MPI of Economics, Evolutionary Economics Group.

Zafirovski, Milan, 1999: Unification of sociological theory by the rational choice model: Conceiving the relationship between economics and sociology. In: Sociology, 33 (3), 495-514.

Rationalitätsbegriffe – Von Max Weber lernen?[1]

Susanne Hahn

1. Verortung: Widerstreitende Rationalitätskonzepte

Das Rationalitätsvokabular wird in der Lebenswelt und in den Wissenschaften mit großer Selbstverständlichkeit verwendet: Man bezeichnet Personen, Handlungen, Verfahren, usf. als rational oder irrational, man beschwört oder kritisiert die Rationalität des Abendlandes, man fordert die Rationalität von Überzeugungen usf. Der Häufigkeit und Geläufigkeit der Verwendung steht jedoch keine eindeutig und klar bestimmte Bedeutung der Rationalitätsbegrifflichkeit gegenüber. Stellt man die Frage „Was ist Rationalität?" bzw. methodisch gewendet: „Was ist die Bedeutung des Ausdrucks 'Rationalität' und seiner Abwandlungen wie 'ist rational' oder 'handelt rational' usf.?", so wird man mit einem ganzen Spektrum unterschiedlicher und oftmals miteinander unverträglicher Antworten konfrontiert. Selbst in den Wirtschaftswissenschaften, in denen über Jahrzehnte hinweg das Rationalitätskonzept der Spiel- und Entscheidungstheorie relativ unangefochten war, hat über die experimentelle Ökonomik der Begriff der „begrenzten Rationalität" („bounded rationality") Eingang gefunden und für (nicht nur begriffliche) Verunsicherung gesorgt (vgl. beispielsweise Brandstätter et al. 2003; Gigerenzer/Selten 2001b).

Die Mehrdeutigkeit des Rationalitätsvokabulars zeigt sich u.a. an der unterschiedlichen Einsortierung von Handlungsweisen. So wird Viktors Vorgehen, eine Leiter, die auf seinem Weg liegt, weiträumig zu umgehen, je nach unterlegtem Rationalitätsverständnis als rationales oder irrationales Handeln eingeordnet: Eine stark subjektive Rationalitätsauffassung beurteilt Viktors Handlung des Umgehens als rational, wenn Viktor den Wunsch hatte, Unglück zu vermeiden und zudem der Ansicht war, dass das Umsteuern von Leitern ein Mittel darstellt, um Unglück zu vermeiden. Gemäß diesem, nicht weiter zu kritisierenden Wunsch-Überzeugungs-Paar ist die Handlung rational (Hempel 1985: 390). Hingegen wird Viktors Handlung unter anderen Rationalitätsauffassungen, die wenigstens für die unterlegte Zweck-Mittel-Überzeugung eine Rechtfertigung verlangen, die über das bloße Meinen des Agenten hinausgeht, als irrational eingeschätzt. Das Umsteuern von Leitern ist gemäß gültigen Erfahrungen kein

1   Die Autorin dankt den anonymen Gutachtern für Hinweise und Fragen.

geeignetes Mittel zur Vermeidung von Unglück im weiteren Lebensverlauf. Ebenso wäre Viktors Handlung, zum besseren Bestehen der Mathematik-Prüfung am nächsten Tag ein einschlägiges Lehrbuch unter das Kopfkissen zu legen, eine irrationale Handlung.

Diese Beispiele, die sich lediglich auf zwei Rationalitätsauffassungen beziehen, zeigen bereits die Mehrdeutigkeit der Rationalitätsrede an. Die Erweiterung der Perspektive verstärkt die Uneinheitlichkeit des Bildes: Zusätzliche Anforderungen an die handlungsleitenden Wünsche und Überzeugungen der Agenten führen ebenso zu weiteren Rationalitätskonzepten wie die Orientierung an Regeln (Hahn 2007).

Mehrdeutigkeiten von Ausdrücken sind die Quelle von Widersprüchen, Scheinkonsensen und Scheindissensen. Zur Vermeidung solcher diskursiver Missstände sind unmissverständliche und methodisch korrekte Verwendungsfestlegungen von Ausdrücken angezeigt. Die geeignete Methode der Bedeutungsfixierung ist das Verfahren der Explikation, das sich durch den Anschluss an bestehende Verwendungen auszeichnet. Übertragen auf den Rationalitätskontext heißt das, dass zunächst vorfindbare Rationalitätskonzepte ermittelt, dargestellt und insbesondere hinsichtlich der mit ihnen verfolgten *Zielsetzungen* analysiert werden.[2] Im Rahmen der Rationalitätsthematik sind leitende Ziele beispielsweise die Erklärung und die Anleitung von Handlungen. Zu beachten ist, dass nicht jede Zielsetzung mit jedem Rationalitätskonzept realisierbar ist. So ist bei der geschilderten stark subjektiven Rationalitätsauffassung absehbar, dass sie sich nicht zur Handlungs*anleitung* eignet. Handlungsanleitungen sollten jedenfalls längerfristig erfolgversprechende Empfehlungen beinhalten. Dieses Ziel wird beispielsweise mit der unterstellten Zweck-Mittel-Relation im erwähnten Fall der Prüfungsvorbereitung nicht erreicht. Hingegen scheint mit diesem subjektiven Rationalitätsverständnis – zumindest gelegentlich – dem Anliegen der Handlungs*erklärung* entsprochen zu werden. Fragt man sich, *warum* Viktor ein Buch unter sein Kopfkissen gelegt hat, dann kann das geschilderte Rationalitätsverständnis mit der Angabe der entsprechenden Wünsche und Überzeugungen hilfreich sein.

Ein methodischer Schritt beim Verfahren der Explikation besteht in der Bestimmung der Explikanda, also der Ausdrücke, die letztlich förmlich in ihrer Bedeutung fixiert werden sollen, um auf diese Weise begriffliche Mehrdeutigkeiten oder Vagheiten zu beseitigen. Wie bereits die Skizze zeigt, werden mit

---

2   Eine ausführliche Darstellung der methodischen Begriffsbildung findet sich in Siegwart 1997: 219-272. Für die Darlegung der explikativen Methode unter Einschluss der einschlägigen Vorschläge von Siegwart 2007: 256-274.

den Rationalitätsausdrücken ganz unterschiedliche Redezwecke verfolgt. Das Explikationsunternehmen sollte in solchen Fällen auf Einzigkeitsbestrebungen verzichten. Wenn verschiedene Redezwecke verfolgt werden, ist diesem Umstand auch mit der Bestimmung *mehrerer* Explikanda Rechnung zu tragen (Vgl. Hahn 2007: 346-369).

Die Beschäftigung mit Max Weber verdankt sich der geschilderten Explikationsstrategie, sie führt diese hier aber nur in einem ersten Schritt aus. Webers Angebot zur Verwendung der Rationalitätsbegrifflichkeit soll im Folgenden präsentiert, analysiert und weiter fortgeschrieben werden. Es geht also um die Ermittlung faktisch verwendeter Rationalitätsausdrücke und der mit ihnen verfolgten Anliegen. Dabei wird die im Titel aufgeworfene Frage „Von Max Weber lernen?" affirmativ beantwortet. Vor einem möglichen Missverständnis sei gewarnt: Mit der Analyse des Weberschen Ansatzes ist keineswegs bereits eine umfassende Explikation von Rationalität erbracht, sie liefert jedoch wertvolle „Bausteine".

Webers Ansatz unterscheidet sich insbesondere in drei Hinsichten von anderen Rationalitätsauffassungen: *Erstens* geht er nicht von einer einzigen Möglichkeit rationalen Handelns aus, um diese dann mit einem Exklusivitätsanspruch zu versehen. Er sieht vielmehr *zwei Typen* rationalen Handelns vor. Neben dem *zweckrationalen* ist das *wertrationale* Handeln zu berücksichtigen. *Zweitens* betrachtet Weber seinen Untersuchungsgegenstand, das menschliche (soziale) Handeln, von vornherein unter einer breiten Perspektive: Weber unterscheidet *einerseits* „sinnhaftes", verständliches Handeln von „bloßem" Verhalten und er sieht *andererseits* in seiner bekannten Handlungstypologie vier Unterkategorien des Handelns vor, die neben dem rationalen Handeln auch andere Arten des Handelns berücksichtigt. *Drittens* findet sich bei Weber bereits die wichtige Unterscheidung zwischen nur subjektiv vermeinten erfolgreichen Zweck-Mittel-Zusammenhängen und solchen, die objektive Gültigkeit beanspruchen können.

Die folgende Darstellung ist darauf ausgerichtet, Webers Verständnis von rationalem Handeln und seine Verortung in einem breiteren Handlungsspektrum mit Blick auf seinen Beitrag zur Rationalitätsthematik zu analysieren und „auszubeuten". Die Erörterungen, die zu einem Teil auch über Webers Anliegen hinausgehen, sind somit nicht als reine Weber-Exegese misszuverstehen.

2. Das Spektrum menschlichen Verhaltens

Entscheidend für das hier leitende Interesse ist zunächst Webers Abgrenzung des *verstehbaren Handelns* von dem nur noch *als Geschehen beschreibbaren Verhalten*. Spezifisch für das Handeln ist der mit diesem verbundene „Sinn".

> „'Handeln' aber (mit Einschluß des gewollten Unterlassens und Duldens) heißt uns stets ein verständliches, und das heißt ein durch irgendeinen, sei es auch mehr oder minder unbemerkt, 'gehabten' oder 'gemeinten' (subjektiven) Sinn spezifiziertes Sichverhalten zu 'Objekten'." (Weber 1913: 429)

Was unter dem Ausdruck „Sinn" selbst zu verstehen ist, setzt Weber offenbar als geklärt voraus. Hier lautet der Vorschlag darauf, unter dem Sinn einer Handlung dasjenige zu verstehen, worauf die Handlung sich richtet. Diese recht vage Charakterisierung ist bereits mit Blick auf die im Folgenden dargelegte Handlungstypologie gewählt: Mit einer Handlung kann sich ein Handelnder nicht nur auf die Realisierung eines Zustandes richten, sondern er kann damit auch danach trachten, einer Regel oder einer Tradition zu folgen oder einen bestimmten „Wert" zu realisieren.[3] Wenn die Gerichtetheit der Handlung fehlt, handelt es sich um „[b]loß ... reaktives, mit einem subjektiven Sinn nicht verbundenes, Sichverhalten." (Weber 1921: 542) Die Grenze zwischen Handeln und Verhalten betrachtet Weber dabei als fließend, oder – in seiner Diktion – als „flüssig".

Mit dem in dieser Weise charakterisierten Handeln sind zugleich das Untersuchungsobjekt und die Zielsetzung der „verstehenden Soziologie" gegeben:

> „Soziologie (im hier verstandenen Sinn dieses sehr vieldeutig gebrauchten Wortes) soll heißen: eine Wissenschaft, welche soziales Handeln *deutend verstehen* und dadurch in seinem Ablauf und seinen Wirkungen *ursächlich erklären* will." (Weber 1921: 542; Hervorhebungen S.H.)

In Webers „Soziologischen Grundbegriffen", denen auch die vorstehende Charakterisierung entnommen ist, spielen die Kategorien des zweckrationalen und wertrationalen Handelns eine zentrale Rolle. Auch sie stehen unter der genannten Zwecksetzung für die gesamte Disziplin, nämlich Beschreiben, Verstehen und Erklären von Handlungen. Im Hinblick auf explikative Bemühungen ist somit festzuhalten, dass Webers Anliegen *deskriptiv-explanativ* ist.

---

3   Zum Begriff des Sinns vgl. Gerhardt 1995, besonders die Seiten 815 und 819-821: Neben dem Sinn als *Bedeutung* sprachlicher Ausdrücke ist der Sinn als *Richtung* zu berücksichtigen. Die zweite Bedeutung hat mittelhochdeutsche Wurzeln und wurde offenbar von der zunächst konkreten Orientierungsrede auch auf abstrakte Objekte übertragen. Die Formulierungen Webers im Kontext des menschlichen Handelns legen diese zweite Bedeutung nahe.

Sinnhaftes und somit verständliches Handeln wird nicht – wie in verschiedenen aktuelleren Rationalitätskonzeptionen[4] – mit zweckrationalem Handeln gleichgesetzt. Vielmehr ist von einer Vielfalt des Handelns auszugehen, die vier Handlungsformen umfasst; dabei erhebt Weber keinen Umfassendheitsanspruch.

> „Wie jedes Handeln kann auch das soziale Handeln bestimmt sein 1. *zweckrational*: durch Erwartungen des Verhaltens von Gegenständen der Außenwelt und von anderen Menschen unter Benutzung dieser Erwartungen als 'Bedingungen' oder als 'Mittel' für rational, als Erfolg, erstrebte und abgewogene eigene Zwecke. – 2. *wertrational*: durch bewussten Glauben an den – ethischen, ästhetischen, religiösen oder wie immer sonst zu deutenden – unbedingten Eigenwert eines bestimmten Sichverhaltens rein als solchen und unabhängig vom Erfolg, – 3. *affektuell*, insbesondere *emotional*: durch aktuelle Affekte und Gefühlslagen, – 4. *traditional*: durch eingelebte Gewohnheit." (Weber 1921: 565)

Die genannten Handlungsarten, zweckrationales, wertrationales, affektuelles und traditionales Handeln, sind im Folgenden zu skizzieren und hinsichtlich der Rationalitätsthematik weiter zu erörtern.

3. Traditionales und affektuelles Handeln

Traditionales Handeln soll Handeln sein, das sich an eingelebten Gewohnheiten orientiert. Neben dem Agieren nach Traditionen kommt hierfür sicherlich auch das habituelle Alltagshandeln in Frage. Beispiele für traditionale resp. habituelle Handlungen können das alljährliche Aufstellen eines Weihnachtsbaumes, die allmorgendliche Zubereitung eines Cappuccinos zum Frühstück oder das Betätigen einer Stechuhr beim Eintreffen am Arbeitsplatz sein. Beim traditionalen Handeln wird – so Weber – häufig die Grenze zum Verhalten, das nur noch eine Reaktion auf gewohnte Reize darstellt, überschritten.

Mit solchen Grenzüberschreitungen ist beim affektuellen Handeln ebenfalls zu rechnen: Im konkreten Fall kann ein bestimmtes Verhalten hemmungsloses Reagieren auf einen Reiz sein und damit die Anforderung, sinnhaft orientiert zu sein, nicht mehr erfüllen. Das affektuelle Handeln ist – im Unterschied zum

---

4   Hier ist beispielsweise Donald Davidson Handlungskonzeption zu nennen, aber auch der Rational-Choice-Ansatz, der alles Handeln auf die Präferenzen der Agenten zurückführen will. Dieser Erklärungsanspruch führt auf zahlreiche gegenintuitive Deutungen und Anomalien (vgl. Abschnitt 7, sowie Davidson 1985; Sen 1988).

wertrationalen Handeln – weder an letzten „Werten" orientiert noch längerfristig geplant. Für affektuelles Handeln soll vielmehr die Befriedigung aktueller Bedürfnisse emotionaler aber auch anderer Art spezifisch sein:

> „Affektuell handelt, wer sein Bedürfnis nach aktueller Rache, aktuellem Genuß, aktueller Hingabe, aktueller kontemplativer Seligkeit oder nach Abreaktion aktueller Affekte (gleichviel wie massiver oder wie sublimer Art) befriedigt." (Weber 1921: 566)

Wenn jemand nach einer achtstündigen Bergtour bei strahlendem Sonnenschein im Juli seinem aktuellen Bedürfnis nachgibt, ein Weizenbier zu trinken, dann ist dieses Weizenbier-Trinken eine affektuelle Handlung. Ein weiteres Beispiel ist Max' wütendes Treten einer Blechdose, wenn nach einem 200-Meter-Sprint mit einem schweren Rucksack die Straßenbahn vor seiner Nase abfährt.

Weber weist immer wieder darauf hin, dass die Grenzen zwischen den Kategorien fließend sind, und dass das Vorhandensein der „sinnhaften Orientierung" entscheidend für eine Einsortierung unter die Kategorie des Handelns ist. Dieser Hinweis lässt sich quasi *als erste Lehre* aus dem Studium der Weberschen Handlungskonzeption festhalten: Nicht bereits bestimmte Tätigkeits-, Handlungs- oder Verhaltens*types* zeigen an, unter welche Kategorie des Handelns oder Verhaltens sie fallen. Vielmehr ist stets eine *tokengeneriende* Umgebung zu fingieren, bzw. zu ermitteln, um eine solche Einsortierung vornehmen zu können. An den genannten Beispielen erläutert: Das Trinken eines Weizenbieres kann auch eine traditionale bzw. habituelle Handlung sein, wenn der Agent stets nach der Bergtour ein Weizenbier trinkt. Es kann auch eine zweckrationale Handlung sein, wenn der Agent den Wunsch hat, etwas für seine Gesundheit zu tun und der Ansicht ist, dass das Trinken eines Weizenbieres diesen Zweck realisiert. Ebenso ist denkbar, dass der Agent mit dem Trinken eines Weizenbieres den Wert des bayrischen Brauchtums befördern will und das Weizenbier-Trinken somit eine wertrationale Handlung darstellt. Handlungen gehören nicht *per se* einer Handlungskategorie wie beispielsweise der des zweckrationalen Handelns an, sondern jeweils nur *unter einer Deutung*.

4. Zweckrationales Handeln und wertrationales Handeln

Webers Bestimmung von Zweckrationalität stützt sich wesentlich auf die Kategorien 'Zweck' und 'Mittel'.

„Zweckrational handelt, wer sein Handeln nach Zweck, Mittel und Nebenfolgen orientiert und dabei sowohl die Mittel gegen die Zwecke, wie die Zwecke gegen die Nebenfolgen, wie endlich auch die verschiedenen möglichen Zwecke gegeneinander rational abwägt: also jedenfalls weder affektuell (und insbesondere nicht emotional), noch traditional handelt." (Weber 1921: 566)

Die Erläuterung macht deutlich, dass eine Gleichsetzung der Weberschen Auffassung von Zweckrationalität mit Zweck-Mittel-Rationalität, d.h. mit reiner instrumenteller Rationalität, falsch ist: Zwecke werden nicht als gegebene, unveränderliche Ausgangspunkte einer Entscheidung aufgefasst, zu deren Realisierung lediglich adäquate Mittel zu finden sind (so auch Baurmann 2000: 286f.). Vielmehr werden auch die Zwecke selbst zum Gegenstand von rationalen Abwägungen. Die wissenschaftliche Unterstützung bei solchen Abwägungsüberlegungen beschränkt sich allerdings auf die Bereitstellung von Zweck-Mittel-Einsichten. Der Handelnde hat die Konsequenzen hypothetischer Zweckrealisierungen abzuwägen im Hinblick auf weitere, ebenfalls verfolgte Zwecke. Deren Wahl ist allerdings letztlich nicht wissenschaftlich geleitet und auch nicht leitbar, wie Weber in seiner Arbeit zur Werturteilsfreiheit des Wissenschaftlers nachdrücklich hervorhebt.

„...wie Konflikte zwischen mehreren in concreto kollidierenden, gewollten oder gesollten Zwecken zu schlichten seien, sind ganz und gar Sache der Wahl oder des Kompromisses. Es gibt keinerlei (rationales oder empirisches) Verfahren irgendwelcher Art, welches hier eine Entscheidung geben könnte. Am allerwenigsten kann diese Wahl unsere streng empirische Wissenschaft dem Einzelnen zu ersparen sich anmaßen, und sie sollte daher auch nicht den Anschein erwecken, es zu können." (Weber 1917: 508)

Angesichts dieser Einschätzung scheint zweifelhaft, ob Weber das Vorgehen der kardinalen Nutzentheorie befürwortet hätte, zur Bewertung von Handlungen mit risikobehafteten Konsequenzen einen eigenen Bewertungsmaßstab zu schaffen.

Beispiele für zweckrationales Handeln sind – immer eine entsprechende Handlungsumgebung unterstellt – die Unternehmung einer Reise nach Rom, wenn man sich mit wesentlichen Bauwerken der römischen Antike vertraut machen möchte, oder der Abschluss eines Sparvertrags in jungen Jahren, wenn man eine finanzielle Altersabsicherung betreiben möchte.

Das rein *wertrationale Handeln* charakterisiert Weber mit Hilfe der Irrelevanz der Folgen für eine Handlungsentscheidung und mit der Orientierung an Werten wie Schönheit oder Pflicht:

„Rein wertrational handelt, wer ohne Rücksicht auf die vorauszusehenden Folgen handelt im Dienst seiner Überzeugung von dem, was Pflicht, Würde,

Schönheit, religiöse Weisung, Pietät, oder die Wichtigkeit einer 'Sache' gleichviel welcher Art ihm zu gebieten scheinen. Stets ist (im Sinn unserer Terminologie) wertrationales Handeln ein Handeln nach 'Geboten' oder gemäß 'Forderungen', die der Handelnde an sich gestellt glaubt. Nur soweit menschliches Handeln sich an solchen Forderungen orientiert – was stets nur in einem sehr verschieden großen, meist ziemlich bescheidenen Bruchteil der Fall ist –, wollen wir von Wertrationalität reden." (Weber 1921: 566)

Intuitiv einleuchtende Beispiele für wertrationales Handeln sind: Die Fahrt zur Arbeit mit dem Fahrrad bei starkem Regen, wenn man den Wert der Umweltschonung vertritt, der Eintritt eines tief religiösen Menschen in einen Orden, oder – um ein Beispiel zu nennen, dessen Wert sicherlich nicht geteilt wird – der Erlass des „Gesetzes zur Wiederherstellung des Berufsbeamtentums" durch die nationalsozialistische Regierung, um auch in der Beamtenschaft den Wert des „Ariertums" zu realisieren.

5.   Rationales und irrationales Handeln

Für die Rationalitätsthematik ist zunächst nochmals festzuhalten, dass Weber – im Gegensatz zu vielen anderen Rationalitätstheoretikern[5] – *zwei Arten* rationalen Handelns vorsieht. Daneben werden affektuelles und traditionales Handeln genannt, Weber erwähnt sie als irrationale Elemente, die vom zweckrationalen Handeln ablenken können. Fasst man dementsprechend rein affektuelles und traditionales Handeln als irrationales Handeln auf, ergibt sich die folgende Klassifikation (Abbildung 1).

---

5   Eine der seltenen Ausnahmen findet sich in Suppes 1984; Suppes sieht sowohl rationales Handeln im Sinne der Rationalwahltheorien als auch regelorientiertes Handeln vor.

Abbildung 1: Webers Klassifikation des Handelns: Rationales und irrationales Handeln

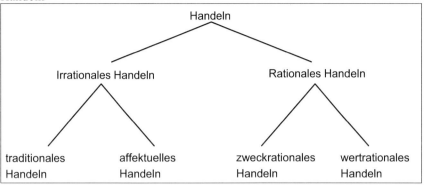

Mit Blick auf eine Gesamtklassifikation ist zu fragen, welche *ratio disiunctionis* allererst die Unterscheidung von rationalem und irrationalem Handeln erlaubt. Weber selbst nimmt zwar gegenüber der Klassifizierbarkeit empirischer Phänomene eine skeptische Haltung ein, die in dem Plädoyer für die Verwendung von „Idealtypen" resultiert. Seine Bemerkungen zum affektuellen und traditionalen Handeln, die im Extremfall an die Grenze bloßen reaktiven Verhaltens kommen, legen jedoch die Vermutung nahe, dass zur Unterscheidung des rationalen vom irrationalen Handeln der Bezug auf *planende Überlegungen* des Handelnden erforderlich ist: So haben wertrationales und affektuelles Handeln zwar gemeinsam, dass „für sie der Sinn des Handelns nicht in dem jenseits seiner liegenden Erfolg, sondern in dem bestimmt gearteten Handeln als solches liegt" (Weber 1921: 566). Sie unterscheiden sich jedoch dadurch, dass das wertrationale Handeln die „planvolle Orientierung" an herausgearbeiteten Richtpunkten des Handelns voraussetzt (Weber 1921: 566).

Planende Überlegungen liegen bei affektuellem und traditionalem Handeln nicht vor. Diese sind zwar nach Webers Charakterisierung gerichtete Handlungen, doch stellt der Handelnde bei diesen Handlungen keine Abwägungsüberlegungen an wie beim zweckrationalen Handeln. Ebenso finden sich keine Herausarbeitungen „letzter Richtpunkte", wie Weber sie für das wertrationale Handeln vorsieht. Traditionales und affektuelles Handeln werden somit zufolge dieses Kriteriums als irrationale Handlungen eingeordnet. Beispiele wären die bereits erwähnten Szenarien: Das Trinken eines Weizenbiers nach der Bergtour ist ein affektuelles und irrationales Handeln. Das Betätigen der Stechuhr bei der

Ankunft am Arbeitsplatz ist nach der geschilderten Charakterisierung ein traditionales und irrationales Handeln.

Es wurde bereits darauf hingewiesen, dass Webers Ansatz und damit auch der Einsatz der Rationalitätsbegrifflichkeit am Ziel der Deutung und Erklärung von Handlungen orientiert ist. Insofern mag die Charakterisierung affektuellen und traditionalen Handelns als irrational noch eine gewisse Plausibilität beanspruchen: So zu handeln ist irrational, insofern es eine Abweichung von zweckrationalen Verlauf darstellt. Knüpft man jedoch – wie alltagssprachlich üblich, aber von Weber nicht erörtert – an die Einordnung eines Handelns als irrational einen Vorwurf, so werden damit zugleich normative Implikationen aufgerufen: Irrationale Handlungen sind von potentiellen Agenten zu unterlassen. Warum aber sollte das Treten einer Blechdose oder das Bestätigen der Stechuhr irrational und damit zu unterlassen sein, wenn diese Handlungen keinen zugleich verfolgten Zwecken des Handelnden zuwiderlaufen?[6] Weitere Subsumtionsprobleme ergeben sich hinsichtlich des nicht mehr sinnhaften Verhaltens: Ist auch dieses als irrational einzustufen?

6. Zwei Deutungen wertrationalen Handelns

Das wertrationale Handeln ist im Folgenden detaillierter zu erörtern. Dabei werden zwei mögliche Deutungen des wertrationalen Handelns angeboten und, da sie unterschiedlichen Phänomenen Rechnung tragen, beide als eigenständige Rationalitätsformen bestimmt.[7]

Zunächst ist zu fragen, wie plausibel die Irrelevanz der Folgenbetrachtung für wertrationales Handeln ist. Inwieweit können Handelnde die Möglichkeit der Steigerung eines „Wertes" planend in Betracht ziehen, ohne die Folgen von Handlungen gerade im Hinblick auf diese „Werte" einzuschätzen? Wenn ein Handelnder gewillt ist, stets so zu handeln, wie es „Gottesfürchtigkeit" und „Nächstenliebe" vorgeben, ist davon auszugehen, dass diese „Werte" wenigstens gelegentlich zu allgemein sind, um als Handlungsanweisung in konkreten Situationen zu dienen.

---

6 Vgl. Abschnitt 8 für eine andere Abgrenzung des rationalen und irrationalen Handelns.

7 Eine ähnliche Differenzierung in Bezug auf das wertrationale Handeln findet sich bei Baurmann. Er unterscheidet Wertorientierung und Zweckorientierung als "Handlungsgründe" einerseits und Folgenorientierung und Gebots- resp. Normorientierung als Entscheidungsregeln andererseits. Somit ergibt sich eine Vierfeldermatrix unterschiedlicher Handlungstypen (vgl. Baurmann 2000: 296-301).

Der Handelnde wird somit gezwungen sein, seine „Werte" zu deuten. Wahrscheinlich ist, dass er dabei die Konsequenzen der Handlungsoptionen daraufhin vergleicht, inwiefern sie die fraglichen Werte realisieren. Möglicherweise ist dazu auch eine Abwägung verschiedener Werte erforderlich. Die Handelnde reflektiert also – entgegen Webers Auffassung – die Folgen möglicher Handlungen und wägt sie in Bezug auf die Beförderung verschiedener Werte ab.[8]

Wenn nun aber eine solche Wertdeutung und -abwägung erforderlich ist, stellt sich die Frage, ob eine Handlungsplanung mit Bezug auf die Realisierung bestimmter Werte von einer Handlungsorientierung an Zwecken und Mitteln überhaupt noch unterscheidbar ist: Lässt sich die Rede von der Beförderung von Werten nicht auch in den Kategorien von Zweck und Mittel formulieren?

Wertrationales Handeln, das sich am Wert Schönheit orientiert, ließe sich zwanglos als zweckrationales Handeln deuten, das auf den Zweck der Realisierung von Schönheit gerichtet ist. Die absehbaren Handlungsfolgen bestehender Handlungsoptionen würden im Hinblick auf den genannten Zweck beurteilt. Der Unterschied zum schlicht zweckrationalen Handeln – so der Vorschlag – liegt in der *Dauerhaftigkeit* der Orientierung an einem Zweck über verschiedene Handlungssituationen hinweg und in der *Vorrangigkeit* dieses Zwecks gegenüber anderen Zwecken für das handelnde Individuum.

Ein Beispiel für ein solches – in Berücksichtigung der Aspekte Dauerhaftigkeit und Vorrangigkeit so genanntes – „robust-zweckrationales" Handeln: Max handelt in einer Situation, die durch Zeitknappheit gekennzeichnet ist, mit dem Einkauf per Fahrrad beim eigens anzufahrenden Biobauern robust-zweckrational, wenn er den robusten Zweck verfolgt, Natur und Umwelt zu schonen und der Einkauf per Fahrrad beim Biobauern geeignet ist, diesen Zweck zu realisieren. Die Robustheit des Zwecks weist dabei über den konkreten einzelnen Handlungszusammenhang hinaus: Um einem Zweck Robustheit zusprechen zu können, muss man mehrere Handlungssituationen eines Agenten betrachten.[9]

Es ist in starkem Sinne zu vermuten, dass sich Webers Absichten in dieser Deutung nicht wieder finden lassen. Weber scheint mit dem Ausdruck 'Werte' *nicht beliebige dauerhafte* Orientierungen des Handelnden zu verbinden, auch

---

8 Zu verschiedenen Varianten deontologischer Konzeptionen und zum Umgang mit konfligierenden Werten vgl. Birnbacher 2007: 113-172.

9 Vgl. hierzu ausführlicher Hahn 2007: 346-369. – Eine inhaltlich ähnliche, aber in der Terminologie der Rationalwahltheorien formulierte Deutungsrichtung wertrationalen Handelns schlägt Norkus ein: In Anlehnung an Jon Elster interpretiert Norkus wertrationales Handeln als Handeln gemäß einer lexikographischen Präferenzordnung (vgl. Norkus, 2000: 296-300).

wenn die Wendung „die Wichtigkeit einer Sache, *gleichviel welcher Art* ihm zu gebieten scheinen" (Weber 1921: 566) dies nahe legt. Vielmehr werden bei den Werten stets Inhalte „ideeller" Art genannt. Zudem sind die erwähnten Werte, an denen Individuen ihr Handeln orientieren, in irgendeiner Weise „approbiert": Sie sind moralisch oder in anderer Weise gerechtfertigt, gehen also über die schlichte Setzung eines Individuums hinaus. Diese Art der Orientierung an einem überindividuell gerechtfertigten Zweck ließe sich jedoch als *Unterfall* des geschilderten Verständnisses robust-zweckrationalen Handelns einordnen. Robust-zweckrationales Handeln lässt sich hinsichtlich der Art der Rechtfertigung der Zwecke in individuell-robust-zweckrationales Handeln (bei lediglich individuell gesetzten Zwecken) und überindividuell-robust-rationales Handeln (bei überindividuell gerechtfertigten Zwecken) unterscheiden.

Webers Charakterisierung wertrationalen Handelns lässt jedoch auch Raum für eine andere Deutung[10]: Weber spricht nicht nur von Werten, an denen sich der Handelnde orientiert, sondern auch von „Geboten" oder „Forderungen". Im Anschluss an diese Begrifflichkeit ließe sich wertrationales Handeln als Handeln nach konkreten *Handlungsregeln* interpretieren: Nicht Gebote wie jenes allgemeine Gebot, pflichtgemäß zu handeln, kommen hier in Frage – in diesem Fall wäre erneut eine Deutung durch den Handelnden erforderlich –, sondern Gebote wie das des sonntäglichen Kirchenbesuchs oder Verbote wie das Lügenverbot usf. Sie sollen wegen des „Eigenwertes" der ihnen entsprechenden Handlungen immer und unter allen Umständen befolgt werden, unabhängig davon, welche Folgen damit verbunden sind. Der Familienvater, der regelgemäß am Sonntag die Messe besucht, und dadurch eine nahe stehende Person vernachlässigt, die dringend seiner tröstenden Anwesenheit bedarf, handelt im geschilderten Sinne wertrational, d.h. regelbezogen rational. Ein lügenunwilliger Mensch, der – in dem bekannten Kantschen Beispiel – dem Mörder, der sein Opfer sucht und ihn nach dem Aufenthaltsort dieses Menschen fragt, wahrheitsgemäß antwortet, leistet zwar einem Gewaltverbrechen Vorschub, handelt zugleich aber regelbezogen rational.

Ein Konnex zwischen Regel- und Wertorientierung lässt sich – zumindest für faktisch vorkommende Wertsysteme – durchaus finden: Vertreter tatsächlich vorfindbarer Wertzusammenhänge sind bemüht, Deutungen der vertretenen Werte für das konkrete Handeln mitzuliefern. Institutionalisierte Wertsysteme, wie beispielsweise die großen Religionen, beschäftigen professionelle Wertdeuter, die in mündlichen oder schriftlichen Verlautbarungen Regeln für bestimmte

---

10 Der hier nur in Teilen wiedergegebene Explikationsversuch legt diese Deutung zugrunde (vgl. auch Abschnitt 8).

Klassen von Handlungssituationen formulieren. Resultate solcher Deutungen sind dann z.B. ein Verbot des Schwangerschaftsabbruchs oder das Gebot, für hungernde Kinder zu spenden.

Insgesamt wird Webers Kategorie des wertrationalen Handelns als Handeln gemäß stabiler Orientierungen aufgefasst, wobei sich hierfür zwei Wege anbieten: Die Orientierung an dauerhaft verfolgten Zwecken und die Orientierung an Handlungsregeln. Mit diesen beiden Varianten ergeben sich drei Arten rationalen Handelns: zweckrationales Handeln, robust-zweckrationales Handeln und regelbezogen rationales Handeln. Alle drei Sorten sind für weitere Differenzierungen offen, auch wenn hier nicht alle möglichen Unterscheidungen weiter verfolgt werden.

7. Subjektive Zweckrationalität und objektive Richtigkeitsrationalität

In Webers breit angelegter Handlungstypologie nimmt die Kategorie des zweckrationalen Handelns eine Sonderstellung ein. Die Deutung von Handlungen als zweckrational hat für die soziologische Untersuchung des Handelns methodische Priorität und kann den höchsten Grad an erzielbarer Evidenz beanspruchen. – Weber unterscheidet beim zweckrationalen Handeln weiter zwischen *subjektiver Zweckrationalität* und *objektiver Richtigkeitsrationalität.*

„Die verstehende Soziologie ist nach allem Gesagten nicht Teil einer 'Psychologie'. Die unmittelbar 'verständlichste Art' der sinnhaften Struktur eines Handelns ist ja das subjektiv streng rational orientierte Handeln nach Mitteln, welche (subjektiv) für eindeutig adäquat zur Erreichung von (subjektiv) eindeutig und klar erfaßten Zwecken gehalten werden. Und zwar am meisten dann, wenn auch dem Forscher jene Mittel für diese Zwecke geeignet scheinen. Wenn man ein solches Handeln 'erklärt', so heißt das aber gewiß nicht: daß man es aus 'psychischen' Sachverhalten, sondern offenbar gerade umgekehrt: daß man es aus den Erwartungen, welche subjektiv über das Verhalten der *Objekte* gehegt wurden (subjektive Zweckrationalität), und nach gültigen Erfahrungen gehegt werden durften (objektive Richtigkeitsrationalität), und ganz ausschließlich aus diesen, ableiten will. Je eindeutiger ein Handeln dem Typus der Richtigkeitsrationalität entsprechend orientiert ist, desto weniger wird sein Ablauf durch irgendwelche psychologischen Erwägungen überhaupt sinnhaft verständlicher. Umgekehrt bedarf jede Erklärung von 'irrationalen' Vorgängen, d.h. solchen, bei welchen entweder die 'objektiv' richtigen Bedingungen des zweckrationalen Handelns unbeachtet oder (was zweierlei ist) auch subjektiv die zweckrationalen Erwägungen des Handelnden relativ weitgehend ausgeschaltet waren, eine 'Börsenpanik' z.B., – vor allen Dingen der

Feststellung: wie denn im rationalen idealtypischen Grenzfall absoluter Zweck- und Richtigkeitsrationalität gehandelt worden wäre." (Weber 1913: 432.)

Subjektive Zweckrationalität liegt vor, wenn lediglich die Handelnde selbst die fraglichen Mittel als adäquat zur Realisierung eines Zwecks betrachtet. Die oben erörterten Beispiele von Viktor, der zur Vermeidung von Lebenspech die Leiter umsteuert oder von Max, der zum Bestehen der Prüfung ein Lehrbuch unter sein Kopfkissen legt, stellen subjektiv zweckrationales Handeln dar. Hingegen ist das Vorgehen von Moritz, täglich Vokabeln zu lernen, um die Spanisch-Prüfung zu bestehen, ein Beispiel für richtigkeitsrationales Handeln. Im subjektiven Fall ist die Zweck-Mittel-Meinung lediglich eine Meinung des Agenten, während diese im Fall der Richtigkeitsrationalität einem verfügbaren Wissensstand entsprechen muss ("nach gültigen Erfahrungen gehegt werden durften").

Beide Rationalitätsformen sind grundlegend für Webers Konzeption einer „verstehenden Soziologie", deren Arbeit im deutenden Verstehen und Erklären von Handlungen besteht. Die Rolle der Psychologie, die zu Webers Zeiten noch einen besonderen Anspruch auf die Deutungshoheit über menschliches Handeln beanspruchte, wird hingegen deutlich relativiert. Für das Verständnis einer Handlung ist der Rückgriff auf einen der Zweckrationalitätstypen unerlässlich. Erst wenn der im subjektiv zweckrationalen Sinn oder im richtigkeitsrationalen Sinn „idealtypische Verlauf" festgestellt ist, kann das tatsächliche Handeln als Abweichung vom rationalen Handeln eingeordnet und – falls sich kein mit der Handlung verbundener „Sinn" feststellen lässt – letztlich einer psychologischen Betrachtung überlassen werden.[11]

> „Denn erst, wenn dies [der idealtypische Verlauf, S.H.] feststeht, kann, wie die einfache Erwägung lehrt, die kausale Zurechnung des Verlaufs sowohl zu objektiv wie zu subjektiv 'irrationalen' Komponenten überhaupt vollzogen werden, weil man erst dann weiß: was denn überhaupt an dem Handeln – wie man sich charakteristischerweise auszudrücken pflegt: – 'nur psychologisch' erklärlich, d.h. aber: Zusammenhängen zuzurechnen ist, welche auf objektiv irrtümlicher Orientiertheit oder auch auf subjektiver Zweckirrationalität und im letzten Fall entweder auf nur in Erfahrungsregeln erfaßbaren, aber ganz unverständlichen oder auf verständlich, aber nicht zweckrational, deutbaren Motiven ruht." (Weber 1913: 432)

---

11 Das schrittweise Vorgehen bei der Handlungserklärung, der Beginn mit der objektiv richtigkeitsrationalen Deutung sowie die folgenden "Abschwächungen" bei Inadäquatheit der ersten Interpretation, erinnert an die von William Dray vorgeschlagene Unterscheidung von historischen Erklärungen nach Graden, je nach dem Umfang der einzubeziehenden Information aus dem Handlungskontext; vgl. Dray 1964, bes. 122-126.

Die Hypothese des richtigkeitsrationalen Handelns hat methodische Priorität. Der Sozialwissenschaftler, der eine bestimmte Handlungssituation oder einen bestimmten Handlungsverlauf analysieren und erklären möchte, muss – nach Weber – zunächst den möglicherweise fiktiven Handlungsverlauf im Sinne des richtigkeitsrationalen Handelns (re)konstruieren. Dazu gehört neben der Unterstellung allgemein gültiger Urteile über mögliche Handlungs- und Geschehnisverläufe in einer Handlungssituation, dass man den Agenten Zwecke zuschreibt. „Passen" die Handlungen der Agenten nicht zum konstruierten Szenario, liegt also kein richtigkeitsrationales Handeln vor, ist zunächst die Variante subjektiv zweckrationalen Handelns in Betracht zu ziehen: Der Handelnde hat möglicherweise inkorrekte Zweck-Mittel-Überzeugungen, täuscht sich über seine Zwecke oder hat diese nicht hinreichend abgewogen. Wenn der tatsächliche Handlungsverlauf auch diesem konstruierten zweckrationalen Handeln nicht entspricht, ist auf andere erklärende Faktoren zurückzugreifen.[12] Hier kommen zunächst die Möglichkeiten affektuellen oder traditionalen Handelns in Frage. Erst wenn auch diese ausscheiden, ist auf psychologische oder möglicherweise auch sonstige im weiteren Sinne medizinische Erklärungen des nicht mehr sinnhaften Verhaltens zurückzugreifen.

Die methodische Sonderstellung der Zweckrationalität im Weberschen Ansatz ist jedoch nicht misszuverstehen: Erstens ist damit nicht impliziert, dass die zweckrationale Deutung das Ziel aller soziologischen verstehenden Erklärung darstellt. Zweitens wird mit dieser Sonderstellung nicht behauptet, dass das faktisch vorfindbare Handeln vollständig oder auch nur in überwiegendem Maße zweckrational ist. Weber unterscheidet sich – trotz deutlicher Gemeinsamkeiten – in diesen Hinsichten klar vom Ansatz der klassischen Theorien rationaler Wahl, deren Vertreter nicht von der Rationalitätsunterstellung abweichen wollen und Abweichungen vom idealtypischen zweckrationalen Verlauf nur als *prima-facie*-Abweichungen deuten.[13] Sie räumen dem zweckrationalen Handeln nicht nur den ersten Platz bei dem Versuch der Deutung ein, sondern streben – gegen

---

12 Vgl. zur Unterstellung (zweck)rationalen Handelns als hermeneutisches Prinzip des "Wohlwollens" Bühler 2003: 16-19; allgemein zur Rationalitätsunterstellung Føllesdal 1982; Scholz 2001: 147-249. – Die geschilderte Vorgehensweise ist im Zusammenhang mit den so genannten – auch von Dray angeführten – "normischen Erklärungen" weiter zu erörtern (vgl. zu normischen Erklärungen Schurz 2006: 235f.).

13 Vgl. zur ausführlichen Diskussion des Verhältnisses von Webers Ansatz zu den Rationalwahltheorien das Werk "Max Weber und Rational Choice" von Zenonas Norkus; zum genannten Gesichtspunkt des methodischen Status des zweckrationalen Handeln besonders Norkus 2000: 156-198. Zur explanativen Rolle von "reinen" Rational-Choice-Ansätzen und zur Einordnung von modifizierten Rational-Choice-Modellen, die versuchen, faktisch vorfindbares Entscheidungsverhalten zu integrieren, vgl. Kliemt 1996.

alle möglichen gegenintuitiven Subsumtionen – die zweckrationale Interpretation als *Ziel* der Handlungsdeutung an. Das Modell einer Vielfalt des Handelns wird durch die Umdeutung anderer Handlungsformen als „letztlich" zweckrational eingeebnet. Die erklärenden und insbesondere auch prognostischen Potentiale, die beispielsweise eine Abschätzung einer Neigung zum regelrationalen Handeln in bestimmten Situationstypen bereitstellt, bleiben ungenutzt.

Webers Formulierungen zeigen bereits an, dass Erklären und Verstehen nicht als methodische Gegenspieler betrachtet werden, die jeweils bestimmten Objekten und Wissenschaften zu eigen sind.[14] Vielmehr weist Weber darauf hin, dass auch die noch so evidente Deutung einer Handlung durch ein Verständnis noch nichts für ihre empirische Gültigkeit beweist.

> „Jede Deutung strebt zwar nach Evidenz ... Aber eine sinnhaft noch so evidente Deutung kann als solche und um dieses Evidenzcharakters willen noch nicht beanspruchen: auch die kausal *gültige* Deutung zu sein. Sie ist stets an sich nur eine besonders evidente kausale Hypothese." (Weber 1921, 548)

Damit aus einer solchen kausalen Hypothese eine korrekte kausale Deutung wird, ist die Bestätigung durch zahlreiche Fälle erforderlich. Diese Forderung kann vielfach nicht erfüllt werden, so dass häufig nur der Rückgriff auf das „Mittel des 'gedanklichen Experiments' [übrig bleibt], um eine kausale Zurechnung zu erreichen." (Weber 1921: 549) Auf der anderen Seite bleiben ausschließlich kausal beschriebene Handlungszusammenhänge unbefriedigend, wenn sie nicht auch in ihrem Sinnzusammenhang beschrieben werden. Idealerweise treffen „Sinnadäquanz" und Erfahrungsprobe zusammen, wie im Fall des so genannten „Greshamschen Gesetzes" über das Verschwinden von (dem Materialwert gemäß als höher eingeschätzten) Münzen aus dem Geldverkehr bei einer Änderung der Geldverfassung.

Webers Unterscheidung von nur subjektiv vermeintlichen Verläufen bzw. Zweck-Mittel-Zusammenhängen und als gültig erwiesenen lässt sich auch auf andere Arten rationalen Handelns übertragen. Auch regelbezogenes Handeln ist in dieser Weise unterscheidbar: Handelt es sich um eine Regel, deren Befolgung nur *vermeintlich* zum angestrebten Zweck führt oder um eine Regel, deren Befolgung *nach gültigen Erwartungen*, also empirisch abgesichert, den Zweck realisiert? Diese essentielle Unterscheidung ist im Hinblick auf das Rationalitätsthema festzuhalten.

---

14   Vgl. für eine konzise Darstellung der Erklären-Verstehen-Problematik Schurz 2004.

8.   Bilanz: Von Max Weber lernen!

Die folgende Übersicht stellt abschließend eine Sortierung von Handeln und Verhalten zusammen, die Webers Unterscheidungen erfassen soll. Die gestrichelten Linien geben den Übergang der traditionalen und affektuellen Handlungen zum unverstehbaren reagierenden Verhalten wieder:

Abbildung 2: Übersicht über Typen des Verhaltens und Handelns nach Weber

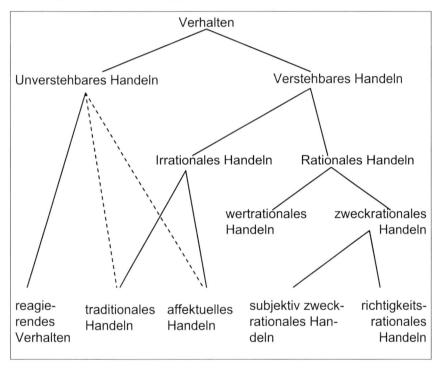

An dieser Übersicht lassen sich die Aspekte aufweisen, die sich den Weberschen Ausführungen unmittelbar als hilfreiche Unterscheidungen für die Rationalitätsthematik entnehmen lassen. Hier ist *erstens* die Abgrenzung des verstehbaren Handelns vom nur mehr als Geschehen beschreibbaren Verhalten festzuhalten. Damit wird deutlich, dass die Bemühungen zur Deutung und zum Verstehen von Handlungen nicht bei allen Arten des Handelns erfolgreich sein können. Bloß reagierendes Verhalten kann nicht durch die Angabe eines Sinns verstanden, sondern lediglich in seinem Zustandekommen erklärt werden. Gegenstand des Verstehens und damit auch Anwendungsfälle für ein Verstehens-, Handlungs- und Rationalitätsvokabular sind ausschließlich Handlungen. *Zweitens* ist die Berücksichtigung eines Spektrums des Verhaltens zu nennen. Sie verdankt sich vermutlich zum einen der Zielsetzung Webers, menschliches Verhalten zu beschreiben und zu erklären, und zum anderen seinen empirischen Studien zu den Phänomenen sozialen Handelns. Diese Differenzierung hinsichtlich des unterschiedlichen „Sinns" von Handlungen bzw. der unterschiedlichen Motivationen erlaubt es, unter eher prognostischen oder interventionistischen Zielsetzungen passgenauer zu agieren als dies unter der Berücksichtigung nur einer Handlungskategorie möglich wäre. *Drittens* – und mit dem vorangehenden Aspekt verknüpft – werden zwei Arten des rationalen Handelns berücksichtigt, zweckrationales *und* wertrationales Handeln. Die Unterscheidung verweist auf unterschiedliche Phänomene, die letztlich nicht nur bei der Erklärung, sondern auch – über Webers Zielsetzung hinaus – bei der Anleitung von Handlungen zu beachten sind. *Viertens* liefert Weber eine – nicht nur – bei Handlungserklärungen hilfreiche Unterscheidung von subjektiv-zweckrationalem Handeln und richtigkeitsrationalem Handeln, die sich auch auf andere Arten rationalen Handelns übertragen lässt.

Durch einige Deutungsbemühungen lassen sich zwei weitere Anregungen für die Rationalitätsthematik gewinnen: *Zunächst* ist zu berücksichtigen, dass nicht Handlungs- oder Verhaltenstypen in eine bestimmte Verhaltens- oder Handlungskategorie fallen; vielmehr ist für eine Einsortierung stets die Ermittlung oder Fingierung eines Kontextes und die Deutung der Handlung erforderlich. *Sodann* lassen sich Webers Ausführungen zum wertrationalen Handeln in einer Weise auslegen, die in der Unterscheidung von drei Arten rationalen Handelns resultiert, die sich zudem weiter differenzieren lassen: zweckrationales, robust-zweckrationales und regelbezogen-rationales Handeln.

Die folgende programmatische Klassifikation (vgl. Hahn, 2007: 420-432) profitiert in hohem Maße von diesen Lehren. Sie ist allerdings auf einer weit umfassenderen Analyse von Rationalitätsbegriffen entstanden, mit denen u.a. auch handlungsanleitende Ziele verfolgt werden. Hier lassen sich lediglich einige motivierende Hinweise für die vorgestellte Sortierung liefern.[15] Diese enthält sowohl die Unterscheidung des „bloßen" Verhaltens vom Handeln als auch ein Spektrum des Handelns. Darüber hinaus werden Webers Anregungen zu den Arten rationalen Handelns gemäß den obigen Überlegungen weiter ausgebaut:

---

15 Zur Schließung der Rechtfertigungslücken für die Bestimmung der Explikanda vgl. Hahn 2007: 285-436.

Drei Arten zweckbezogenen und regelbezogenen rationalen Handelns sind vorgesehen.

Abbildung 3: Eine erwünschte Klassifikation des Verhaltens

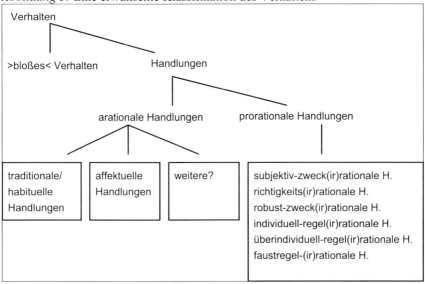

Beim zweckbezogenen Handeln finden sich die bereits von Weber unterschiedenen Varianten des subjektiv-zweckrationalen und des richtigkeitsrationalen Handelns. Außerdem wird die Deutung des wertrationalen Handelns als robust-zweckrationales Handeln aufgenommen, die sich durch die Dauerhaftigkeit und die Vorrangigkeit der handlungsleitenden Zwecke auszeichnet.

Die Analyse der Kategorie des wertrationalen Handelns hat verschiedene verfolgte Redezwecke ergeben. Zur Realisierung dieser Anliegen werden neben dem robust-zweckrationalen Handeln zwei Formen des regelbezogenen rationalen Handelns vorgeschlagen. Je nachdem, ob die betreffende(n) Regel(n) vom Individuum selbst gesetzt ist (sind) oder aber überindividuell gesetzt und vom Individuum übernommen, handelt es sich um individuell-regelrationales oder überindividuell-regelrationales Handeln. Ein Beispiel für den ersten Fall liegt vor, wenn Max den Zweck verfolgt, ein guter Klarinettespieler zu werden, und er sich daher die Regel vorgibt, jeden Tag eine halbe Stunde Klarinette zu üben. Wenn Max an einem bestimmten Donnerstag eine halbe Stunde Klarinette übt, dann handelt er mit dieser Handlung individuell-regelrational. Überindividuell-regelrationales Handeln liegt z.B. vor, wenn Max den Zweck der Regel des Diebstahlsverbotes, nämlich den Schutz des Eigentums teilt, und Max es unterlässt, seiner Sitznachbarin im Theater das Portemonnaie zu stehlen.

Die dritte hier vorgesehene regelbezogene Form rationalen Handelns, faustregelrationales Handeln, verdankt sich den Analysen des Programms einer „Begrenzten Rationalität" („Bounded Rationality"; vgl. hierzu Gigerenzer/Selten 2001a; Selten 2001; Gigerenzer 2007). In diesen Fällen ist die betreffende Regel nicht auf einen individuell oder überindividuell verfolgten *Zweck* bezogen, sondern auf einen Typ von *Handlungssituation*; in bestimmten Handlungssituationen hat sich eine Faustregel bewährt. So handelt Max in einem Ratespiel auf die Frage, welche Stadt größer sei, Palermo oder Menfi, mit der Nennung von Palermo faustregelrational. Die einschlägige Faustregel ist die Regel der Wiedererkennung, die in Situationen bewährt ist, die sich durch einen geringen Informationsstand auszeichnen.

Auf alle Rationalitätsformen lässt sich zudem Webers Unterscheidung des subjektiv-zweckrationalen und des richtigkeitsrationalen Handelns übertragen[16]: Beispielsweise können Regeln in Bezug auf einen verfolgten Zweck nur in der Sicht des handelnden Individuums gerechtfertigt sein oder aber in Bezug auf einen verfügbaren Wissensstand.

Jedes so-und-so-rationale Handeln hat einen Gegenpart im jeweiligen so-und-so-irrationalen Handeln. So handelt Max mit dem Trinken einer halben Flasche Cognac richtigkeitsirrational, wenn er weiß, dass er den Zweck, die am nächsten Tag stattfindende Prüfung zu bestehen, besser realisieren kann, wenn er keinen Alkohol trinkt. Die so-und-so-rationalen Handlungen und die so-und-so-irrationalen Handlungen werden zu den prorationalen Handlungen zusammengefasst. Prorationale Handlungen sind Handlungen, die einer (Ir)Rationalitätseinschätzung zugänglich sind. Hier zeigt sich eine wesentliche *Abweichung* gegenüber der Weberschen Konzeption, die insbesondere auf die Integration der handlungsanleitenden Redezwecke zurückgeht. Nicht jede Form des Handelns ist als Handeln bereits mit den Kategorien so-und-so-rational oder so-und-so-irrational zu beurteilen. Vielmehr sind dafür „planvolle Überlegungen" erforderlich. Traditionales und affektuelles Handeln weist diese Eigenschaft nicht auf und wird daher – so der Vorschlag – einer neuen Kategorie, dem arationalen

---

16 Übertragen auf Abbildung 3 heißt das, dass beispielsweise beim individuell-regelrationalen Handeln eine subjektive und eine objektive Variante zu unterscheiden wären: individuell-regelrationales Handeln$_{subj}$ und individuell-regelrationales Handeln$_{obj}$. Ein Beispiel für den subjektiven Fall wäre die Regel, zum Einprägen von Vokabeln täglich das Vokabelbuch unter das Kopfkissen zu legen; für den objektiven Fall könnte die Regel, täglich 10 Minuten das Abfragen von Vokabeln zu üben, angeführt werden.

Handeln zugeschlagen. Der menschliche Alltag ist durchzogen von Handlungen, deren Reflexionsniveau es nicht nahe legt, sie als rationalitätszugänglich, als prorational, einzuordnen. Dennoch handelt es sich nicht stets um bloßes Verhalten, also um nicht unterlassbare Reaktionen auf Reize. Es sind, wie in den erwähnten Beispielen, „sinnhafte", d.h. gerichtete Handlungen. Die Formen prorationalen Handelns sind nicht disjunkt; wie bereits am Beispiel des Leiterumsteuerns erwähnt, kann eine Handlung zugleich subjektiv-zweckrational und richtigkeitsirrational sein.[17]

Die vorgeschlagene Klassifikation ist auf dem Hintergrund eines breiten Angebots an Rationalitätsauffassungen entstanden (vgl. Hahn 2007:59-284), die für zum Teil höchst unterschiedliche Erklärungs- und Normierungsziele jeweils einen Rationalitätsbegriff etablieren und diesen mit einem Alleinstellungsanspruch versehen. Mehrdeutigkeiten und Auseinandersetzungen um den „wahren" Rationalitätsbegriff sind die Folge. Webers pluralistischer Handlungs- und Rationalitätsansatz bietet wesentliche Anknüpfungspunkte, ein neues Sortierungsraster und vor allem ein den vielfältigen Redeinteressen angemessenes pluralistisches Rationalitätsvokabular zu entwickeln.

Literaturverzeichnis

Baurmann, Michael, 2000: Der Markt der Tugend. Recht und Moral in der liberalen Gesellschaft, (Studienausgabe). Tübingen: Mohr Siebeck.
Birnbacher, Dieter, 2007: Analytische Einführung in die Ethik, 2. Aufl. Berlin: de Gruyter.
Brandstätter, Hermann, Werner Güth und Hartmut Kliemt, 2003: The Bounds of Rationality. Philosophical, Psychological and Economic Aspects of Choice Making. S. 303-356 in: Joachim Frohn, Werner Güth, Hartmut Kliemt und Reinhard Selten (Hrsg.): Making Choices III, Homo Oeconomicus 20.
Bühler, Axel, 2003: Grundprobleme der Hermeneutik, S. 3-19 in: Axel Bühler: Hermeneutik. Basistexte zur Einführung in die wissenschaftstheoretischen Grundlagen von Verstehen und Interpretation. Heidelberg: Synchron Wissenschaftsverlag der Autoren.
Davidson, Donald, 1985: Handlungen, Gründe, Ursachen. S. 19-42 in: Donald Davidson: Handlung und Ereignis. Frankfurt a.M.: Suhrkamp Verlag.
Dray, William, 1964: Laws and Explanation in History. Oxford: Oxford University Press.
Føllesdal, Dagfinn, 1982: The Status of the Rationality Assumption in Interpretation and in the Explanation of Action. In: Dialectica, 36, 301-316.

---

17 In der Abbildung sind daher die Sorten prorationalen Handelns in einer Liste untereinander aufgeführt.

Gerhardt, Volker, 1995: Sinn des Lebens. S. 815-824 in: Joachim Ritterm und Karlfried Gründer (Hrsg.): Historisches Wörterbuch, Bd. 9. Darmstadt: Wissenschaftliche Buchgesellschaft.

Gigerenzer, Gerd und *Reinhard Selten*, 2001a: Rethinking Rationality. S. 1-12 in: Gerd Gigerenzer und Reinhard Selten (Hrsg.): Bounded Rationality. The Adaptive Toolbox. Cambridge (Mass.) MIT Press.

Gigerenzer, Gerd und Reinhard Selten (Hrsg.), 2001b: Bounded Rationality. The Adaptive Toolbox. Cambridge (Mass.): MIT Press.

Gigerenzer, Gerd, 2007: Bauchentscheidungen. Die Intelligenz des Unbewussten und die Macht der Intuition, München: C. Bertelsmann.

Hahn, Susanne, 2007: Rationalität – Eine Kartierung, Habilitationsschrift im Fach Philosophie. Düsseldorf. – Eine gekürzte Fassung erscheint 2010 in der Reihe „Grundthemen Philosophie", Berlin: de Gruyter.

Hempel, Carl Gustav, 1985: Rationales Handeln, S. 388-414. in: Georg Meggle (Hrsg.), Analytische Handlungstheorie. Frankfurt a.M.: Suhrkamp Verlag.

Kliemt, Hartmut, 1996: Rational-Choice-Erklärungen? in: Ulrich Druwe und Volker Kunz (Hrsg.): Handlungs- und Entscheidungstheorie in der Politikwissenschaft: Eine Einführung in Konzepte und Forschungsstand. Opladen: Leske und Budrich.

Norkus, Zenonas, 2000: Max Weber und Rational Choice, Marburg: Metropolis Verlag.

Scholz, Oliver, 2001: Verstehen und Rationalität, 2. Aufl., Frankfurt a.M.: Klostermann.

Schurz, Gerhard, 2004: Erklären und Verstehen. Tradition, Transformation und Aktualität einer klassischen Kontroverse. S. 156-174 in: Friedrich Jaeger, Jürgen Straub und Burkhard Liebsch (Hrsg.): Handbuch der Kulturwissenschaften, Bd. 1, Grundlagen und Schlüsselbegriffe. Weimar: J.B. Metzler.

Schurz, Gerhard, 2006: Einführung in die Wissenschaftstheorie. Darmstadt: Wissenschaftliche Buchgesellschaft.

Selten, Reinhard, 2001: What is Bounded Rationality? S. 13-36 in: Gerd Gigerenzer und Reinhard Selten (Hrsg.), Bounded Rationality. The Adaptive Toolbox. Cambridge (Mass.): MIT Press.

Sen, Amartya K., 1988: Rational Behavior. S. 68-76 in: John Eatwell (Hrsg.): The New Palgrave. A Dictionary of Economics. London.

Siegwart, Geo, 1997: Vorfragen zur Wahrheit. Ein Traktat über kognitive Sprachen. München: Oldenbourg Verlag.

Suppes, Patrick, 1984: Rationality. S. 184-221 in: Patrick Suppes: Probabilistic Metaphysics, Oxford: Blackwell.

Weber, Max, 1988 [1913]: Über einige Kategorien der verstehenden Soziologie. S. 427-74 in: Max Weber: Gesammelte Aufsätze zur Wissenschaftslehre. Tübingen: Mohr Siebeck.

Weber, Max, 1988 [1917]: Der Sinn der „Wertfreiheit" der soziologischen und ökonomischen Wissenschaften. S. 489-540 in: Max Weber: Gesammelte Aufsätze zur Wissenschaftslehre. Tübingen: Mohr Siebeck.

Weber, Max, 1988 [1921]: Soziologische Grundbegriffe. S. 541-581 in: Max Weber: Gesammelte Aufsätze zur Wissenschaftslehre, 7. Auflage. Tübingen: Mohr Siebeck.

Rationalität, Hermeneutik und Neurowissenschaften. Eine Auseinandersetzung mit den kultur- und neurowissenschaftlichen Herausforderungen ökonomischer Theorien vor dem Hintergrund der Theorie von Donald Davidson

Johannes Marx

1. Einleitung

Auch wenn der Einsatz ökonomischer Theorien in den Sozialwissenschaften nicht mehr ungewöhnlich ist, sehen sich diese Theorien dennoch zentraler und teilweise heftiger Kritik ausgesetzt. Auf zwei Kritikpunkte aus unterschiedlichen Richtungen soll in diesem Artikel näher eingegangen werden: hermeneutische und neurowissenschaftliche Kritik. Kritiken beider Richtungen setzen sich mit einem zentralen Element ökonomischer Theorien auseinander: der Behauptung, dass menschliche Handlungen mit Hilfe einer Rationalitätsannahme erklärt werden könnten. Die Rationalitätsannahme ist eines der zentralen Elemente ökonomischer Theorien.

Wenn ich im Folgenden von ökonomischen Theorien oder Rational Choice-Theorien spreche, dann verstehe ich darunter Theorien, die drei Charakteristika aufweisen: Erstens teilen sie die Annahme, dass Präferenzen eine Bedingung menschlichen Handelns darstellen. Zweitens findet menschliches Handeln in einer Welt der Knappheit statt, womit Restriktionen eine weitere Bedingung menschlichen Handelns darstellen. Schließlich handeln Akteure rational, d.h. sie wählen vor dem Hintergrund ihrer Präferenzen und angesichts der Restriktion diejenige Handlung aus, die ihren Nutzen maximiert. Insbesondere diese letzte Annahme ist heftiger Kritik aus den genannten Richtungen ausgesetzt. Im Folgenden wird diese Annahme unter Rückgriff auf Überlegungen der analytischen Philosophie des Geistes verteidigt, um so ein zentrales Element der Kritik an ökonomischen Theorien zurückzuweisen.

Der erste Kritikpunkt kommt aus kulturwissenschaftlicher Richtung. So wird das Potential von Rational Choice-Theorien für die Analyse sozialer und kultureller Phänomene von Vertretern der sogenannten neuen Kulturwissenschaften überwiegend als gering eingeschätzt. Beispielsweise eigne sich Rational Choice nicht zur Analyse sozialer Handlungssituationen, in denen kulturelle

Faktoren eine große Rolle spielen und das Verstehen sozialer Handlungskontexte im Mittelpunkt steht. Stattdessen orientieren sich kulturwissenschaftliche Forscher eher an praxeologischen oder diskurstheoretischen Überlegungen, beispielsweise von Bourdieu und Foucault (vgl. Eder 2006; Keller 2007, 2008). Die ökonomische Methode wird für kulturwissenschaftliche Zusammenhänge als ungeeignet zurückgewiesen.

Zweitens werden zentrale Elemente der Rational Choice-Theorie durch die philosophische Rezeption aktueller neurowissenschaftlicher Positionen in Frage gestellt. So argumentieren Patricia und Paul Churchland, dass die Sozialwissenschaften insgesamt ein problematisches Vokabular in ihrer Theoriebildung verwenden. Sie beziehen sich dabei auf das so genannte ‚intentionale Idiom', das ein zentraler Bestandteil unserer Alltagssprache ist.[1] Die Rationalitätsannahme sei demnach Teil dieses problematischen Vokabulars. Dem setzen sie ihre Position des Eliminativen Materialismus entgegen (vgl. Churchland 1981). Sie fordern, dass die Terminologie der Sozialwissenschaften durch ein leistungsfähigeres Idiom ersetzt werde, das vollständig auf mentale Prädikate verzichte und neurowissenschaftlicher Natur sei.[2] Neurowissenschaft wird hier als materialistische Wissenschaft verstanden, die sich problemlos in das physikalische Weltbild einpassen lässt.

In diesem Aufsatz werden ökonomische Theorien gegenüber diesen beiden Angriffen verteidigt. Im Mittelpunkt steht die Frage, ob die für die Rational Choice-Theorien zentrale Rationalitätsannahme für die Analyse sozialer Interaktionszusammenhänge geeignet ist. Dafür wird auf Überlegungen von Donald Davidson zurückgegriffen, der in zahlreichen Aufsätzen eine kombinierte Handlungs- und Bedeutungstheorie entwickelt hat (vgl. Davidson 1986, 1990b, 1990d). Seine Überlegungen sind ohne größere Schwierigkeiten anschlussfähig für ökonomische Theorien, teilweise greift er explizit auf Argumente aus ökonomischen Theorien zurück. Mit Davidson soll gezeigt werden, dass die Ratio-

---

1 Wenn man in der analytischen Philosophie des Geistes von Alltagspsychologie oder vom intentionalen Idiom spricht, bezieht man sich damit auf eine Reihe von Ausdrücken wie ‚glauben', ‚denken', ‚erwarten', ‚wünschen', ‚vorziehen'. Da solche Wörter einen Bezugspunkt haben (denken an etwas, glauben an etwas, ...) bezeichnet man Ausdrücke dieser Art auch als zugehörig zum intentionalen Idiom. Das intentionale Idiom ist – auch unabhängig von der analytischen Philosophie des Geistes – zentral für unser Verständnis von sozialwissenschaftlicher Theoriebildung. Wir erklären Handlungen u.a. in Bezug auf Wünsche und Vorstellungen von Akteuren (vgl. Kunz 2004; Opp 1999). Aus diesem Grund kann man davon ausgehen, dass große Teile der Sozialwissenschaften im intentionalen Idiom verfasst sind und auf alltagspsychologische Begriffe zurückgreifen (vgl. Vielmetter 1998: 18 f.).

2 Als Prädikat bezeichnet man in der Quantorenlogik denjenigen Bestandteil eines Satzes, der einem Gegenstand Eigenschaften zuweist (X ist *grün*, X ist *mental* oder X ist *90 Kilo schwer*).

nalitätsannahme eine notwendige Annahme zur Analyse sozialer Handlungskontexte darstellt, da sie sowohl für das Verstehen sozialer Handlungen zentral ist, als auch für die Angabe der Gründe notwendig ist, warum Handlungen ausgeführt wurden. Die Rationalitätsannahme wird damit zur verbindenden Klammer zwischen verstehenden und erklärenden Ansätzen in den Sozialwissenschaften.

Der Beitrag gliedert sich folgendermaßen: Zunächst wird die zweifache Herausforderung der Rational Choice-Theorien vorgestellt: Auf der einen Seite das kulturwissenschaftliche Wissenschaftsverständnis (2), das den Erklärungsbegriff und ökonomische Methoden ablehnt, und auf der anderen Seite die neurowissenschaftliche Herausforderung, die jeden Rekurs auf intentionale Begriffe tilgen will. Um letztere Position zur präsentieren, gilt es jedoch zuvor einige Bemerkungen zum Leib-Seele-Problem voranzustellen (3). Dieses Problem steht im Mittelpunkt neurowissenschaftlicher Argumentationen. Aufbauend auf diesen Überlegungen wird die Position des Eliminativen Materialismus [EM] als ein Lösungsversuch dieser Problematik dargelegt (4). Es wird gezeigt, dass die Begründung dieser Position problematisch ist. Alternativ bieten sich die Überlegungen von Davidson an (5). Seine Theorie, die in den Sozialwissenschaften weitgehend unbekannt ist, wird einführend dargestellt. Davidson argumentiert, dass auf mentale Ausdrücke nicht verzichtet werden kann, und entwickelt eine umfassende Handlungs- und Bedeutungstheorie, die auch eine Lösung des Leib-Seele-Problems anbietet. Gleichzeitig lässt sich seine Theorie auch als ein Plädoyer für die Verwendung einer erklärenden Handlungstheorie in den Geistes- und Sozialwissenschaften lesen. Die Rationalitätsannahme ist nach Davidson die zentrale theoretische Kategorie für alle Wissenschaften, die sich mit dem Handeln von Menschen oder den Produkten menschlichen Handelns beschäftigen. Im Anschluss daran wird abschließend (6) gefragt, welche Konsequenzen die Position Davidsons für das Projekt einer Rational Choice-basierten erklärenden Sozialwissenschaft hat.

2.   Die kulturwissenschaftliche Herausforderung

Ein Blick in die geschichts- und sozialwissenschaftliche Fachliteratur zeigt, dass sich auch heute noch erklärende und verstehende Ansätze scheinbar unversöhnlich gegenüberstehen oder jeweils ein Zugang dem anderen untergeordnet wird.

Seit den 1980er Jahren werden kulturelle Phänomene vermehrt Gegenstand sozialwissenschaftlicher Analysen. Die Hinwendung zu kulturellen oder sozialen Phänomenen geht häufig einher mit einer Ablehnung eines nomothetischen

Erkenntnisinteresses. Eine solche Position findet sich beispielsweise schon bei Gustav Schmoller zu Anfang des 20. Jahrhunderts. Er kritisiert die ökonomische Erklärungsmechanik von David Ricardo, die der Komplexität der Wirklichkeit nicht gerecht werde: „Ricardo fehlt jede historische Bildung; er schematisiert, sucht einfache naturrechtliche Axiome, die er mechanisch anwendet". Außerdem merke man „wegen der glatten Darstellung und scheinbar sicheren Logik" lange nicht „wie wenig sie einer breiteren historischen und geographischen Wirklichkeit gerecht wurde" (Schmoller 1904: 342). Schmoller setzt sich hier klar von einer deduktiv und nomothetisch orientierten Methodik ab und plädiert für eine Vorgehensweise, die der empirischen Komplexität der Wirklichkeit stärker Rechnung tragen soll.

Ähnliche Argumente finden sich auch heute in der Diskussion. Neuere Ansätze der Kultur- und Geisteswissenschaften behaupten beispielsweise die Unzugänglichkeit kultureller Sachverhalte für nomologisch orientierte Herangehensweisen. Häufig wird dies mit einem Verweis auf die gesellschaftliche Konstruktion von Wirklichkeit begründet (vgl. Berger/Luckmann 2007; Schütz 1960, 1971). Diese Konstruktionen sind dem Wissenschaftler primär in sprachlicher Form zugänglich. Daneben können jedoch auch Bauelemente, Symbole etc. Bedeutungsträger und damit potentielles Untersuchungsobjekt einer hermeneutisch orientierten Erfahrungswissenschaft sein. „Die Analyse des historischen ‚individuellen' und ‚kollektiven' Selbstverständnisses menschlicher Subjekte, Gruppen oder Gesellschaften ist nicht anders möglich als durch die – aller Auslegung der ‚Inhalte', Meinungen, Glaubenssätze, und Weltanschauungen vorangehende – Auffindung, Beschreibung und Analyse der ‚Praktiken', ‚Regeln', ‚Muster' und ‚kommunikativen Darstellungsformen', derer wir uns bedienen, wenn wir uns orientieren, vergewissern, verständigen – wenn wir handeln, produzieren und interpretieren" (Soeffner 1999: 43).

Im Mittelpunkt des hier beschriebenen ‚soziologischen' Erkenntnisinteresses steht die hermeneutische Erfassung menschlicher Sinnzusammenhänge. Der Begriff der Hermeneutik wird hier insofern weiter gefasst als beispielsweise bei Paul Ricœur, als dass auch nichtsprachliche Artefakte Gegenstand hermeneutischen Bemühens sein können. Ricœur verwendet den Terminus der ‚Auslegung' (bzw. interpretation, exegesis) für dieses breite Verständnis von Interpretation (vgl. Ricœur 1978: 83). Wenn dieser die Sozialwissenschaften als genuin hermeneutische Wissenschaft bezeichnet, verweist er damit auf die spezifische Eigenschaft der Textlichkeit, der die Untersuchungsgegenstände der Sozialwissenschaften auszeichne. Bei beiden Autoren zeigt sich aber, dass Text, Diskurse,

Sprache und Sprechakte zentrale Kategorien innerhalb eines solchen Wissenschaftsverständnisses sind.

Vor diesem Hintergrund nimmt das Verstehen von Texten und fremden Sinnesäußerungen einen zentralen Stellenwert im wissenschaftlichen Forschungsprozess ein (vgl. Böhme et al. 2007; Hütig 2008; Nünning 2003). So ist in den neueren Kulturwissenschaften etwa die Suche nach nomologischen Erklärungen weitgehend durch Varianten des deutenden Erzählens ersetzt worden. Deutlich wird dies beispielsweise in der wachsenden Literatur zu diskurstheoretischen Verfahren (vgl. Eder 2006; Keller 2007, 2008). Dieser Verzicht wird in Anlehnung an Clifford Geertz damit begründet, dass Kultur kein kausaler Verursacher sei. Stattdessen sei Kultur eine Praxis, die lediglich verstanden werden könne als ein Konglomerat von Symbolen, Vorstellungen oder Wahrnehmungen. „Der Kulturbegriff, den ich vertrete, ist wesentlich ein semiotischer. Ich meine mit Max Weber, dass der Mensch ein Wesen ist, das in selbstgesponnene Bedeutungsgewebe verstrickt ist, wobei ich Kultur als dieses Gewebe ansehe. Ihre Untersuchung ist daher keine experimentelle Wissenschaft, die nach Gesetzen, sondern eine interpretierende, die nach Bedeutungen sucht" (Geertz 1995: 9). Kultur müsse dementsprechend als ein ineinander greifendes System auslegbarer Zeichen verstanden werden. Damit sei Kultur keine Instanz, der gesellschaftliche Ereignisse, Verhaltensweisen, Institutionen oder Prozesse kausal zugeordnet werden könnten. Stattdessen sei Kultur im besten Fall dicht beschreibbar (vgl. Geertz 1995: 21). Angemessen sei daher eine narrative Vorgehensweise, die sich den kulturellen und historischen Sachverhalten beschreibend annähere, um diese in ihren Eigenheiten zu verstehen.

Inhaltlich knüpfen solche Positionen an die klassische Debatte zwischen Vertretern erklärender bzw. verstehender Ansätze an und stellen sich in die Tradition der sogenannten verstehenden Ansätze. Die Programmatik der hermeneutischen Methode hat Dilthey in der bekannten Formulierung auf den Punkt gebracht: „Die Natur erklären wir, das Seelenleben verstehen wir" (Dilthey 1964b: 144 f.). Mit diesen Worten grenzt Dilthey die Geisteswissenschaften von den Naturwissenschaften ab und zieht eine klare Trennungslinie zwischen den Methoden ‚Erklären' und ‚Verstehen'. Für die Geisteswissenschaften sieht er die Methodik des Verstehens an zentraler Stelle: „Wir nennen den Vorgang, in welchem wir aus Zeichen, die von außen sinnlich gegeben sind, ein Inneres erkennen: Verstehen" (Dilthey 1964a: 317). Der theoretische Gegenspieler von Dilthey ist John Stuart Mill (vgl. Mill 1995), von dessen deduktiv orientierter Erklärungsmechanik sich Dilthey klar distanziert. Die logisch orientierte Vorgehensweise von Mill verhindere, das Seelenleben der Menschen in einem tieferen

Sinn zu begreifen. Stattdessen müsse man menschliche Handlungen gleichsam von Innen heraus verstehen. In ähnlicher Weise argumentiert auch Wilhelm Windelband. Dieser war der Ansicht, dass sich die Geisteswissenschaften überhaupt nicht mit Gesetzmäßigkeiten zu befassen hätten, sondern einzelne Ereignisse in ihrer Komplexität betrachten sollten: „Die Geisteswissenschaften mit ihrer Methode des Verstehens haben das Individuelle, Einmalige und Unwiederholbare in eben dieser Einmaligkeit, Individualität und Unwiederholbarkeit zu erfassen, während die Erfahrungswissenschaften mit der Methode des Erklärens in völligem Gegensatz hierzu auf das Allgemeine, Gesetzmäßige, Wiederholbare in Gestalt universeller Gesetzesaussagen abzielen" (Windelband 1924: 145). Das Ziel einer solchen Vorgehensweise ist das Verstehen der ablaufenden Ereignisse und Handlungen. Betrachtet man solche Arbeiten, so sieht man, dass diese sich häufig darauf beschränken, mit diskurs- oder kommunikationstheoretischen Mitteln die soziale Handlungsdimension, die sich in den kommunikativen Akten der Akteure ausdrückt, analysierend zu beschreiben. Eine Voraussetzung dafür ist jedoch, dass diese Akte der Akteure auch verstanden, der Sinn ihrer Äußerungen sprachlich erfasst und wiedergegeben werden kann. Zentral für die genannten Positionen ist der Begriff des ‚Verstehens'. Er eint die unterschiedlichen Herangehensweisen, die sich unter dem Label ‚Kulturwissenschaften' zusammengefunden haben.

Bisher wurde die Position der Kulturwissenschaften knapp vorgestellt. Während diese Herausforderung Kritik am Erklärungsanspruch der Rational Choice-Theorie übt und die Notwendigkeit des Verstehens sozialer Handlungsakte betont, setzt die neurowissenschaftliche Herausforderung an einem anderen Punkt an. Hier wird bezweifelt, dass die sozialwissenschaftliche Terminologie für ihre Erklärungsziele geeignet sei. Um die neurowissenschaftliche Herausforderung herauszuarbeiten, wird im folgenden Kapitel zunächst die Diskussion um das Leib-Seele-Problem vorgestellt.

3. Das Leib-Seele-Problem und seine sozialwissenschaftliche Implikation

Die zweite Herausforderung ökonomischer Theorien stammt aus der analytischen Philosophie des Geistes; sie wird in den Sozialwissenschaften selten systematisch berücksichtigt und ist weitgehend unbekannt. Vor diesem Hintergrund scheint eine einführende Darstellung angemessen, um die grundlegende Problematik herauszuarbeiten.[3] In unserer Alltagssprache trennen wir zwischen ‚Geist' und ‚Seele' auf der einen Seite und ‚Körper' auf der anderen Seite. Diese Unterscheidung ist Ausgangspunkt für ein zentrales Problem der Philosophie des Geistes: das Leib-Seele-Problem. Man trennt mit ihr zwischen ‚physischen' und ‚psychischen' Phänomenen und zieht damit eine Grenze zwischen körperlichen und biologischen Sachverhalten einerseits und mentalen und seelischen Sachverhalten andererseits (vgl. Bieri 2007: 2 f.). Bieri zeigt, dass diese intuitiv getroffene Gegenüberstellung folgende Dimensionen besitzt: es wird zwischen zwei verschiedenen Arten von Phänomenen differenziert, die korrelativ sind. Phänomene sind entweder mental oder körperlich, d.h. mentaler und körperlicher Phänomenbereich schließen sich aus. Darüber hinaus handelt es sich um eine universale Unterscheidung, d.h. alle Phänomene sind entweder mental oder physisch. Es gibt keine weitere Kategorie. Und schließlich findet sich noch das Kriterium der Exklusivität: „Es gehört zur Bedeutung dieser Unterscheidung, dass etwas, das einmal als mental oder physisch gilt, dies bleibt, solange es existiert" (Bieri 2007: 3).

Diese Explikation unseres Alltagsverständnisses, eines intuitiven Dualismus, findet sich auch in der klassischen Philosophiegeschichte wieder (vgl. Beckermann 2008).[4] Der Kern dieses philosophischen Problems lässt sich anhand folgender drei Sätze aufzeigen, die nicht gleichzeitig wahr sein können (vgl. für die Formulierung des Leib-Seele-Problems Bieri 2007: 5 f.):

1. „Mentale Phänomene sind nicht-physische Phänomene." In diesem Satz drückt sich die Überzeugung aus, dass Bewusstsein oder Überzeugungen keine physischen Phänomene sind, sondern die eigene Charakteristik haben ‚mentaler Natur zu sein'.

2. „Mentale Phänomene sind im Bereich physischer Phänomene kausal wirksam." Wir verstehen komplexe Körperbewegungen, wie sie beispielsweise beim Lesen eines Buches oder zum Bedienen eines Computers notwendig sind, als Resultat individueller Überlegungsprozesse. Solche Überlegungsprozesse erklärt man unter Rückgriff auf mentale Phänomene, indem man Ursachen für individuelle Handlungen in spezifischen Einstellungen und

---

3 Die folgenden Ausführungen orientieren sich an Bieri (2007: 1-28). Einen guten Einstieg in die Thematik bieten die Arbeiten von Beckermann (2001, 2008), Pauen (2005), Pauen et al. (2001), Sturma (2006) und Herrmann (2005).

4 Diese Position des Substanzdualismus, die man schon bei Plato (1988) und Descartes (2005) findet und die sich durch die Annahme ontologisch eigenständiger Bereiche des Physischen (Körper) und des Mentalen (Seele) auszeichnet, kann mit der Position des Physikalismus kontrastiert werden, wonach Mentales auf physische Phänomene reduziert werden könne (vgl. Leibniz 1966).

Überzeugungen sucht. Mentale Phänomene können damit als kausale Ursache physischer Phänomene betrachtet werden. Diese Annahme ist unter anderem zentral für die Erklärung von Handlungen im Rahmen ökonomischer Theorien. Dort werden Handlungen auf Erwartungen und Bewertungen und damit auf mentale Phänomene zurückgeführt. Auf sie greift man aber auch in soziologischen Theorien zurück, wo Handlungen auf Einstellungen zurückgeführt werden.

3. „Der Bereich physischer Phänomene ist kausal geschlossen." Aufgrund der kausalen Geschlossenheit der physischen Welt gelten mentale Phänomene nur dann als erklärt, wenn sie auf physische Phänomene zurückgeführt werden können. Dieser Satz drückt eine zentrale Maxime des naturwissenschaftlichen Weltverständnisses aus. Diese ist essentiell für das naturwissenschaftliche Wissenschaftsverständnis und wird methodologischer Physikalismus genannt. Wenn diese Annahme jedoch wahr wäre, dann bestünde kein Grund an ‚mentalen Phänomenen' festzuhalten, da ihnen kausal keine Wirkung zugesprochen werden könnte. Man müsste aus wissenschaftlichen Gesichtspunkten auf sie verzichten.

Aus der Kombination zweier Sätze mit dem jeweils dritten lassen sich die bekannten Widersprüche des Leib-Seele-Problems aufzeigen:

4. Wenn ‚mentale Phänomene' nicht physischer Natur sind und wenn es mentale Verursachung physischer Phänomene gibt, dann kann der Bereich der physischen Phänomene nicht geschlossen sein.

5. Wenn der Bereich der physischen Phänomene geschlossen ist und wenn mentale Phänomene nicht physisch sind, dann kann es keine mentale Verursachung geben.

6. Wenn es mentale Verursachung gibt und die physische Welt kausal geschlossen ist, dann können ‚mentale Phänomene' keine nicht-physischen Phänomene sein. Umgekehrt gilt, dass mentale Phänomene, wenn sie kausal auf physische Phänomene wirken, physischer Natur sein müssen.

Jeder dieser drei Sätze (4, 5, 6) zeigt einen Widerspruch auf, der sich aus der Kombination der drei Annahmen unseres dualistischen Alltagsverständnisses ergibt. Dementsprechend kann es auch keine Lösung dieses Problems geben, da diese Sätze notwendigerweise in einem Widerspruch zueinander stehen müssen. Das Problem kann nur gelöst werden, indem man eine oder mehrere dieser Annahmen modifiziert oder aufgibt. In der aktuellen philosophischen Diskussion setzt man sich intensiv mit dem zuletzt aufgezeigten Widerspruch (6) auseinander. Kritisch diskutiert wird, inwieweit der intuitive Dualismus unserer Alltagsintuition wissenschaftlich begründet ist. In sprachlich neuem Gewand findet sich jedoch auch hier das bekannte Leib-Seele-Problem wieder:

7. „Wenn mentale Phänomene im kausal geschlossenen Bereich physischer Phänomene eine kausale Rolle spielen sollen, dann müssen sie physische Phänomene sein" (Bieri 2007: 9).

8. Mentale Phänomene sind aber von eigener Art und verdienen das Prädikat ‚mental', d.h. ihnen muss die Eigenschaft zugesprochen werden ‚mentaler Natur' zu sein.

9. Phänomene, die das Prädikat ‚mental' verdienen, können nicht zugleich physischer Natur sein (vgl. Bieri 2007: 9 f.).

Wenn man nicht bereit ist, die Geschlossenheit des physischen Weltbildes aufzugeben, was gravierende Änderungen unserer Ontologie und unseres wissenschaftlichen Grundverständnisses in den Naturwissenschaften nach sich ziehen würde, dann sind wir gezwungen, Satz 7 zu akzeptieren, um das Leib-Seele-Problem aufzulösen.

In der philosophischen Debatte finden sich nun verschiedene Schulen wieder, die jeweils einen der anderen Sätze abschwächen, relativieren oder völlig aufgeben. Zwei sozialwissenschaftlich interessante Positionen werden im Folgenden dargestellt und im Hinblick auf ihre sozialwissenschaftlichen Folgerungen untersucht.

Zunächst wird in Abschnitt 4 der Eliminative Materialismus betrachtet, da er die schärfste und direkteste Herausforderung des mentalen Vokabulars darstellt. Er ist auch vor dem Hintergrund interessant, dass er in seiner Forderung bezüglich der Sozialwissenschaften am Weitesten geht. Vertreter des EM bezweifeln die Wahrheit von Satz 8. Sie bestreiten damit, dass der ontologische Dualismus unserer Alltagsintuition angemessen sei, und fordern die Ersetzung ‚mentalen Vokabulars' durch Entsprechungen aus der physischen Welt. Dies hätte gravierende Konsequenzen für die Sozialwissenschaften, die im großen Umfang auf mentales Vokabular zurückgreifen.

Im fünfen Abschnitt werden die Überlegungen von Donald Davidson vorgestellt. Für die Auswahl von Davidson sprechen zwei Argumente: Erstens gelten seine handlungstheoretischen Überlegungen im Forschungsstand der analytischen Philosophie des Geistes als zentral. Zweitens lässt sich seine Position als starke Gegenthese zu Churchland lesen, da er ebenfalls an der Geschlossenheit der physikalischen Welt festhält und trotzdem eine intentionale Erklärung von Handlungen vorstellt. Seine Lösung setzt an Satz 9 des Leib-Seele-Problems an.

4. Die neurowissenschaftliche Herausforderung

Seit einiger Zeit gewinnen neurowissenschaftliche Theorien an Relevanz, die sich um eine materialistische Interpretation mentaler Phänomene bemühen. Eine radikale Position nimmt hier der Eliminative Materialismus der Churchlands ein. Sie untersuchen die Frage, ob mentale Phänomene tatsächlich die Eigenschaften besitzen, die der ontologische Dualismus unserer Alltagsintuitionen ihnen zuschreibt. Konkret bezweifeln sie also die Wahrheit des Satzes. „Mentale Phänomene sind aber von eigener Art und verdienen das Prädikat ‚mental'" (Satz 8).

Vertreter des EM lösen das Leib-Seele-Problem, indem sie bestreiten, dass es mentale Phänomene gibt. Ihre Position lässt sich anhand von drei Thesen skizzieren (vgl. Beckermann 2001: 249):

- Wir glauben nur, dass es mentale Zustände gibt, weil mentale Zustände in unserer Alltagspsychologie an zentraler Stelle stehen. Mentale Prädikate verweisen aber nicht auf tatsächliche Phänomene der Welt.
- Die Alltagspsychologie ist eine Theorie wie andere Theorien. Darüber hinaus ist sie eine schlechte Theorie, die in naher Zukunft durch neurowissenschaftliche Theorien verdrängt werden wird.
- Zwischen den auf mentale Prädikate zurückgreifenden Theorien auf der einen Seite (Alltagspsychologie sowie wissenschaftliche Kunstsprachen wie beispielsweise ökonomische Theorien) und der kommenden neurowissenschaftlichen Theorie auf der anderen Seite besteht kein Reduktionsverhältnis. Das theoretische Vokabular ‚mentaler' Theorien ist schlichtweg gegenstandslos.

Letztlich gründet sich die Argumentation auf eine wissenschaftstheoretische Untersuchung der Qualität der Alltagspsychologie. So stellt Churchland explanatorische Misserfolge der Alltagspsychologie fest. Er zeigt, dass sich diese degenerativ im Sinne von Lakatos entwickle. Außerdem lasse sich die Alltagspsychologie nicht in das naturwissenschaftliche Weltbild einfügen, was unter kohärenztheoretischen Gesichtspunkten problematisch sei (vgl. Churchland 1981, 2001). Die Position von Churchland lässt sich damit folgendermaßen zusammenfassen: Die Alltagspsychologie versagt, degeneriert und sollte eliminiert werden und mit ihr alle Wissenschaften, die auf das Vokabular der Alltagspsychologie angewiesen sind. Alternativ wäre etwa eine behavioristische Position denkbar (vgl. etwa Skinner 1973) oder noch weiter zu entwickelnde neurowissenschaftliche Theorien.

Diese Forderung ist jedoch in vielfacher Hinsicht problematisch. Um die Position der Churchlands kritisch zu diskutieren, wird zunächst ihre Behauptung untersucht, dass die Alltagspsychologie falsch sei. Zweitens muss die Folgerung diskutiert werden, dass die Alltagspsychologie daher eliminiert werden sollte.

Ad 1) Um das Argument der Falschheit zu prüfen, muss zunächst erörtert werden, ob es überhaupt gerechtfertigt ist, die Alltagspsychologie an wissenschaftstheoretischen Maßstäben zu messen. Schließlich ist es keineswegs selbstverständlich, dass es sich bei der Alltagspsychologie überhaupt um eine Theorie im wissenschaftlichen Sinne handelt. Manche Autoren lehnen dies ab und argumentieren, dass diese primär eine Orientierungsfunktion besitze und keinesfalls diesen strengen auf empirische Überprüfung ausgerichteten Charakter einer wissenschaftlichen Theorie habe (vgl. Bieri 1987). Stattdessen handele es sich vielmehr um eine lebensweltliche Praxis, die doch im Alltag funktioniere und sich bewährt habe. In diesem Fall könnte die Argumentation der Churchlands bereits zurückgewiesen werden, da sie für ihre Untersuchung einen ungeeigneten Bewertungsmaßstab verwendet haben.

Diesem Argument könnte man entgegnen, dass die Alltagspsychologie nur deshalb funktioniere und sich bewähre, weil die Alltagssprache bereits theoretisches Wissen über kausale Beziehungen zwischen Sachverhalten in der Welt enthalte. Der Maßstab wissenschaftstheoretischer Kriterien ist damit durchaus angemessen. Es stellt sich jedoch die Frage, ob dieser Maßstab tatsächlich an die Alltagspsychologie angelegt werden sollte. Klärend scheint mir hier die Betrachtung des Verhältnisses von Alltagssprache und wissenschaftlichen Sprachen: Auch wenn in der Alltagssprache theoretisches Wissen über kausale Relationen zwischen Ereignissen enthalten ist, sind es die Wissenschaftssprachen, in denen dieses Wissen systematisch aufbereitet, geprüft und begründet wird. Dieser Idee folgend müsste somit gezeigt werden, dass die Qualität der wissenschaftlichen Disziplinen, die an der Alltagspsychologie anknüpfen, jene systematisieren und deren ‚Wissen' rational rechtfertigen, wissenschaftstheoretischen Ansprüchen nicht genügt. Diese Untersuchung führen die Churchlands jedoch nicht durch. Vor diesem Hintergrund scheint die These der Churchlands, dass ‚intentionale' Wissenschaften wissenschaftstheoretisch problematisch seien, nicht gut begründet, da die falschen Untersuchungsobjekte für die Begründung der These herangezogen wurden.

Schaut man sich diese wissenschaftlichen Disziplinen genauer an (Psychologie, Soziologie, Wirtschaftswissenschaften, Politikwissenschaften etc.), so scheint es auch unbegründet deren explanative Erfolge (vgl. Fodor 1987) mit einem Verweis auf den degenerativen Charakter der Alltagspsychologie zu verneinen. Aus dem Erfolg dieser Disziplinen lässt sich auch ein weiteres Argument gewinnen, dass sich dem kohärenztheoretischen Argument entgegnen lässt. Schließlich greifen alle diese Disziplinen auf das intentionale Idiom zurück. Wir haben es hier also mit einem kohärenten Theoriegebilde zu tun, das sich in verschiedenen Bereichen bereits über einen langen Zeitraum bewährt hat.

Schließlich muss auf wissenschaftlicher Ebene auch noch diskutiert werden, ob mit Lakatos eine so weitgehende Forderung wie die Elimination eines wissenschaftlichen Vokabulars gefordert werden kann. Lakatos war sich des grundsätzlichen Fallibilismus wissenschaftlicher Aussagen bewusst und argumentierte, dass auch degenerative Forschungsprogramme wieder an wissenschaftlicher Stärke gewinnen können. Wir haben es also grundsätzlich mit einer Abwägungssituation zwischen konkurrierenden Theorien zu tun, bei der endgültige Sicherheit nicht gegeben ist (vgl. Lakatos 1974: 112 f.).

Ad 2) Vor dem Hintergrund der Schwierigkeiten, die Wahrheit oder Falschheit wissenschaftlicher Theorien festzustellen, sollten auch die normativen Konsequenzen bei einer Entscheidung für oder wider eine Theorie berücksichtigt werden. Da in normativer Hinsicht ‚Sollen' auch ‚Können' impliziert, ist es notwendig, sich die Bedeutung des intentionalen Idioms für alltägliche Handlungskontexte zu vergegenwärtigen, bevor die Forderung der Elimination dieses Vokabulars gestellt werden sollte: Wie wäre so etwas wie eine soziale Verabredung zu interpretieren (vgl. Fodor 1987)? Was würde es bedeuten, wenn eine Person ihre Absicht bekundet, eine andere Person zu treffen, wenn Absichten aus der Alltagssprache eliminiert werden? Auch wäre völlig unklar, wie beispielsweise zwischen Mord oder Totschlag unterschieden werden sollte. Es gäbe keinen Maßstab mehr für eine differenzierende Bewertung solcher Handlungen, wenn für die Begründung der Urteile nicht mehr auf Motive, Überzeugungen und Absichten zurückgegriffen werden dürfte.

Vor dem Hintergrund dieser Überlegungen scheint die Frage berechtigt, ob die Elimination mentaler Terme überhaupt erfolgreich sein kann. Für die Begründung dieser Position lassen sich auch die Überlegungen von Donald Davidson heranziehen. Er bezweifelt aus prinzipiellen Gründen, dass sich das mentale Vokabular auf ein physisches reduzieren lasse. Der Grund dafür liege in unterschiedlichen Wahrheitskriterien, die er für die beiden Phänomentypen postuliert. Insbesondere der Rationalitätsbegriff steht für ihn im intentionalen Idiom an zentraler Stelle. Dieser sei nicht durch ein physisches Prädikat zu ersetzen (vgl. Kap. 5).

Insgesamt kann damit bezweifelt werden, dass die konsequente Abkehr von allen mentalen Prädikaten seitens des EM wirklich notwendig ist (vgl. Horgan/Woodward 1985). Im Folgenden wird eine alternative Lösung des Leib-Seele-Problems vorgestellt. Hierfür wird auf die Überlegungen von Donald Davidson zurückgegriffen.

5. Die Handlungs- und Bedeutungstheorie von Donald Davidson

Im Folgenden wird zunächst der Handlungsbegriff von Davidson im Mittelpunkt stehen. Daran anknüpfend wird seine Handlungstheorie vorgestellt.[5] Anschließend wird gezeigt, warum für die Erklärung von Handlungen notwendig auf den Begriff der Rationalität zurückgegriffen werden muss. Dies hängt mit unterschiedlichen Wahrheitskriterien zusammen, die Davidson für mentale und physikalische Phänomene herausarbeitet.

Nach Davidson ist eine Handlung ein Ereignis, für das eine Beschreibung möglich ist, unter der ein Akteur die Handlung absichtlich unternimmt (vgl. Spitzley 2008: 98 f.). Vier konstitutive Elemente dieser Definition werden im Folgenden näher betrachtet: ‚Ereignis', ‚Akteur', ‚Beschreibung' und ‚Absichtlichkeit'.

Nach Davidson gehören Handlungen zur Kategorie der Ereignisse. Davidson versteht Ereignisse als unwiederholbare Singularitäten.[6] Ein Ereignis zeichnet sich nach Davidson dadurch aus, dass es ein einzigartiges Set an Ursachen und Wirkungen hat (vgl. Davidson 1990f: 256). Ein Ereignis ist damit im Verhältnis zu dem, was vorher war oder nachher kommt, von eigener Art. Nach Davidson kann nur ein Ereignis (E_1) als Ursache für ein anderes Ereignis (E_2) betrachtet werden. Wenn kein Ereignis E_1 stattgefunden hätte und damit keine Zustandsänderung dem Ereignis E_2 vorausgegangen wäre, dann könnte man keinen Faktor benennen, der kausal für das Eintreten E_2 verantwortlich wäre. „Ereignisse sind also Davidson zufolge durch ihre kausale Position im Flux der Veränderungen der Welt eindeutig identifiziert" (Keil 1993: 209). Diese Auffassung von Handlungen als Ereignisse ist von Bedeutung, da Davidson eine Handlungstheorie entwickeln möchte, mit der kausale Erklärungen von Handlungen möglich sind. Da Davidson davon ausgeht, dass Kausalität sich als Relation zwischen Ereignissen zeigt, ist das Verständnis von Handlungen als Ereignisse

---

5   Eine empfehlenswerte Darstellung der Handlungstheorie von Davidson findet sich bei Spitzley (2008). Die hier präsentierte Rekonstruktion der Handlungstheorie von Davidson orientiert sich in Teilen an dieser.

6   Andere Autoren formulieren eine alternative Definition des Ereignisbegriffs. Insbesondere Jaegwon Kim setzt sich kritisch mit dem Ereignisbegriff auseinander (vgl. Kim 1993: 33-52).

eine notwendige Bedingung für die Formulierung einer kausalen Handlungstheorie.

Es ist offensichtlich, dass die Definition von Handlungen als Ereignisse nicht hinreichend ist. Es gibt Ereignisse wie beispielsweise Sonneneruptionen, die nicht zur Teilmenge der Handlungen gerechnet werden können. Handlungen als Ereignisse unterscheiden sich von sonstigen Ereignissen dadurch, dass ein Akteur als Urheber der Handlung angeführt werden kann.

Ein Ereignis soll als Handlung bezeichnet werden, wenn es als absichtsvolles Tun einer Person beschrieben werden kann. Zunächst soll der Begriff ‚Beschreibung' geklärt werden, anschließend wird der Begriff ‚Absichtlichkeit' betrachtet: Mit dem Begriff ‚Beschreibung' knüpft Davidson an eine Idee von Elisabeth Anscombe an (vgl. Davidson 2006c: 183 f.; Spitzley 2008: 98 f.; Stegmüller 1983a: 485).[7] Dieser Idee folgend steckt hinter den beiden folgenden Beschreibungen einer Handlung dasselbe Ereignis: ‚Merkel begrüßte den Dalai Lama, wodurch sich die Beziehungen zu China verschlechterten' und ‚Merkel begrüßte den Dalai Lama, weil sie aus innenpolitischen Gründen die Beziehungen zu China belasten wollte'. Während unter der Beschreibung ‚Merkel begrüßte den Dalai Lama', die Verschlechterung der Beziehungen zu China nicht zwingend absichtlich war, liegt die Sache im zweiten Fall anders. Das beschriebene Ereignis ist in beiden Fällen gleich: das raum-zeitlich eindeutige Aufeinandertreffen von Merkel mit dem Dalai Lama. Allerdings unterscheiden sich die Beschreibungen dieses Ereignisses als Handlung dadurch, dass unterschiedliche Absichten in der jeweiligen Beschreibung unterstellt werden (vgl. Davidson 1990c: 83 f.). Als Bedingung für das Vorliegen von Handlungen formuliert Davidson hier, dass zumindest eine Beschreibung existieren soll und empirisch plausibel sein muss, unter der das Ereignis als Handlung zu verstehen ist.

Ein zweiter wichtiger Bestanteil obiger Klärung des Handlungsbegriffs war das Merkmal der Absichtlichkeit. Um von einem Ereignis als Handlung sprechen zu dürfen, muss es von einem Akteur absichtlich herbeigeführt worden sein.

Die Rede von „absichtlichen Handlungen" legt zunächst die Vermutung nahe, dass „Absichtlichkeit" eine Eigenschaft bestimmter Handlungen ist und es auch unabsichtliche Handlungen gibt. Das ist hier aber nicht gemeint. Absichtli-

---

7 Stegmüller weist darauf hin, dass es sich bei der Beschreibung der Intentionen um korrekte Beschreibungen handeln muss. Korrekt ist dabei in einem empirischen Sinn zu verstehen. „Die Feststellung, dass man das *eine* Verhalten des Y *korrekt* als drei verschiedene Handlungsweisen mit drei verschiedenen Intentionen beschreiben kann, ist natürlich keine logische, sondern eine empirische Wahrheit" (Stegmüller 1983a: 485).

che Handlungen dürfen daher nicht als echte Teilmenge von Handlungen verstanden werden (vgl. Spitzley 2008: 99). Diese Auffassung ist unangemessen, da jede Handlung absichtlich durchgeführt wird. Wir haben es hier also mit einem definitorischen Zusammenhang zu tun. Letztlich besagt ,etwas absichtlich tun' nichts anderes als ,etwas aus einem Grund heraus' tun (vgl. Davidson 1990d: 19 f.). Und dies ist ein zentraler Bestandteil der Definition von ,Handlungen', der zur Abgrenzung von der Definition von ,Verhalten' gebraucht wird.

Auf der Grundlage dieser begrifflichen Klärungen lässt sich nun die Handlungstheorie Davidsons entfalten: Nach Davidson handelt man aus einem Grund, wenn man zu Handlungen einer bestimmten Art eine Pro-Einstellung hat und gleichzeitig die Überzeugung besitzt, dass die eigene Handlung von dieser Art sei (vgl. Davidson 2006c: 187). Pro-Einstellungen sind „Wünsche, Begehren, Impulse, Reize" (Davidson 1990d: 20). Auch eine Vielzahl von moralischen Ansichten, ästhetischen Grundsätzen und ökonomischen Vorurteilen stellen Pro-Einstellungen dar. Diese können als Einstellungen des Handelnden gedeutet werden, die sich auf Handlungen einer bestimmten Art beziehen. Davidson nennt das Paar aus Pro-Einstellung und einer entsprechenden Überzeugung den ,primären Grund' einer Handlung (vgl. Davidson 1990d: 20). Der Primärgrund gibt an, warum der Handelnde an seinem Tun Interesse hatte (vgl. Spitzley 2008: 100 f.).

Indem man einer Person einen Primärgrund zuschreibt, formuliert man eine Handlungserklärung über die Angabe von Handlungsgründen. Nach Davidson rationalisiert der Primärgrund das Handeln des Akteurs unter mindestens einer Beschreibung. Das Handeln des Akteurs erscheint vor dem Hintergrund seines Primärgrundes als vernünftig. Zu jeder Handlung existiert notwendig ein Primärgrund (vgl. Spitzley 2008: 100). Zugleich soll der Primärgrund aber auch das Handeln eines Akteurs kausal verursachen. Erklärungen von Handlungen durch die Angabe eines Primärgrundes sind nach Ansicht von Davidson eine Form von Kausalerklärung (vgl. Davidson 1990d).

Ein solches Verständnis von Handlungsgründen und Handlungsursachen produziert eine Reihe von Problemen, auf die im Folgenden eingegangen werden soll: Zunächst einmal werden Gründe hier zur Erklärung von individuellen Handlungen herangezogen. Dies geschieht, „ohne dass Erklärungen aus Gründen damit ihre spezifische hermeneutische Qualität verlören" (Glüer 1993: 86). Problematisch ist auf den ersten Blick, dass keines der Elemente des Primärgrundes Ereignischarakter zu haben scheint. Davidson schlägt deshalb vor, dass das Erwerben einer Proeinstellung oder einer gewissen Überzeugung die Handlung verursache (vgl. Davidson 1990d: 31 f.). Folgt man dieser Argumentation läge die Ursache für zahlreiche Handlungen weit in der Sozialisationsphase zurück. Die sich dann aufdrängende Frage, warum gerade zu einem gewissen Zeitpunkt Pro-Einstellungen handlungsaktivierend wurden, ist damit jedoch nicht geklärt. Die Position von Davidson kann vor dem Hintergrund aktueller sozialpsychologischer Studien zur Einstellungsforschung erweitert werden. Aus diesen Untersuchungen weiß man, dass Einstellungen alleine noch keine Handlungen nach sich ziehen. Einstellungen müssen zunächst durch spezifische Merkmale der Handlungssituation aktiviert werden, bevor sie Handlungen motivieren können (vgl. Ajzen/Fishbein 1980; Esser 1996). Diese Aktivierung von latenten Einstellungen hat selbst wieder Ereignischarakter. Eine Integration dieser Überlegungen in die Handlungstheorie von Davidson bietet sich daher an, da das Erwerben von Einstellungen und ihre situationsspezifische Aktivierung Ereignisse sind und daher zur Erklärung von Handlungen herangezogen können werden.

Die Position lässt sich damit folgendermaßen zusammenfassen: „Wenn eine Handlung unter einer bestimmten Beschreibung absichtlich ist, dann hat der Akteur für sein so beschriebenes Handeln einen Primärgrund, der sein Tun sowohl rationalisiert als auch verursacht" (Spitzley 2008: 100)[8]

Das Projekt der kausalen Erklärung von Handlungen durch die Angabe von Gründen ist jedoch problematisch: Mit der Definition von Handlungen als intendierte Ereignisse scheint sich Davidson auf einen Handlungsbegriff festzulegen, bei dem Gründe ein Bestandteil der Definition von Handlungen sind. Wie können aber Gründe zugleich Ursachen für Handlungen sein, wenn Handlungen doch als Ereignisse definiert sind, die aus Gründen herbeigeführt wurden? Zunächst ist hier nicht klar, wie es Davidson gelingen kann, Handlungen begrifflich an Gründe zu koppeln und zugleich ein kausales Verständnis der Verursachung von Handlungen durch Gründe beizubehalten.

Daneben existiert ein zweites Problem: Die Annahme, dass ein Primärgrund eine Handlung verursache, verpflichtet zugleich auf das Prinzip, dass etwas Psychisches (Pro-Einstellungen) in kausaler Wechselwirkung mit physischen Phänomenen (Handlungen) steht (vgl. Spitzley 2008: 101). Vor dem Hintergrund der methodologischen Position, dass Kausalität durch die Angabe einer

---

8 Spitzley nimmt im Sinne Davidsons eine weitere Präzisierung der Definition von ‚Handlung' vor und ergänzt, dass das „Tun sowohl rationalisiert als auch auf die richtige Weise verursacht" sein muss (Spitzley 2008: 102). Diese Präzisierung ist notwendig, da Davidson Ereignisse konstruiert, in denen Akteure einen Primärgrund haben, der die Handlung rationalisieren würde, aber dieser nicht die Ursache für das eingetretene Ereignis darstellt (vgl. Davidson 1990e).

Gesetzesannahme ausgedrückt wird, könnte man auf die Idee kommen, eine Gesetzmäßigkeit zu unterstellen, die die Brücke von psychischen Phänomenen zu physischen Phänomenen schlägt. Dies stände jedoch in vollständigem Gegensatz zur Zielsetzung von Davidson. Davidson lehnt die Vorstellung ab, dass psychophysische Gesetzmäßigkeiten bestehen (vgl. Davidson 1990b: 293). Beide Probleme sollen im Folgenden diskutiert werden. Zunächst wird dabei auf das zweite Problem eingegangen, bevor Davidsons Lösung für das erste Problem skizziert werden kann.

Davidsons Anliegen ist es zu zeigen, dass die Annahme psychophysischer Gesetzmäßigkeiten unbegründet ist und trotzdem kausale Ursachen für Handlungen genannt werden können. Dies drückt sich in seiner Position des anomalen Monismus aus. Anknüpfend an der obigen Formulierung des Leib-Seele-Problems kann man Davidsons Position daran festmachen, dass er den Satz bestreiten würde, dass Ereignisse, die das Prädikat ‚mental' zugesprochen bekommen, nicht zugleich durch das Prädikat ‚physisch' bezeichnet werden können (Satz 9). Nach Davidson lassen sich die Dilemmata des Leib-Seele-Problems hier umgehen. Dafür greift Davidson erneut auf die Überlegungen von Anscombe zurück, wonach für Handlungen bzw. Ereignisse unterschiedliche Beschreibungen möglich sind. Zwar gibt es keine strikten psychophysischen Gesetze, doch da Davidson zufolge jedes einzelne psychische Ereignis mit einem physischen Ereignis identisch ist, stellt dies keinen fundamentalen Einwand gegen die These der mentalen Verursachung physischer Phänomene dar. Auf physikalischer Ebene liegen Gesetze vor und so gibt es auch eine physikalische Beschreibung, unter der das entsprechende Ereignis unter ein Gesetz subsumierbar ist. Aufgrund der Identität einzelner psychischer und physischer Phänomene kann Davidson von psychophysischer Verursachung ausgehen, ohne sich die Probleme des Leib-Seele-Dilemmas einzuhandeln (vgl. Beckermann 2001: 182 f.; Spitzley 2008: 101 f.).

Um dieses Argument weiter auszuführen, sollen im Folgenden die besonderen Wahrheitskriterien mentaler und physischer Phänomene herausgearbeitet werden. Der argumentative Ausgangspunkt dafür ist die Frage, wie das Identitätsverhältnis von mentalen und physischen Phänomenen beschaffen ist. Dafür ist es notwendig, eine Unterscheidung zwischen Token und Typen einzuführen. Ein Token ist ein einzelnes Vorkommnis. Gleiche Token können zu einem Typ zusammengefasst werden. Davidson geht von einer Token-Identität zwischen konkreten mentalen und konkreten physischen Ereignissen aus. Das bedeutet: Ein einzelnes mentales Ereignis wie beispielsweise Schmerz ist identisch mit einem konkreten physischen Ereignis. Gleichzeitig bestreitet Davidson, dass es eine Identität zwischen dem Ereignistyp ‚Schmerz' und einem entsprechenden physischen Ereignistyp gibt. Schmerz ist als psychisches Ereignis nicht auf der Grundlage von strikten Gesetzen prognostizierbar. Da wir es hier aber wieder mit unterschiedlichen Beschreibungen eines Ereignisses zu tun haben, können einzelne psychische Ereignisse kausal mit physischen Ereignissen interagieren. Hier liegt die Antwort Davidsons auf das erste oben geschilderte Problem bei der Handlungserklärung. Handlungen sind zwar begrifflich mit Gründen verknüpft, aber aufgrund der Tokenidentität von konkreten mentalen (beispielsweise Aktivierung von Pro-Einstellungen) und konkreten physischen Ereignissen (neuronale Erregung) fallen die zu erklärenden Ereignisse (hier Handlungen) in physikalischer Beschreibung trotzdem unter strikte Naturgesetze (vgl. Beckermann 2001: 182 f.). Aufgrund der Identitätsannahme konkreter mentaler und physikalischer Ereignisse kann Davidson weiterhin davon sprechen, dass Handlungen mit Gesetzen erklärt werden können. Es gibt jedoch keine psychophysischen Gesetze, da wir es nach Davidson mit unterschiedlichen und nicht reduzierbaren Vokabularien zu tun haben, die für eine umfassende und geschlossene Theoriebildung nicht geeignet sind.[9]

Nach Davidson liegt dies in der ‚Anomalität des Mentalen' begründet (vgl. Davidson 2006c: 210). Diese verhindere die Verwendung mentaler Ausdrücke bei der physikalischen Beschreibung der Welt und umgekehrt (vgl. Beckermann 2001: 192 f.). Die Unvereinbarkeit der Sprachen resultiert aus den unterschiedlichen Funktionen dieser Sprachen. Betrachten wir zum Beispiel die Rolle der Rationalität in der intentionalen Sprache bei der Bestimmung mentaler Prozesse: „Wenn wir einer Person bestimmte Wünsche und Überzeugungen zuschreiben, dann geht es uns auch darum, das Verhalten dieser Person als sinnvoll zu verstehen – als ein Verhalten, das relativ zu den Wünschen und Überzeugungen dieser Person rational ist" (Beckermann 2003: 213 f.). Wir können einer Person nur intentionale Zustände zuschreiben, wenn diese intentionalen Einstellungen auch im Verhältnis zueinander rational sind. Nach Davidson ist daher von einem ‚Holismus des Mentalen' auszugehen. Rationalität bedeutet in diesem Fall, dass die intentionalen Zustände ein kohärentes und konsistentes Muster an Einstellungen (Überzeugungen und Wünsche) bilden.

---

9   Strikte Gesetze gibt es nach Davidson nur im Bereich der Physik (vgl. Davidson 1995). Sie zeichnen sich dadurch aus, dass sie in einem einheitlichen Vokabular formuliert sind und nicht durch heteronome ceteris-paribus-Klauseln eingeschränkt sind. Verallgemeinerungen werden heteronom genannt, wenn sie nur durch Bedingungen präzisiert werden können, die in einem anderem Vokabular als die Theorie formuliert sind (vgl. Beckermann 2001: 192 f.).

Dieser ‚Holismus' ist auch für die prinzipielle Nicht-Reduzierbarkeit der mentalen Beschreibung von Handlungen auf eine physikalische Beschreibung und umgekehrt verantwortlich. Beckermann verdeutlicht diesen Gedankengang von Davidson anhand folgenden Beispiels (vgl. Beckermann 2001: 198 f.): Man stelle sich vor, dass ein Akteur A die Überzeugung hat, dass ein gewisser Baum eine Ulme ist, dann lässt sich die folgende gesetzesartige Aussage treffen: Immer wenn die neuronale Bedingung N_1 vorliegt, hat Person A die Überzeugung, dass hier eine Ulme stehe. Wenn dies ein striktes Gesetz wäre, dann müssten wir allen Personen, die diesen neuronalen Zustand haben, eben diese Überzeugung zuschreiben – „auch wenn es keinen Grund gibt, ihr außerdem die Überzeugungen zuzuschreiben, dass Ulmen Bäume sind, dass Bäume Pflanzen sind, usw." (Beckermann 2001: 200). Das Besondere ist hierbei, dass sich aus dem holistischen Charakter des Mentalen ganz spezifische Prinzipien für die Zuschreibung intentionaler Zustände ableiten lassen. Dafür greifen wir auf die Prinzipien der Kohärenz und der Rationalität zurück. Diese Prinzipien spielen jedoch bei der Zuschreibung neuronaler Zustände keine Rolle. Hier würde man auf physikalische Variablen wie Lokalität, Größe etc. zurückgreifen. Der Maßstab der Rationalität ist damit auf den Bereich des Mentalen beschränkt und spielt bei der Charakterisierung der physikalischen Zustände unseres Zentralnervensystems oder unseres Körpers im Allgemeinen keine Rolle.

Die Tatsache, dass ein spezifischer neuronaler Zustand N_1 vorliegt, kann immer nur ein erstes Indiz für die Annahme eines externen Beobachters sein, Person A die Einstellung zuzuschreiben, dass es sich bei einem Objekt um eine Ulme handelt. Wenn wir Grund hätten, A eine Reihe weiterer kohärenter Überzeugungen zuzuschreiben, die damit komplett im Widerspruch stehen, dann würden wir A diese Überzeugung auch dann nicht zuschreiben, wenn die Bedingung N_1 vorliegt. Dies gilt auch umgekehrt: Wenn wir bei Person A, die glaubt, dass es sich um eine Ulme handelt, und Person B, die glaubt, dass es eine Buche sei, dieselbe neuronale Einstellung vorfinden würden, dann wäre es nicht zu rechtfertigen, wenn wir aufgrund der Messungen der mentalen Einstellungen die Messung der neuronalen Zustände bezweifeln würden. Die Wahrheitskriterien für die mentale Einstellung, dass es sich um eine Ulme handele, und die neuronalen Zustandsbedingungen sind nach Davidson von je eigener Natur.

Der entscheidende Grund für das Nichtzueinanderpassen mentaler und physikalischer Ausdrücke ist also folgender: Bei der Zuschreibung von Überzeugungen und Wünschen spielen Rationalitätsprinzipien eine entscheidende Rolle, die bei der Zuschreibung neuronaler Prädikate völlig irrelevant sind.

Wie kommt Davidson nun von der Rede über Einstellungen zur Erklärung von Handlungen? Dafür ergänzt Davidson seine Überlegungen bezüglich der Rationalitätsunterstellung noch durch eine Handlungsmaxime. Demnach vollzieht ein Akteur die Handlung, die auf der Basis aller relevanten Gründe als die beste eingeschätzt wird (vgl. Davidson 1974). Dies gelingt einem Akteur, da er einer Reihe von Prinzipien zustimmt, die Davidson als Konsistenz- und Kohärenzprinzipien bezeichnet (vgl. Davidson 1985).[10] Eine darüber hinausgehende Unterstellung eines besonderen Willensaktes ist nach Davidson nicht notwendig (vgl. Davidson 1990a: 131).

Vor diesem Hintergrund plädiert Davidson auch dafür, auf die Frage zu verzichten, ob eine Person diesen Prinzipien zustimme. Eine solche Frage wäre unsinnig, da die Frageformulierung die Antwort bereits vorwegnehme (vgl. Spitzley 2008: 104 f.). Grundlegende Rationalität ist damit keine Eigenschaft, die man einem Akteur zuschreiben kann oder nicht. Stattdessen ist diese Form der Rationalität konstitutiv dafür, überhaupt Gedanken zu haben, zu handeln und Akteursqualität zu besitzen.

Zuletzt soll die Funktion von Rationalität in der Theorie von Davidson thematisiert werden. Die Unterstellung von Rationalität ist eine notwendige Voraussetzung, um die Handlungen anderer Akteure überhaupt verstehen zu können. In diesem Kontext entwickelt Davidson das Gedankenexperiment der radikalen Interpretation (vgl. Glüer 1993: 21 f.; Scholz 2001: 103 f.): Einem Feldlinguisten stehen nur diejenigen Daten zur Interpretation einer ihm fremden Sprache zur Verfügung, die unmittelbar beobachtbar sind. Sprechakte werden von Davidson hier als Handlungen interpretiert. Anhand folgender Überlegung lässt sich die Argumentation von Davidson illustrieren. Wenn ein Akteur beispielsweise den Satz äußert: „draußen scheint die Sonne", dann drückt er damit eine Überzeugung aus. Diese Überzeugung hat der Sprecher aus einem speziellen Grund. Nach Davidson ist die Überzeugung kausal bestimmt durch die Beschaffenheit der Welt (vgl. Davidson 2006c). Da Interpret und Sprecher in derselben Welt leben, darf der Interpret annehmen, dass die Überzeugungen des

---

10 Für eine Auseinandersetzung mit Davidsons Prinzipien der Konsistenz und Kohärenz lohnt Scholz (2001: 114 f.). Dort findet sich auch der Hinweis auf die folgenden Zitate. Demnach gehören zu den Konsistenzprinzipien „the norms of deduction, induction, reasoning about how to act, and even how to feel given other attitudes and beliefs" (Davidson 1985: 92). Die Prinzipien der Kohärenz werden von Davidson folgendermaßen konkretisiert: „This second kind of norm counsels the interpreter to interpret agents he would understand as having, in important respects, beliefs that are mostly true and needs and values the interpreter shares or can imagine himself sharing if he had the history of the agent and were in comparable circumstances" (Davidson 1985: 92).

Sprechers für ihn verständlich sind, ja sogar weitgehend übereinstimmen (vgl. Spitzley 2008: 107).

Für die Interpretation der Sprechakte sind eine Reihe von Prinzipien notwendig, die Davidson unter dem Principle of Charity zusammengefasst hat (vgl. Scholz 2001: 103 f.). Beispielsweise ist es für einen Interpretationsakt notwendig Wahrheit und Konsistenz zu unterstellen. „Das heißt, (a) möglichst viel von dem, was ein Sprecher für wahr hält, ist auch wahr, und (b) die Sätze, die ein Sprecher für wahr hält, sind im Allgemeinen in sich und miteinander konsistent" (Spitzley 2008: 107). Damit greift Davidson zum einen die Idee des holistischen Charakters des Mentalen auf. Überzeugungen lassen sich nur in Relation zu den sonstigen Überzeugungen eines Akteurs zuschreiben. Ein Sprecher kann durchaus falsche Überzeugungen haben. Diese dürfen jedoch höchstens den Status lokaler Einbrüche in das ansonsten kohärente System von Überzeugungen einnehmen.[11] Im Fall massiven Irrtums wäre die Möglichkeit der Interpretation nicht mehr gegeben. Zum anderen findet sich hier die allgemeine Rationalitätsannahme von Davidson wieder. Grundlegende Rationalität ist laut Davidson eine Voraussetzung, um überhaupt über Einstellungen über die Welt zu verfügen. Rationalität wird damit zum entscheidenden Element, das Handeln und Bedeutung zusammenbringt (vgl. Davidson 2006a: 257 f.). Wenn ein Lebewesen nicht in dem erläuterten Sinne rational ist, verfügen wir weder über einen Zugang zu seinen Handlungen noch zu seinen kommunikativen Äußerungen.

---

11 An diesen Überlegungen anknüpfend kann auch der Platz für irrationales Handeln in der Theorie Davidsons aufgezeigt werden. Hier hilft eine Differenzierung weiter, die Spitzley in seiner Rekonstruktion von Davidson verwendet. Spitzley unterscheidet ‚habituelle' von ‚episodischer' Rationalität (vgl. 2008: 105 f.). ‚Habituelle Rationalität' bezeichnet dabei den Tatbestand, dass ein Akteur im Lichte seines Primärgrundes rational handeln muss. Ansonsten könnte man nicht von ‚Handeln' sprechen. Damit einem Akteur ‚habituelle Rationalität' zugesprochen werden kann, muss sein Verhalten den Prinzipien der Entscheidungstheorie genügen (Konsistenz- und Kohärenzprinzipien). Wenn dies nicht gegeben ist, fehlt jeglicher Interpretationsmaßstab für die sinnhafte Deutung menschlicher Handlungen und Äußerungen. ‚Episodische Rationalität' dagegen bezieht sich auf die Frage, ob in einer konkreten Handlungssituation Kohärenz zwischen dem Primärgrund eines Akteurs, seinen sonstigen Einstellungen und der Handlung gegeben ist. Wenn dies der Fall ist, so kann man einem Akteur ‚episodische Rationalität' zuschreiben. Hier eröffnet sich das Feld für Irrationalität (vgl. Davidson 2006b: 326 f.). Die episodische Rationalität lässt sich beurteilen vor dem Hintergrund seiner sonstigen Einstellungen und Überzeugungen. „Der Sinn eines Satzes, der Inhalt einer Überzeugung oder eines Wunsches ist kein Etwas, das man isoliert von seinen Genossen an dem Satz, der Überzeugung oder dem Wunsch festmachen kann. (…) Und zu den Überzeugungen, die wir einem Menschen unterstellen, müssen viele (nach unserer Anschauung) wahr sein, damit überhaupt irgendwelche dieser Überzeugungen von uns verstanden werden können" (Davidson 2006d: 309). Irrationalität bedeutet damit nichts anderes als Inkohärenz mit der Menge der sonstigen Überzeugungen einer Person (vgl. Lanz 1987: 105 f.).

Nichts von dem, was ein solches Wesen tut, könnten wir unter einer Beschreibung als absichtsvoll verstehen. „Das, was ein solches Wesen tut, ist nämlich unter keiner Beschreibung absichtlich, da ein derartiges Wesen keinen Primärgrund haben kann, der sein Tun verursacht und rationalisiert" (vgl. Spitzley 2008: 109).

Die Unterstellung von Rationalität allein reicht jedoch zum Verstehen menschlicher Handlungen nicht aus. Welche konkrete Bedeutung einem Handeln zukommt, ist situationsabhängig und kann nur mit kontextsensitiven Theoriebestandteilen erfasst werden. Es reicht also nicht aus, Rationalität mit ökonomischen Motiven gleichzusetzen und allen Akteuren Nutzenmaximierung im ökonomischen Sinn zu unterstellen, wenn man sich für das Verstehen und Erklären menschlicher Handlungen interessiert. Oder in den Worten von Glüer: „welche Überzeugungen und welche makrostrukturellen Relationen aber jeweils relevant sind und welche nicht, wechselt mit dem Kontext" (Glüer 1993: 76 f.).

Rationalität wird damit zur Voraussetzung für eine Theorie des Verstehens und Erklärens menschlichen Handelns. Rationalität kommt damit die Funktion einer Klammer zu, die Erklären und Verstehen zusammenhält. Immer wenn es um menschliche Artefakte, Handlungen oder Sprechakte geht, ist die Unterstellung von Rationalität eine notwendige Bedingung zu ihrem Verständnis. Und es ist eben diese Rationalitätsunterstellung, die es auch zur Erklärung von Handlungen bedarf.

6. Antworten auf die zweifache Kritik und Konsequenzen für das Projekt einer ökonomisch orientierten erklärenden Sozialwissenschaft

Vor dem Hintergrund der vorgetragenen Überlegungen sollen nun die zwei zu Beginn diskutierten Herausforderungen ökonomischer Theorien wieder aufgegriffen werden. Zunächst werden die kulturwissenschaftliche und die neurowissenschaftliche Herausforderung noch mal anhand ihrer Kernargumente zusammengefasst. Daran anknüpfend wird zweitens in Bezug auf Abschnitt fünf gezeigt, dass die Theorie von Davidson eine rational begründete Zurückweisung beider Herausforderungen ermöglicht. Schließlich wird drittens argumentiert, dass die Zurückweisung der Kritik an den ökonomischen Theorien mit den Argumenten von Davidson gravierende Konsequenzen für das Projekt einer ökonomisch orientierten erklärenden Sozialwissenschaft hat.

(1) Von kulturwissenschaftlicher Seite lautete der Vorwurf, dass aufgrund der Vielfältigkeit der Wirklichkeit und des spezifischen Gegenstands der Sozialwissenschaften, bei dem Text und Sprache eine so große Rolle spielen, nur eine verstehende Position angemessen sei. Ökonomische Theorien seien unterkomplex und könnten dementsprechend eine so geartete Wirklichkeit nicht erfassen. Dies läge an der Rationalitätsunterstellung, die die tatsächliche Komplexität menschlicher Bedürfnisse und kultureller Orientierungen nicht adäquat erfassen könne. An Stelle des Anspruchs, soziale Phänomene kausal zu erklären, sei es vielmehr angemessen, diese in ihrer Komplexität zu beschreiben und zu verstehen.[12] Die Rationalitätsunterstellung sei weder eine hinreichende noch eine notwendige Bedingung für das sozialwissenschaftliche Unterfangen.

Die neurowissenschaftliche Kritik aus Sicht des Eliminativen Materialismus lautete, dass das Vokabular sozialwissenschaftlicher Theorien wissenschaftlich wertlos sei. Begriffe wie ‚Präferenzen‘, ‚Wünsche‘ oder ‚Einstellungen‘ hätten keine empirischen Relata und gehörten dementsprechend aus dem wissenschaftlichen Sprachgebrauch entfernt. Auch die für die ökonomisch orientierte Sozialwissenschaft zentrale Rationalitätsannahme sei ein inhaltsleerer Begriff, der aus den wissenschaftlichen Sprachen zur Erklärung menschlichen Handelns eliminiert gehöre. Dies wäre für die Sozialwissenschaften umso dramatischer, da zwischen den bestehenden Theorien der Sozialwissenschaften und der noch zu entwickelnden neurowissenschaftlichen Position kein Reduktionsverhältnis bestehen soll. Die aktuell verwendeten Theorien seien schlichtweg gegenstandslos und zu verwerfen.

Beide Herausforderungen teilen die Einschätzung, dass die für ökonomische Theorien zentrale Rationalitätsannahme aus unterschiedlichen Gründen für die Zwecke einer erklärenden Sozialwisschaft unangemessen sei.

(2) Was lässt sich der kulturwissenschaftlichen Herausforderung, dass die Rationalitätsunterstellung den Blick auf die Mannigfaltigkeit der Welt versperre und das Verstehen kultureller Phänomene verhindere, entgegnen? Und wie könnte man die neurowissenschaftliche Kritik erwidern?

Mit Davidson lässt sich argumentieren, dass die Unterstellung von Rationalität keineswegs den Blick auf andere Kulturen verfremde oder ihn gar verhindere. Das Gegenteil ist der Fall: Die Unterstellung von Rationalität ist die Methode, um menschliches Handeln und Sprechen zu verstehen. Siegenthaler bringt

---

12 Tatsächlich äußern zahlreiche Kulturwissenschaftler den Anspruch, kulturelle Phänomene zu erklären. Dabei gebrauchen sie den Erklärungsbegriff jedoch in einer anderen Weise, als er von Hempel und Oppenheim explizit gemacht wurde (vgl. Hempel 1965; Hütig 2008).

diese Position auf den Punkt, wenn er neuere Entwicklungen der analytischen Hermeneutik aufgrund des Stellenwerts der Rationalitätsannahme, die ihm als Ökonom vertraut ist, als neoklassische Hermeneutik bezeichnet (vgl. Siegenthaler 2008: 27). In diesem Sinne steht die ökonomische Methodik im Einklang mit der ,Verstehenden Soziologie' im Sinne Max Webers (vgl. Zintl 2001: 37). Konsequenterweise lautet die Empfehlung aus Sicht von Davidson: Wenn die Kulturwissenschaften ihren Erkenntnisanspruch ernst nehmen, bedürfen sie notwendigerweise einer Rationalitätsunterstellung, da sie ansonsten menschliches Handeln (hier sind auch Sprechakte gemeint) nicht sinnvoll interpretieren und erklären können (vgl. Graf 2005). Aktuell in den Kulturwissenschaften boomende Diskurstheorien und hermeneutische Verfahren bedürfen demnach jener ,ökonomischen' Rationalitätsunterstellung, wenn sie an der Interpretation menschlichen Handelns interessiert sind.

Auch für die Zurückweisung der neurowissenschaftlichen Herausforderung spielt die Rationalitätspräsumtion eine zentrale Rolle. Dieser Herausforderung lässt sich entgegnen, dass zumindest in prominenten Teilen der Analytischen Philosophie des Geistes Begriffen wie ,Handlung', ,Intention' und ,Rationalität' eine große Bedeutung zukommt. Extreme Positionen, die die Alltagspsychologie und mit ihr die wissenschaftlichen Kunstsprachen ablehnen, sind damit nicht konkurrenzlos und offerieren zum gegenwärtigen Zeitpunkt alternativ auch keine Theorien mit höherer Erklärungskraft. Darüber hinaus findet sich bei Davidson die Argumentation, dass die mentale Sprache aus prinzipiellen Gründen nicht auf eine neurowissenschaftliche Sprache reduzierbar sei, da unterschiedliche Wahrheitskriterien für mentale und physikalische Prädikate vorliegen. Während in der neurowissenschaftlichen Sprache physikalische Begriffe an zentraler Stelle stehen, ist in den sozial- und kulturwissenschaftlichen Sprachen die Rationalitätspräsumtion zentral. Auf diese könne aus prinzipiellen Gründen nicht verzichtet werden, da die Rationalitätsunterstellung eine notwendige Annahme für die Analyse menschlicher Handlungen sei.

(3) Die Position von Davidson eignet sich zur Verteidigung ökonomischer Theorien gegenüber den zwei skizzierten Herausforderungen. Allerdings ist der Rückgriff auf die Überlegungen von Davidson nicht folgenlos für den Status und die Qualität ökonomischer Theorien. Im Folgenden soll exemplarisch anhand von drei Problembereichen gezeigt werden, welche Konsequenzen die Übernahme der Position von Davidson hätte. Dafür wird (a) auf die Debatte um Erklären und Verstehen, (b) auf die Frage des Verhältnisses neurowissenschaftlicher Theorien zu ökonomischen Theorien sowie (c) auf den Status der Ratio-

nalitätsannahme und die Frage der empirischen Überprüfbarkeit Bezug genommen.

(a) Die Debatte um Erklären und Verstehen

Die Debatte um Erklären und Verstehen in den Sozialwissenschaften ist alt und die Positionen sind bekannt (vgl. Haussmann 1991). Zentraler Gegenstand der Auseinandersetzung ist die Frage, inwieweit sinnhaftes Handeln erklärt oder ‚nur' verstanden werden könne. Esser hat in zahlreichen Schriften für einen integrativen Zugriff auf soziales Handeln geworben und mit dem strukturindividualistischen Erklärungsmodell einen solchen Zugriff auf soziales Handeln vorgestellt: „In der Logik der Situation geht es um das deutende Verstehen, in der Logik der Selektion um das ursächliche Erklären des Ablaufs und in der Logik der Aggregation schließlich um das daran anschließende ursächliche Erklären der Wirkungen des Handelns der Akteure" (Esser 1999: 597). Die Vorgehensweise verbindet damit die Methodik des Verstehens mit der des Erklärens, indem sie in einer zeitlichen Abfolge gekoppelt werden. Wie ist diese Lösung vor dem Hintergrund der Überlegungen von Davidson zu bewerten? Zunächst einmal lässt sich mit Davidson konstatieren, dass die Annahme einer methodischen Differenz zwischen den beiden Perspektiven unbegründet ist. Es wurde bereits gezeigt, dass Davidson die Notwendigkeit einer Rationalitätsunterstellung für verstehende Ansätze begründet. Damit verschwindet der zentrale Punkt der Auseinandersetzung zwischen den klassischen Positionen Verstehen und Erklären. Die Debatte um Erklären und Verstehen ist damit jedoch nicht erledigt, sondern erscheint an anderer Stelle neu zwischen sozialwissenschaftlichen und neurowissenschaftlichen Ansätzen. Erstere bedürfen einer Rationalitätspräsumtion und basieren auf dem intentionalen Idiom. Letzere sind einem materialistischem Wissenschaftsverständnis verpflichtet und bedienen sich physikalischer Größen. Während für die Handlungswissenschaften gilt, dass ein begrifflicher Zusammenhang zwischen Absicht und Handlung besteht und damit in dieser Beschreibungsform keine strikten Gesetze formuliert werden können, betrifft dies nicht den neurowissenschaftlichen Zugriff. Aufgrund der Token-Identität einzelner mentaler und physischer Ereignisse lassen sich jedoch gesetzesartige Aussagen formulieren, unter die Handlungen subsumiert werden können. Als Fazit lässt sich festhalten, dass ökonomische Theorien vor dem Hintergrund der hier nur skizzierten Ideen näher an verstehende Ansätze heranrücken. Erklärungen mit ökonomischen Theorien lassen sich zwar weiterhin aufgrund der Identität einzelner mentaler und physischer Ereignisse als Kausal-

Erklärungen verstehen. Der Rationalitätsannahme kann jedoch nicht mehr der Status eines empirisch überprüfbaren Gesetzes zugesprochen werden (s.u.).

(b) Anschlussfähigkeit ökonomischer Theorien an neurowissenschaftliche Forschung

Verstärkt erscheinen in letzter Zeit Publikationen von Ökonomen, die explizit auf neurowissenschaftliche Erkenntnisse Bezug nehmen. Aktuell dominieren in der ökonomischen Literatur Publikationen, die in den Neurowissenschaften das Potential einer theoretischen Mikrofundierung ökonomischer Theorien sehen (vgl. Glimcher 2009; Neumärker 2007; Park/Zak 2007). Park und Zak beispielsweise verstehen die Neuroeconomics in diesem Sinne als notwendige Erweiterung ökonomischer Theorien. Mittels bildgebender Verfahren lokalisieren Park und Zak Orte der Risikoabschätzung oder der Vertrauensvergabe im Gehirn (vgl. Park/Zak 2007). Das Erkenntnisziel besteht dabei darin, ein tieferes Verständnis der tatsächlich ablaufenden Prozesse zu erlangen, um damit empirisch gehaltvollere Theorien menschlichen Handelns zu formulieren: „The methods of neuroscience have allowed neuroeconomists to make substantial progress in answering some of the most important questions in economics [...]. By measuring brain activity during choice, neuroeconomics studies inform these questions and will ultimately lead to improved behavioral models. Perhaps most importantly, these new models will get closer to using appropriate assumptions regarding human nature during choice, making economic models empirically driven" (Park/Zak 2007: 55). Vor dem Hintergrund der vorgetragenen Überlegungen sollten diese Forschungen jedoch vorsichtig bewertet werden. Aus Sicht von Davidson stehen solche Arbeiten vor dem Problem, unterschiedliche Beschreibungsarten zu vermengen. Der Wunsch einer vollständigen, neurowissenschaftlichen Mikrofundierung der im intentionalen Idiom verfassten ökonomischen Theorien wäre dementsprechend überzogen und aus prinzipiellen Gründen nicht erfüllbar.

(c) Der empirische Status der Rationalitätsannahme

Die Position von Davidson hat gravierende Konsequenzen für die Qualität ökonomischer Theorien. Mit der Behauptung der Unverzichtbarkeit von Rationalität im sozialwissenschaftlichen Forschungsprozess muss man die Position akzeptieren, dass ökonomische Theorien in einem strengen Sinne nicht empirisch überprüfbar sind. Durch die enge Bindung der Handlung an die Intention wird die Beziehung zwischen Intention und Handlung tautologisch: „Mit der Benennung der zugrunde liegenden Absicht wird geklärt, was die jeweilige Handlung ist.

(…) Klaus' Handbewegung ist nur dann ein Gruß, wenn Klaus mit ihr eine bestimmte Absicht verfolgt; möglicherweise war sie eine Kriegserklärung" (Greve 1994: 106). Rationalität ist nun bei dieser engen Verzahnung von Intention und Handlung nicht mehr unabhängig prüfbar. Schließlich gibt es keine sichere Methode zur Erhebung der Absichten einer Person, und eine Handlung ist nur genau dann diese Handlung, wenn eben diese bestimmte Absicht damit verbunden ist. Dies gilt Greve zufolge ebenso bei nachträglichen Erklärungen von Handlungen wie bei Prognosen (vgl. Greve 1994: 135). Die Rationalitätsunterstellung kann vor dem Hintergrund dieser Überlegungen durch empirische Untersuchungen nicht in Frage gestellt werden.

Stegmüller weist ebenfalls auf den in dieser Hinsicht problematischen Charakter der Rationalitätsannahme hin: *„Um eine empirische Hypothese darüber, was eine Person glaubt und will, überprüfen zu können, müssen wir eine Apriori-Hypothese über die Rationalität dieser Person ungeprüft zugrundelegen.* (…) Die Annahme einer solchen Apriori-Hypothese scheint einen bedenklichen Dogmatismus zu beinhalten, der sich auch im Schema der rationalen Erklärung (ERat) auswirkt: Eine der dortigen Prämissen, nämlich dass die Person ein rational Handelnder war, ist nun keine empirisch bestätigte Annahme mehr, sondern ein Satz, der auf Grund von Festsetzung wahr ist. Seine Wahrheit bildet die stillschweigende Voraussetzung für das Testkriterium von Hypothesen über Willensziele und Überzeugungen" (Stegmüller 1983b: 465; Hervorhebung im Original).

Dieser besondere theoretische Status der Rationalitätsunterstellung steht damit der empirischen Prüfung der Kernannahmen ökonomischer Theorien im Weg (vgl. Davidson 2006e: 195 f.). Trotzdem spricht Davidson von einer kausalen Verursachung der Handlung durch den Primärgrund. Hierfür greift Davidson auf die Idee der verschiedenen Beschreibungsmodi zurück. So verlangt es bereits nach einer Interpretationsleistung, ein Ereignis als Handlung auszuweisen. Auf der Ebene der mentalen Handlungserklärung bindet man die Handlung über die Rationalitätsunterstellung an gewisse Absichten. Ob Akteure tatsächlich rational im Sinne von habitueller Rationalität handeln, ist nach Davidson keine empirisch zu klärende Frage. Dennoch bleibt die Position von Davidson einem kausalen Verständnis von Handlungserklärungen verpflichtet, da neben dieser ‚mentalen' Beschreibung von Handlungsereignissen auch eine Beschreibung dieser Ereignisse in einer neurowissenschaftlichen, physikalischen Sprache möglich ist. Hier kann die physische Realisation des mentalen Ereignisses mit dem nicht-interpretierten Analogon zur Handlung betrachtet werden. Vor diesem Hintergrund hat man kein Problem, von einer kausalen Verursachung der ‚Handlung' durch neurowissenschaftliche Zustände zu sprechen.

Etwas problematischer scheint der Fall bei der mentalen Verursachung zu liegen. Aber die Unterscheidung zwischen physikalischer und mentaler Erklärung ist nicht ontologischer Natur, sondern liegt auf der Beschreibungsebene. „Geistige Gegenstände und Vorgänge sind zugleich auch physikalische, physiologische, biologische und chemische Gegenstände und Vorgänge" (Davidson 2006c: 199).[13] Im Mittelpunkt beider Beschreibungen steht eine kausale Relation zwischen zwei Ereignissen, die unterschiedlich beschrieben werden können. Allerdings eignet sich das mentale Vokabular nach Davidson nicht, um strikte Gesetze zu formulieren, im Sinne von kausalen Relationen zwischen Ereignistypen. Dies liegt an der Unvereinbarkeit des physikalischen und mentalen Vokabulars. Die konkrete mentale Verursachung einer Handlung durch Wünsche und Überzeugungen kann aber durchaus festgestellt werden, auch wenn „Überzeugungen und Wünsche keine Typen bilden, die dazu geeignet wären, dass ernstzunehmende Gesetze auf sie angewandt werden" (Davidson 2006c: 193) können.

7. Schlussbemerkung

Ausgangspunkt dieses Beitrags ist die Beobachtung, dass die Sozialwissenschaften in großen Teilen aktuelle Ergebnisse der Neurowissenschaften ignorieren und auch die philosophische Diskussion derselben nicht wahrnehmen. Einführend wurden mit dem Eliminativen Materialismus und Davidson zentrale Positionen vorgestellt und diskutiert. Mit Davidson wurde ein Vertreter der analytischen Philosophie des Geistes näher betrachtet, der für die Sozialwissenschaft in dreierlei Hinsicht von Relevanz ist: Erstens zeigt Davidson, dass keine Kluft zwischen erklärenden und verstehenden Ansätzen besteht. Die verbindende Klammer ist die alle Sozial- und Kulturwissenschaften einende Rationalitätspräsumtion. Zweitens liefert Davidson ein starkes Argument für die Unmöglichkeit der neurowissenschaftlichen Reduktion oder gar Eliminierung sozialwissenschaftlicher Theorien. Er bekräftigt damit die Eigenständigkeit der Kultur- und Sozialwissenschaften. Gleichzeitig betont er die Relevanz der Rationalitätsan-

---

13 Die Bezeichnung eines Phänomens als *mentales* drückt deshalb lediglich die Überzeugung aus, dass man dieses Phänomen mit Hilfe eines bestimmten Vokabulars beschreiben kann (vgl. Davidson 2006e: 200). Siehe dazu auch die Überlegungen von Dennet (2007) bezüglich intentionaler Systeme.

nahme, die in ökonomischen Theorien an zentraler Stelle steht und gerade in kulturwissenschaftlichen Zusammenhängen stark kritisiert wird. Davidson lässt sich damit auch als Argument für die Verwendung ökonomischer Theorien lesen. Drittens weist Davidson auf das Problem hin, dass die Rationalitätsannahme selbst empirisch nicht überprüfbar ist. Diese Position steht im Widerspruch zum Selbstverständnis zahlreicher Vertreter ökonomischer Theorien. Es stellt sich vor diesem Hintergrund die Frage, inwieweit die Überlegungen von Davidson fruchtbar in den Sozialwissenschaften aufgenommen werden können. Unter anderem diese Frage ist Gegenstand des aktuellen Dialogs zwischen Neurowissenschaften und Philosophie. Die Kultur- und Sozialwissenschaften beteiligen sich an dieser Debatte bisher nur unzureichend. Dies ist insofern bedauerlich, als dass die methodologischen Grundlagen der Kultur- und Sozialwissenschaften zur Disposition stehen.

Literaturverzeichnis

Ajzen, Icek und Martin Fishbein, 1980: Understanding attitudes and predicting social behaviour. Englewood Cliffs.

Beckermann, Ansgar, 2001: Analytische Einführung in die Philosophie des Geistes. Berlin.

Beckermann, Ansgar, 2003: Mentale Eigenschaften und mentale Substanzen - Antworten der Analytischen Philosophie auf das 'Leib-Seele-Problem'. S. 203-221 in: Lorenz, Ulrich (Hrsg.): Philosophische Psychologie : [Texte], Freiburg (Breisgau).

Beckermann, Ansgar, 2008: Das Leib-Seele-Problem: eine Einführung in die Philosophie des Geistes. Paderborn.

Berger, Peter L. und *Thomas Luckmann,* 2007: Die gesellschaftliche Konstruktion der Wirklichkeit: eine Theorie der Wissenssoziologie. Frankfurt/M.

Bieri, Peter, 1987: Intentionale Systeme: Überlegungen zu Daniel Dennetts Theorie des Geistes. S. 208-252 in: Brandstädter, Jochen (Hrsg.): Struktur und Erfahrung in der psychologischen Forschung. Berlin.

Bieri, Peter, 2007: Analytische Philosophie des Geistes. Weinheim.

Böhme, Hartmut, Peter Matussek und Lothar Müller, 2007: Orientierung Kulturwissenschaft: was sie kann, was sie will. Reinbek bei Hamburg.

Churchland, Paul M., 1981: Eliminative Materialism and the Propositional Attitudes. In: Journal of Philosophy, 78, 67-90.

Churchland, Paul M., 2001: Die Seelenmaschine: eine philosophische Reise ins Gehirn. Heidelberg.

Davidson, Donald, 1974: How is Weakness of the Will Possible? S. 21-42 in: Donald Davidson (Hrsg.): Essays on Actions and Events. Oxford.

Davidson, Donald, 1985: A New Basis for Decision Theory. In: Theory and Decision, 18, 87-98.

Davidson, Donald, 1986: Inquiries into Truth and Interpretation. Oxford.

Davidson, Donald, 1990a: Beabsichtigen. S. 125-152 in: Donald Davidson (Hrsg.): Handlung und Ereignis. Frankfurt/M.

Davidson, Donald, 1990b: Geistige Ereignisse. S. 291-317 in: Donald Davidson (Hrsg.): Handlung und Ereignis. Frankfurt/M.

Davidson, Donald, 1990c: Handlungen. S. 73-98 in: Donald Davidson (Hrsg.): Handlung und Ereignis. Frankfurt/M.

Davidson, Donald, 1990d: Handlungen, Gründe, Ursachen. S. 19-42 in: Donald Davidson (Hrsg.): Handlung und Ereignis. Frankfurt/M.

Davidson, Donald, 1990e: Handlungsfreiheit. S. 99-124 in: Donald Davidson (Hrsg.): Handlung und Ereignis. Frankfurt/M.

Davidson, Donald, 1990f: Zur Individuation von Ereignissen. S. 233-258 in: Donald Davidson (Hrsg.): Handlung und Ereignis. Frankfurt/M.

Davidson, Donald, 1995: Laws and Causes. In: Dialectica, 49(2-4), 263-279.

Davidson, Donald, 2006a: Eine Einheitstheorie über Gedanken, Bedeutung und Handlungen. S. 257-282 in: Donald Davidson (Hrsg.): Probleme der Rationalität. Frankfurt/M.

Davidson, Donald, 2006b: Inkohärenz und Irrationalität. S. 316-331 in: Donald Davidson (Hrsg.): Probleme der Rationalität. Frankfurt/M.

Davidson, Donald, 2006c: Ist eine Wissenschaft der Rationalität möglich? S. 204-232 in: Donald Davidson (Hrsg.): Probleme der Rationalität. Frankfurt/M.

Davidson, Donald, 2006d: Paradoxien der Irrationalität. S. 285-315 in: Donald Davidson (Hrsg.): Probleme der Rationalität. Frankfurt/M.

Davidson, Donald, 2006e: Probleme der Handlungserklärung. S. 178-203 in: Donald Davidson (Hrsg.): Probleme der Rationalität. Frankfurt/M.

Dennet, Daniel C., 2007: Intentionale Systeme. S. 162-183 in: Peter Bieri (Hrsg.): Analytische Philosophie des Geistes. Weinheim.

Descartes, René, 2005: Meditationes de prima philosophia : lateinisch/deutsch = Meditationen über die erste Philosophie.Stuttgart.

Dilthey, Wilhelm, 1964a: Die Entstehung der Hermeneutik. Band 5. S. 317-338 in: Wilhelm Dilthey (Hrsg.): Gesammelte Schriften. Stuttgart, Göttingen.

Dilthey, Wilhelm, 1964b: Ideen über eine beschreibende und zergliedernde Psychologie. Band. 5. S. 139-240 in: Wilhelm Dilthey (Hrsg.): Gesammelte Schriften. Stuttgart, Göttingen.

Eder, Franz X., 2006: Historische Diskursanalysen : Genealogie, Theorie, Anwendungen. Wiesbaden.

Esser, Hartmut, 1996: Definition der Situation. In: Kölner Zeitschrift für Soziologie und Sozialpsychologie, 48(1), 1-34.

Esser, Hartmut, 1999: Soziologie. Allgemeine Grundlagen. Frankfurt/M.

Fodor, Jerry A., 1987: Psychosemantics: the problem of meaning in the philosophy of mind. Cambridge.

Geertz, Clifford, 1995: Dichte Beschreibung. Bemerkungen zu einer deutenden Kultur von Kultur. S. 7-43 in: Clifford Geertz (Hrsg.): Dichte Beschreibung. Beiträge zum Verstehen kultureller Systeme. Frankfurt/Main.

Glimcher, Paul W., 2009: Neuroeconomics: decision making and the brain. Amsterdam.

Glüer, Kathrin, 1993: Donald Davidson zur Einführung. Hamburg.

Graf, Rüdiger, 2005: Diskursanalyse und radikale Interpretation. Davidsonianische Überlegungen zu Grenzen und Transformationen historischer Diskurse. In: Österreichische Zeitschrift für Geschichtswissenschaft, 16(4), 60-80.

Greve, Werner, 1994: Handlungsklärung: die psychologische Erklärung menschlicher Handlungen. Bern.

Haussmann, Thomas, 1991: Erklären und Verstehen: Zur Theorie und Pragmatik der Geschichtswissenschaft : mit einer Fallstudie über die Geschichtsschreibung zum Deutschen Kaiserreich von 1871 – 1918. Frankfurt am Main.

Hempel, Carl G., 1965: Aspects of Scientific Explanation and Other Essays in the Philosophy of Science. New York.

Herrmann, Christoph S., 2005: Bewusstsein : Philosophie, Neurowissenschaften, Ethik. München.

Horgan, Terence E. und *James F. Woodward,* 1985: Folk Psychology is here to stay. In: Philosophical Review, 94, 197-220.

Hütig, Andreas, 2008: Erkenntnisinteresse und Methodologie der Kulturwissenschaften. S. 49-70 in: Andreas Frings und Johannes Marx (Hrsg.): Erzählen, Erklären, Verstehen. Beiträge zur Wissenschaftstheorie und Methodologie der Historischen Kulturwissenschaften. Berlin.

Keil, Geert, 1993: Kritik des Naturalismus. Berlin.

Keller, Reiner, 2007: Diskursforschung : eine Einführung für SozialwissenschaftlerInnen. Wiesbaden.

Keller, Reiner, 2008: Wissenssoziologische Diskursanalyse : Grundlegung eines Forschungsprogramms. Wiesbaden.

Kim, Jaegwon, 1993: Supervenience and mind : selected philosophical essays. Cambridge [u.a.].

Kunz, Volker, 2004: Rational Choice. Frankfurt/M.

Lakatos, Imre, 1974: Falsifikation und Methodologie wissenschaftlicher Forschungsprogramme. S. 89-189 in: Imre Lakatos und Alan Musgrave (Hrsg.): Kritik und Erkenntnisfortschritt. Braunschweig.

Lanz, Peter, 1987: Menschliches Handeln zwischen Kausalität und Rationalität. Frankfurt am Main.

Leibniz, Gottfried Wilhelm, 1966: Zur prästabilisierten Harmonie. S. 272-275 in: Gottfried Wilhelm Leibniz (Hrsg.): Hauptschriften zur Grundlegung der Philosophie. Leipzig.

Mill, John Stuart, 1995: A system of logic: ratiocinative and inductive; being a connected view of the principles of evidence and the methods of scientific investigation. Charlottesville.

Neumärker, Bernhard, 2007: Neuroeconomics and the Logic of Behavior. In: Analyse & Kritik, 29(1), 60-85.

Nünning, Ansgar, 2003: Konzepte der Kulturwissenschaften: theoretische Grundlagen - Ansätze – Perspektiven. Stuttgart.

Opp, Karl-Dieter, 1999: Methodologie der Sozialwissenschaften. Einführung in Probleme ihrer Theoriebildung und praktischen Anwendung. Wiesbaden.

Park, Jang Woo und *Paul J. Zak,* 2007: Neuoeconomics Studies. In: Analyse & Kritik, 29(1), 47-59.

Pauen, Michael, 2005: Grundprobleme der Philosophie des Geistes : eine Einführung. Frankfurt/M.

Pauen, Michael, Gerhard Roth, Olaf Breidbach, Helmut Schwegler, Achim Stephan, Hans J. Markowitsch, Irene Daum, Kai Vogeley, Raúl Rojas und *Thomas F. Münte,* 2001: Neurowissenschaften und Philosophie: eine Einführung. München.

Plato, 1988: Phaidon oder über die Unsterblichkeit der Seele. München.

Ricœur, Paul, 1978: Der Text als Modell: hermeneutisches Verfahren. S. 83-117 in: Hans-Georg Gadamer und Gottfried Boehm (Hrsg.): Seminar "Die Hermeneutik und die Wissenschaften". Frankfurt/M.

Schmoller, Gustav, 1904: Grundriss der allgemeinen Volkswirtschaftslehre. München.

Scholz, Oliver R., 2001: Verstehen und Rationalität: Untersuchungen zu den Grundlagen von Hermeneutik und Sprachphilosophie. Frankfurt am Main.

Schütz, Alfred, 1960: Der sinnhafte Aufbau der sozialen Welt : Eine Einleitung in die verstehende Soziologie. Wien.

Schütz, Alfred, 1971: Gesammelte Aufsätze. Band 1: Das Problem der sozialen Wirklichkeit. Den Haag.

Siegenthaler, Hansjörg, 2008: Theorienvielfalt in den Geschichtswissenschaften und die Heuristik der Rationalitätspräsumption. S. 27-48 in: Andreas Frings und Johannes Marx (Hrsg.): Erzählen, Erklären, Verstehen. Beiträge zur Wissenschaftstheorie und Methodologie der Historischen Kulturwissenschaften. Berlin.

Skinner, Burrhus F., 1973: Wissenschaft und menschliches Verhalten = Science and human behavior. München.

Soeffner, Hans-Georg, 1999: Verstehende Soziologie und sozialwissenschaftliche Hermeneutik. Die Rekonstruktion der gesellschaftlichen Konstruktion der Wirklichkeit. S. 39-49 in: Ronald Hitzler (Hrsg.): Hermeneutische Wissenssoziologie : Standpunkte zur Theorie der Interpretation. Konstanz.

Spitzley, Thomas, 2008: Handlung, Rationalität und Bedeutung. S. 97-109 in: Andreas Frings und Johannes Marx (Hrsg.): Erzählen, Erklären, Verstehen. Beiträge zur Wissenschaftstheorie und Methodologie der Historischen Kulturwissenschaften. Berlin.

Stegmüller, Wolfgang, 1983a: Probleme und Resultate der Wissenschaftstheorie und analytischen Philosophie. Band 1 Erklärung - Begründung - Kausalität. Studienausgabe Teil C. Historische, psychologische und rationale Erklärung, Verstehendes Erklären. Berlin.

Stegmüller, Wolfgang, 1983b: Probleme und Resultate der Wissenschaftstheorie und analytischen Philosophie. Teil 3. Historische, psychologische und rationale Erklärung, Kausalitätsprobleme, Determinismus und Indeterminismus. Berlin.

Sturma, Dieter, 2006: Philosophie und Neurowissenschaften. Frankfurt/M.

Vielmetter, Georg, 1998: Die Unbestimmtheit des Sozialen: zur Philosophie der Sozialwissenschaften. Frankfurt/M.

Windelband, Wilhelm, 1924: Geschichte und Naturwissenschaft. S. 136-160 in: Wilhelm Windelband (Hrsg.): Präludien. Aufsätze und Reden zur Philosophie und ihrer Geschichte, Bd. 2. Tübingen.

Zintl, Reinhard, 2001: Rational Choice as a Tool in Political Science. In: Associations, 5(1), 35-50.

Entscheiden unter Risiko: Von Bernoulli zu kognitiven Heuristiken

Eduard Brandstätter, Ralph Hertwig und Manuela Gußmack

1. Bernoulli's Paradox

Basel, 9. September, 1713. In einem Brief, der an diesem Tag datiert ist, beschreibt Nicholas Bernoulli seinem Freund Pierre de Montmort ein einfaches Glückspiel. Pierre und Paul werfen eine faire Münze. Sollte diese beim ersten Wurf auf „Kopf" fallen, ist Pierre bereit, Paul zwei Münzen zu bezahlen. Sollte das Ereignis „Kopf" erst beim zweiten Wurf eintreten, erhält Paul vier Münzen. Wenn gar erst der dritte Wurf zu „Kopf" führt, dann erhält er acht Münzen. Und so weiter. Wie viel Geld sollte Paul Pierre fairerweise als Eintrittsticket in das Spiel bezahlen? Dieses einfache Glückspiel war deshalb so brisant, weil es einen Konflikt zwischen dem gesunden Menschenverstand und der damals vorherrschenden Theorie vernünftigen Denkens offenbarte. Nicholas Bernoulli war sich mit allen nachfolgenden Kommentatoren dieses Glückspiels einig, dass kein vernünftiger Mensch mehr als ein paar Münzen für das Angebot, an dem Spiel teilzunehmen, bezahlen würde – schließlich betrüge die Chance, mehr als vier Münzen zu gewinnen, weniger als magere 25%. Aus der Warte der Erwartungswerttheorie ist dieser vorsichtige Wetteinsatz allerdings unbegründet. Zwar ist die Wahrscheinlichkeit, eine sehr lange Folge von „Zahl" zu werfen, klein, aber durchaus nicht null. Träte eine solche Folge auf, wäre der Gewinn enorm. Ein Beispiel: Dreißig mal in Folge „Zahl" zu werfen, entspräche einem Gewinn von etwas über eine Milliarde Münzen (der Gewinn beträgt 2^n, wobei n der Anzahl der Würfe entspricht). Indem die Erwartungswerttheorie die möglichen Gewinne mit der Wahrscheinlichkeit ihres Eintretens multipliziert und diese Produkte aufsummiert, schafft sie einen Ausgleich zwischen den immer kleiner werdenden Wahrscheinlichkeiten langer und längerer Folgen und den immer größer werdenden Gewinnen. So analysiert ist der Erwartungswert des Münzspiels unendlich – ein Sachverhalt, den der gesunde Menschenverstand völlig zu verkennen scheint.

    Es wurden in der Folge verschiedene Wege vorgeschlagen, den Konflikt zwischen dem gesunden Menschenverstand und der Erwartungswerttheorie beizulegen (siehe Gigerenzer et al. 1989; Jorland 1987). Eine mögliche Auflösung des Konflikts sollte unser Denken über menschliche Rationalität bis heute prägen. Sie stammt von Daniel Bernoulli, Nicholas' Vetter und wurde 1738 (1954) in den Annalen der Petersburger Akademie abgedruckt (daher stammt auch der Name des Spiels, das St. Petersburg Spiel oder Paradox). Im Unterschied zur Erwartungswerttheorie nahm Daniel Bernoulli an, dass der subjektiv empfundene Nutzen von Geld nicht einfach linear mit dem Betrag des Geldes anwächst. Das bedeutet zum Beispiel, dass obgleich der subjektive Nutzen von zwei Millionen Euro größer ist als jener von einer Million Euro, der Nutzen stärker wächst, wenn das Vermögen von 0 auf 1 Million Euro als von 1 Million auf zwei Millionen Euro zunimmt. Dieses Phänomen bezeichnen wir heute als „abnehmenden Grenznutzen". Zur Modellierung des subjektiven Nutzens hat Bernoulli (1738,1954) eine logarithmische Nutzenfunktion vorgeschlagen. Angewandt auf das St. Peterburg Spiel bedeutet dies, dass man die immer kleiner werdenden Wahrscheinlichkeiten langer und längerer Folgen mit den logarithmierten Gewinnbeträgen multipliziert und diese Produkte aufsummiert. Die Endsumme konvergiert gegen einen relativ kleinen Nutzenbetrag. Dieser wiederum entspricht der Intuition des gesunden Menschenverstands, nach der niemand mehr als ein paar Münzen für dieses Spiel investieren sollte.

Die langfristige Wirkung dieser Lösung des St. Petersburg Paradoxes kann man kaum überschätzen. Mit dem Konzept des subjektiven Nutzens von Geld hat Daniel Bernoulli die Grundlage für die Erwartungsnutzentheorie gelegt. Nachdem John von Neumann und Oskar Morgenstern (1944) eine Axiomatisierung der Theorie vorlegten, und Savage (1954) die Theorie auf subjektive Wahrscheinlichkeiten generalisierte, avancierte sie schnell zur dominierenden Theorie rationalen Verhaltens in den Sozialwissenschaften (insbesondere der Ökonomie). Daniel Bernoullis Lösung des Paradoxes entwickelte aber auch noch in anderer Hinsicht eine normative Kraft, die bis heute anhält. Mit dem Postulat eines subjektiven Nutzens von Geld übertrug er psychologisches Denken in die bis dahin objektive Funktion des Geldwerts. Im Gegenzug gelang es ihm, die Kernannahmen der Erwartungswerttheorie, Multiplikation, Summierung und Maximierung zu bewahren. Diese Strategie der Rettung wurde paradigmatisch. Insbesondere im 20. Jahrhundert wurde eine Vielzahl von deskriptiven Entscheidungstheorien vorgeschlagen, die die Prämisse der Multiplikation bewahrten, indem sie die objektiven Wahrscheinlichkeits- und Wertefunktionen unter Annahme diverser psychologischer Variablen modifizierten. Diese Variablen können zum Beispiel Emotionen (wie zum Beispiel Enttäuschung oder Bedauern; Bell 1982, 1985; Loomes/Sugden 1986; Mellers 2000) oder, wie im Falle der Prospekttheorie (Kahneman/Tversky 1979), Referenzpunkte und subjektive Entscheidungsgewichte sein, die kleine Wahrscheinlichkeiten übergewichten und mittlere und große Wahrscheinlichkeiten untergewichten. Die Forschungstradition zum Thema „Entscheiden unter Risiko" in der zweiten Hälfte des 20. Jahrhunderts kann man so als steten Versuch betrachten, in Anbetracht immer neuer Verletzungen der Erwartungswerttheorie (d.h. immer neuer Paradoxa), das 1. Gebot „Multipliziere und Maximiere" durch beständiges Nachjustieren der objektiven Wahrscheinlichkeits- und Wertefunktion zu bewahren. Reinhardt Selten (2001) hat diese Tradition und die daraus entstandenen Theorien als Reparaturprogramm bezeichnet.

Die Prämisse, wonach man Abwägungen zwischen antagonistischen Dimensionen – in Lotterien gehen zum Beispiel große Gewinnsummen mit kleinen Wahrscheinlichkeiten und kleine Gewinne mit großen Wahrscheinlichkeiten einher – durch Gewichtung (Multiplikation) und Summierung treffen sollte – und auch trifft, findet sich nicht nur in der Entscheidungsforschung, sondern in vielen Theorien menschlichen Verhaltens. Beispiele dafür sind Benjamin Franklins „Moralische Algebra", die Theorien moralischen Urteilens wie Konsequentialismus oder Utilitarismus (Gigerenzer 2004), Theorien des Risikoverhaltens (Wigfield/Eccles 1992), motivationale Theorien (Atkinson 1957), Theorien des Arbeitsverhaltens (Vroom 1964), Theorien des sozialen Lernens (Rotter 1954), Theorien der Einstellungsbildung (Fishbein/Ajzen 1975) und Theorien des Gesundheitsverhaltens (Becker 1974). Die Prozesse des Gewichtens und Summierens sind in vielen Bereichen zu unverzichtbaren psychologischen Bausteinen der Theorien menschlichen Verhaltens geworden. Sie stehen für die Überzeugung, dass antagonistische Dimensionen und Zielkonflikte (zum Beispiel zwischen Qualität und günstigem Preis) einen Prozess des Ausgleichs („Tradeoffs") hervorrufen.

In diesem Beitrag beschreiben wir eine alternative Sichtweise, wie Menschen mit antagonistischen Dimensionen und Zielkonflikten umgehen. Unser Fokus wird auf Glücksspielen liegen, die seit den Anfängen der Wahrscheinlichkeitstheorie im 17. Jahrhundert ein häufiger Gegenstand der Entscheidungsforschung sind. Die Argumente lassen sich jedoch auch auf zahlreiche andere Bereiche anwenden, in denen Modelle mit eingebauten Trade-offs vorherrschen. Ausgangspunkt für unsere alternative Sichtweise bildet der folgende robuste empirische Befund: Eine Vielzahl von Studien legt die Schlussfolgerung nahe, dass Personen oft keine Trade-offs anstreben, sondern ihre Entscheidungen mit Hilfe nicht-kompensatorischer Heuristiken treffen (siehe Ford et al. 1989). Nicht-kompensatorisch bedeutet, dass ein kleiner Wert auf einer Dimension (Geld oder Wahrscheinlichkeit) nicht durch einen hohen Wert auf einer anderen Dimension kompensiert werden kann. Beispiele für Strategien, die keine Trade-offs unterstellen, sind lexikographische Modelle, konjunktive Regeln, disjunktive Regeln oder die Elimination-by-aspect-Heuristik (Tversky 1972).

Nicht-kompensatorische Heuristiken evaluieren die Optionen (zum Beispiel zwei Lotterien) nicht getrennt voneinander (wie es alle Theorien tun, die Multiplikation und Maximierung unterstellen), sondern beurteilen eine Option in Relation zu einer anderen. Darüber hinaus unterstellen diese Heuristiken in Übereinstimmung mit vielen empirischen Befunden (zum Beispiel Payne et al. 1993), dass die Informationssuche (intern im Gedächtnis oder extern zum Beispiel im Internet) nicht exhaustiv, sondern beschränkt ist. Die Suche wird etwa dann beendet, wenn ein bestimmtes Aspirationsniveau (zum Beispiel Simon 1983) erreicht ist. Dies kann im Extremfall bereits nach einer Attributsdimension (zum Beispiel die minimalen Gewinne) der Fall sein, was jegliche Trade-offs unmöglich machen würde. In diesem Artikel zeigen wir, dass einfache Heuristiken, die gegen das 1. Gebot „Multipliziere und Maximiere" verstoßen, nicht nur komputationell einfacher sind als die Theorien des Reparaturprogramms (Selten 2001), sondern Entscheidungen von Menschen auch besser vorhersagen. Wir konzentrieren uns auf jene Modelle, die beschreiben wie Personen entscheiden (deskriptive Entscheidungsmodelle), und nicht wie Personen entscheiden sollen, um optimal Ergebnisse zu erzielen (normative Entscheidungsmodelle). Um herauszufinden, welches von mehreren deskriptiven Entscheidungsmodellen menschliche Entscheidungen am besten beschreibt, testen wir, wie gut jedes Modell menschliche Entscheidungen *vorhersagen* kann. Dies erscheint uns ein „härteres" Kriterium zu sein als das bloße retrospektive Anpassen von Modellparametern an die Daten („post-hoch data–fitting"; siehe Diskussion dieses methodologischen Aspektes in Brandstätter et al. 2006, 2008). Wir beginnen mit der *Prioritätsheuristik* (Brandstätter et al. 2006). Diese modelliert Entscheidungssituationen, in denen die Informationen über die Lotterien (Geldbeträge und deren Wahrscheinlichkeiten) den Personen vollständig zur Verfügung gestellt werden. Anschließend wenden wir uns Situationen zu, in denen Personen diese Informationen aktiv suchen müssen.

2. Die Prioritätsheuristik

Um Entscheidungen treffen zu können, setzen wir häufig Prioritäten: Beruf vor Familie, Qualität vor Preis oder Sicherheit vor Risiko. Die Prioritätsheuristik unterstellt solche Prioritäten auch für die Wahl zwischen zwei Lotterien, *A* und *B*, die jeweils aus zwei Ausgängen bestehen. Die Heuristik nimmt an, dass die meisten von uns den schlechtesten Ausgang (das „worst-case"-Szenario) verhindern möchten. Nur wenn die schlechtesten Ausgänge der beiden Lotterien sehr ähnlich sind, und nur wenn auch die Wahrscheinlichkeiten dafür, dass die schlechtesten Ausgänge eintreten gleichfalls sehr ähnlich sind, gehen Personen ein Risiko ein und wählen das Spiel mit dem besseren der beiden maximalen Ausgänge (das „best-case"-Szenario). In einem Prozessmodell kann man die psychologische Intuition der Prioritätsheuristik wie folgt zusammenfassen (Brandstätter et al. 2006):

Prioritätsregel: Betrachte die Entscheidungsgründe in der folgenden Ordnung: Vergleiche zuerst die minimalen Gewinne, dann deren Wahrscheinlichkeiten und zuletzt die maximalen Gewinne.

Stoppregel: Verzichte auf weitere Vergleiche, wenn sich die minimalen Gewinne um 1/10 (oder mehr) vom maximalen Gewinn des Entscheidungsproblems unterscheiden. Ist das nicht der Fall, verzichte auf weitere Vergleiche, wenn sich die Wahrscheinlichkeiten um 1/10 (oder mehr) unterscheiden.

Entscheidungsregel: Wähle das Spiel mit dem größeren (minimalen oder maximalen) Gewinn beziehungsweise mit der geringeren Wahrscheinlichkeit des minimalen Gewinns.

Die Stoppregel basiert auf einem 10%-Aspirationsniveau (Simon 1983). Personen nehmen die minimalen Gewinne von 12 und 17 Euro, zum Beispiel, als verschieden wahr, wenn es im ganzen Entscheidungsproblem maximal 20 Euro zu gewinnen gibt; die Differenz der minimalen Gewinne (5) übersteigt das Aspirationsniveau von 2 (10% von 20 Euro). Personen nehmen die minimalen Gewinne 12 und 17 Euro jedoch als im Wesentlichen gleich wahr, wenn es maximal 100 Euro zu gewinnen gibt; die Differenz der minimalen Gewinne (5) liegt unter dem Aspirationsniveau von 10 (10% von 100 Euro). Für die minimalen Gewinne ist das Aspirationsniveau somit dynamisch und nicht statisch. Wahrscheinlichkeiten hingegen verfügen über ein statisches Aspirationsniveau von 10 Prozentpunkten (das heißt $p = 0.1$). Die Prioritätsheuristik lässt sich einfach auf Lotterien mit negativen Ausgängen und auf Lotterien mit mehr als zwei Ausgängen verallgemeinern (Brandstätter et al. 2006). Bei mehr als zwei Ausgängen erweitert sich die Prioritätsregel um einen Entscheidungsgrund, nämlich den der Wahrscheinlichkeiten der maximalen Gewinne.

Die beiden folgenden Entscheidungsprobleme verdeutlichen die Prioritätsheuristik an einer klassischen Verletzung der Erwartungsnutzentheorie, einer Variante des Allais-Paradox (Allais 1953, 1979; Brandstätter et al. 2006; Kahneman/Tversky 1979).

A	100%-Chance	2,400 zu gewinnen
B	33%-Chance	2,500 zu gewinnen
	66%-Chance	2,400 zu gewinnen
	1%-Chance	0 zu gewinnen
C	34%-Chance	2,400 zu gewinnen
	66%-Chance	0 zu gewinnen
D	33%-Chance	2,500 zu gewinnen
	67%-Chance	0 zu gewinnen

Wie sollte ein rationaler Entscheider entscheiden, wenn er einmal zwischen A und B und einmal zwischen C und D zu wählen hat? Um diese Frage zu beantworten, gehen wir einen Umweg. Stellen Sie sich vor, Sie treffen beim Gebrauchtwagenhändler eine Entscheidung zwischen zwei Gebrauchtwägen, von denen keiner ein Autoradio hat. Der Gebrauchtwagenhändler sagt ihnen, dass Sie zu jedem Wagen dasselbe Autoradio gratis dazu bekämen. Sollte das Radio Ihre Entscheidung beeinflussen? Offensichtlich nicht. Als rationaler Entscheider würden Sie stets den gleichen Wagen wählen. Die gleiche Logik gilt, wenn beide Wägen schon ein Autoradio besäßen, und der Händler Ihnen mitteilte, dass das Radio extra zu bezahlen wäre (also nicht hinzukäme, sondern weggenommen würde). Als rationaler Entscheider ließen Sie sich nicht beeinflussen.

Was folgt daraus für die oben angeführten Entscheidungsprobleme? Ein rationaler Entscheider sollte konsistent wählen, das heißt entweder die Lotterien A *und* C oder B *und* D, nicht aber A *und* D oder B *und* C. Dies ist leicht zu sehen: Zieht man von Lotterie A eine „66%-Chance 2,400 zu gewinnen" ab, erhält man Lotterie C; zieht man von Lotterie B gleichfalls eine „66%-Chance 2,400 zu gewinnen" ab, erhält man Lotterie D. Das bedeutet, dass die Lotterien C und D mit Ausnahme der geringeren Gewinnchance äquivalent mit den Lotterien A und B sind. Wie im Beispiel des Autoradios sollte ein rationaler Entscheider konsistent entscheiden: Zieht er A der Lotterie B vor, sollte er auch C wählen und zieht er B der Lotterie A vor, sollte er auch D wählen. Die Mehrheit der Versuchspersonen wählte jedoch die Lotterien A (82%, $n = 72$) und D (83%, $n = 72$) und verhielt sich somit inkonsistent (Kahneman/Tversky 1979).

Kann die Prioritätsheuristik dieses paradoxe Verhalten vorhersagen? Betrachten wir zunächst die erste Entscheidung, jene zwischen A und B. Die Prioritätsheuristik vergleicht im ersten Schritt die minimalen Gewinne. Diese sind

2,400 und 0. Der maximale Gewinn in diesem Entscheidungsproblem beträgt 2,500. Zehn Prozent von 2,500 sind 250; 200 entspricht somit dem Aspirationsniveau (die Heuristik nimmt an, dass das Aspirationsniveau zur nächsten prominenten Zahl gerundet wird, Albers 2001). Die Differenz der minimalen Gewinne (2,400) übersteigt das Aspirationsniveau von 200. Der sichere Gewinn von 2,400 ist somit „gut genug", es erfolgt kein weiterer Vergleich. Die Prioritätsheuristik sagt vorher, dass die Mehrheit der Personen das Spiel mit dem attraktiveren minimalen Gewinn wählt, also A. Diese Vorhersage entspricht tatsächlich der empirischen Mehrheitsentscheidung (Kahneman & Tversky, 1979, S. 265f).

In der Entscheidung zwischen C und D sind die minimalen Gewinne (0 und 0) identisch. Die Differenz der Wahrscheinlichkeiten der minimalen Gewinne (1 Prozentpunkt) fällt unter das Aspirationsniveau von 10 Prozentpunkten, daher werden die Wahrscheinlichkeiten als zu ähnlich wahrgenommen, um eine Entscheidung treffen zu können. Somit sagt die Prioritätsheuristik die Wahl der Alternative mit dem höheren maximalen Gewinn vorher, also D. Diese Vorhersage entspricht der empirischen Mehrheitsentscheidung.

Die Prospekttheorie erklärt die Art und Weise, wie Menschen, Entscheidungen unter Risiko treffen, unter anderem mit der Annahme, dass geringe Wahrscheinlichkeiten ein größeres psychologisches Gewicht haben als ihnen objektiv zusteht, d.h. sie werden übergewichtet. Damit kann zum Beispiel der Kauf von Lotterielosen erklärt werden. Dazu folgendes Problem (Kahneman/Tversky 1979):

A   100%-Chance   5 zu gewinnen

B   0,1%-Chance   5.000 zu gewinnen
     99,99%-Chance   0 zu gewinnen

Entweder kauft man sich ein Lotterielos (Alternative B), bei dem man mit einer geringen Wahrscheinlichkeit sehr viel gewinnen kann, oder man behält den sicheren Preis von €5 des Loses. Die Mehrheit der Versuchspersonen (72%) wählte die Alternative B, was mit der Übergewichtung geringer Wahrscheinlichkeiten konsistent ist.

Nach der Prioritätsheuristik betragen die minimalen Gewinne 5 und 0; die Differenz liegt unter dem Aspirationsniveau von 500 (10% von 5.000). Somit vergleichen Personen im nächsten Schritt die Chancen der minimalen Gewinne (100% und 99.9%). Da diese Differenz unter dem Aspirationsniveau von 10% liegt, wählen die Personen im dritten Schritt die Alternative mit dem höheren maximalen Gewinn (5.000 und 5), das heisst Glückspiel B. Die Prioritätsheuristik erklärt somit den Kauf von Lotterielosen durch simple Vergleiche und eine lineare Funktion für Wahrscheinlichkeiten. Neben dem Allais Paradox und dem Kauf von Lotterielosen kann die Prioritätsheuristik eine Reihe weiterer Verletzungen der Erwartungsnutzentheorie prognostizieren (Brandstätter et al. 2006).

3. Kann die Prioritätsheuristik Entscheidungen vorhersagen?

Das obige Paradoxon verdeutlicht die Vorhersagekraft der Prioritätsheuristik an zwei ausgewählten Entscheidungsproblemen. Kann die Prioritätsheuristik auch andere Entscheidungsprobleme prognostizieren? Um die Prioritätsheuristik zu testen, prüften Brandstätter, Gigerenzer und Hertwig (2006) die Heuristik an insgesamt 260 Entscheidungsproblemen aus vier Datensätzen (Erev et al. 2002; Kahneman/Tverksy 1979; Lopes/Oden 1999; Tversky/Kahneman 1992). Als Vergleichsmodelle dienten drei prominente Theorien der Entscheidungsforschung: die kumulative Prospekttheorie (Tversky/Kahneman 1992), die Security-potential/aspiration-Theorie (Lopes/Oden 1999) und das Transfer-ofattention-exchange-Modell (Birnbaum/Navarrete 1998), sowie zehn klassische Entscheidungsheuristiken (Payne et al. 1993; Thorngate 1980). Tabelle 1 erläutert die zehn Heuristiken anhand der Entscheidung zwischen dem Spiel €4.000 mit einer Wahrscheinlichkeit $p = 0.80$, €0 mit einer Wahrscheinlichkeit $p = 0.20$ und dem sicheren Gewinn von €3.000.

Tabelle 1: Heuristiken für Entscheidungen unter Risiko

	Outcome-Heuristiken	
Name	Maxime	Vorhersage
Equi-pro-bable	Berechne das arithmetische Mittel aller Geldbeträge innerhalb einer Lotterie. Wähle jene Lotterie mit dem höchsten durchschnittlichen Geldbetrag.	Equiprobable wählt B, da B einen höheren durchschnittlichen Geldbetrag aufweist (3000) als A (2000).
Equal-weight	Berechne die Summe aller Geldbeträge innerhalb einer Lotterie. Wähle jene Lotterie mit der höchsten Geldsumme.	Equal-weight wählt A, da A eine höhere Geldsumme (4000) hat als B (3000).
Mini-max	Wähle die Lotterie mit dem höchsten minimalen Geldbetrag.	Minimax wählt B, da A einen niedrigeren minimalen Geldbetrag (0) hat als B (3000).

Tabelle 1 (Fortsetzung):   Heuristiken für Entscheidungen unter Risiko

Name	Maxime	Vorhersage
Maxi-max	Wähle die Lotterie mit dem höchsten Geldbetrag.	Maximax wählt A, da 4000 der höchste Geldbetrag ist.
Better-than-average	Berechne den Durchschnitt aller Geldbeträge über alle Lotterien. Zähle für jede Lotterie, wie viele Geldbeträge gleich dem Durchschnitt bzw. höher als der Durchschnitt sind. Dann wähle die Lotterie mit der höchsten Anzahl solcher Geldbeträge.	Der Durchschnitt beträgt 7000/3 = 2333. Da sowohl A als auch B einen Geldbetrag über diesem Schwellenwert aufweisen, muss Better-than-average raten.

Duale Heuristiken

Name	Maxime	Vorhersage
Tallying	Mach einen Punkt für die Lotterie mit dem (a) höheren minimalen Gewinnbetrag, (b) dem höheren maximalen Gewinnbetrag, (c) der niedrigeren Wahrscheinlichkeit des minimalen Gewinnbetrags, und (d) der höheren Wahrscheinlichkeit des maximalen Gewinnbetrags. Für Verlustprobleme, ersetze „Gewinn" durch „Verlust" (und umgekehrt). Wähle jene Lotterie mit der höheren Punkteanzahl.	Tallying muss raten, denn sowohl B (ein Punkt für den höheren minimalen Geldbetrag, ein Punkt für die höhere Wahrscheinlichkeit des maximalen Geldbetrags) als auch A (ein Punkt für die niedrigere Wahrscheinlichkeit des minimalen Geldbetrags, ein Punkt für den höheren maximalen Geldbetrag) erhalten jeweils zwei Punkte.
Most-likely	Bestimme den wahrscheinlichsten Ausgang jeder Lotterie und ihrer diesbezüglichen Geldbeträge. Dann wähle jene Lotterie mit dem höchsten wahrscheinlichsten Ausgang.	Most-likely bestimmt 4000 als wahrscheinlichsten Ausgang für A und 3000 als wahrscheinlichsten Ausgang für B. Most-likely wählt A, da der Geldbetrag von 4000 den Geldbetrag von 3000 übertrifft.
Lexico-graphic	Dann wähle jene Lotterie mit dem höchsten wahrscheinlichsten Ausgang. Falls beide Geldbeträge identisch sind, bestimme den zweitwahrscheinlichsten Ausgang jeder Lotterie, und wähle jene Lotterie mit dem höchsten zweitwahrscheinlichsten Ausgang.	Lexicographic bestimmt 4000 als wahrscheinlichsten Ausgang für A und 3000 als wahrscheinlichsten Ausgang für B. Lexicographic wählt A, da der Geldbetrag von 4000 den Geldbetrag von 3000 übertrifft.

Tabelle 1 (Fortsetzung): Heuristiken für Entscheidungen unter Risiko

Name	Maxime	Vorhersage
Least-likely	Bestimme den schlechtesten Ausgang jeder Lotterie. Dann wähle jene Lotterie mit der niedrigsten Wahrscheinlichkeit für den schlechtesten Ausgang.	Least-likely bestimmt 0 als den schlechtesten Ausgang für A und 3000 als den schlechtesten Ausgang für B. Least-likely wählt A, da 0 mit einer geringeren Wahrscheinlichkeit eintritt (p = .20) als 3000 (p = 1.00).
Prob-able	Kategorisiere die Chancen als „wahrscheinlich" (wenn p ≥ .50 für eine Lotterie mit zwei Ausgängen; p ≥ .33 für eine Lotterie mit drei Ausgängen) bzw. als „unwahrscheinlich". Streiche unwahrscheinliche Geldbeträge. Dann berechne das arithmetische Mittel für alle wahrscheinlichen Geldbeträge jeder Lotterie. Wähle schließlich jene Lotterie mit dem höchsten durchschnittlichen Geldbetrag.	Probable wählt A, da der wahrscheinliche Geldbetrag von A (4000) höher ist im Vergleich zu B (3000).

Anmerkungen. Die Heuristiken stammen aus Thorngate (1980) und Payne et al. (1993). Die Vorhersage für jede Heuristik basiert auf der Entscheidung zwischen *A* (4000, .80) und *B* (3000).

Abbildung 1 zeigt wie gut die Modelle die Majoritätsentscheidung (d.h. das von der Mehrheit der Versuchspersonen gewählte Spiel) prognostizieren können. Die Prioritätsheuristik sagt 87% aller 260 Majoritätsentscheidungen richtig vorher. Damit übertrifft die Heuristik die Neo-Bernoullischen Modelle wie die kumulative Prospekttheorie (77%), die Security-potential/aspiration-Theorie (79%) und das Transfer-of-attention-exchange-Modell (69%). Die klassischen Heuristiken prognostizierten kaum besser als der Zufall (50%), auch wenn sie nur sehr wenige Informationen benötigen. Abbildung 1 zeigt auch, dass die Neo-Bernoullischen Modelle (plus Tallying) sämtliche Informationen über Wahrscheinlichkeiten und Geldbeträge (100%) gebrauchen. Im Vergleich dazu nützt die Prioritätsheuristik nur knapp 50% der Informationen zur Vorhersage einer Entscheidung.

Abbildung 1: Trade-off zwischen der Anzahl richtiger Vorhersagen (in Prozent) und der kognitiven Sparsamkeit eines Modells (gemittelt über vier Datensätze).

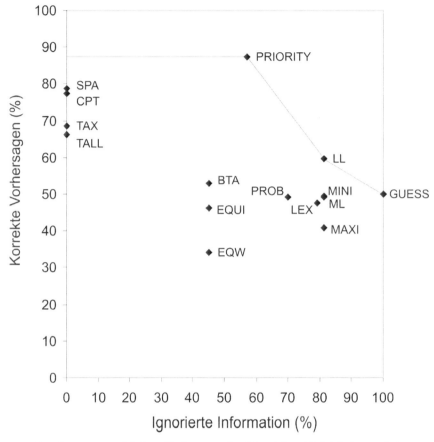

Der Prozentwert richtiger Vorhersagen bezieht sich auf Mehrheitsentschei-dungen. PH: Prioritätsheuristik, KPT: Kumulative Prospekttheorie, SPA: Se-curity-potential/aspiration-Theorie, TAX: Transfer of attention exchange-Modell, TAL: Tallying, LEX: Lexikographische Heuristik, EQW: Equal-weight-Heuristik, LL: Least likely-Heuristik, ML: Most likely-Heuristik, BTA: Better than average-Heuristik, EQP: Equiprobable-Heuristik, PROB: Probable-Heuristik, RATE: Zufälliges Raten, MIN: Minimax-Heuristik, MAX: Maximax-Heuristik (siehe Brandstätter et al. 2006, S. 417).

Die Prioritätsheuristik sagt nicht nur Entscheidungen vorher. Anders als die Neo-Bernoullischen Modelle, die häufig „as-if"-Charakter haben, erhebt sie den Anspruch psychologische Prozesse zu modellieren. „As-if" Modelle modellieren bereits getroffene Entscheidungen, ohne Aussagen über die zugrunde liegenden kognitiven Prozesse zu treffen. Prozessmodelle hingegen, wie etwa die Prioritätsheuristik, erheben den Anspruch sowohl Entscheidungen zu prognostizieren als auch die kognitiven Prozesse zu modellieren. Prozessmodelle gehen damit über „as-if" Modelle (wie die Prospekt-Theorie) hinaus. Gegenwärtig gibt es drei publizierte Studien, die Prozessvorhersagen der Heuristik überprüften. Eine Vorhersage ist, dass die Entscheidung länger dauert, wenn die Heuristik nicht nur den ersten Entscheidungsgrund (die minimalen Gewinne) sondern alle drei Gründe „untersuchen" muss. Brandstätter et al. (2006) fanden diese Reaktionszeitvorhersage bestätigt. Johnson, Schulte-Mecklenbeck und Willemsen (2008) haben mit Hilfe der so genannten Mouselab-Methode Prozessvorsagen der Heuristik untersucht. Diese Methode präsentiert den Versuchspersonen zwei Glückspiele auf einem Computerbildschirm. Es sind jedoch zunächst alle Informationen (d.h. Geldbeträge und Wahrscheinlichkeiten) in Informationsboxen verdeckt. Durch einen Mausklick können die Versuchspersonen eine Information nach der anderen aufdecken. Öffnet eine Versuchsperson eine neue Informationsbox, schließt sich automatisch die zuvor geöffnete Box. Ein Programm registriert das Suchverhalten der Versuchspersonen und das Suchverhalten kann dann dazu verwendet werden, die Prozessvorhersagen verschiedener Modelle zu testen. Johnson et al. (2008) sowie Brandstätter et al. (2008) haben solche Prozessuntersuchungen mit der Mouselab-Methode durchgeführt. Die Ergebnisse dieser Untersuchungen und ihre Interpretationen haben bislang zu keinem eindeutigen Bild geführt. Während Johnson et al. (2008) insbesondere die Resultate betonen, die der Prioritätsheuristik zu widersprechen scheinen, zeigen Brandstätter et al. (2008), dass man auf der Grundlage von quantitativen anstatt qualitativer Prozessvorhersagen, und auf der Grundlage von Prozesstests, in denen nicht nur ein Modell gegen die Nullhypothese, sondern verschiedene Modelle gegeneinander getestet werden, zu Ergebnissen gelangt, die deutlich positiver für die Heuristik ausfallen als die Ergebnisse von Johnson et al. (2008; für eine ausführliche Diskussion der jeweiligen Prozesstests siehe die jeweiligen Artikel).

Informationen über Risiken können uns auf mindestens zwei verschiedene Arten zur Verfügung stehen. Zum einen können sie bequem aufbereitet sein. Ein Beispiel dafür sind Beipackzettel, welche die Wahrscheinlichkeiten diverser Nebenwirkungen eines Medikaments explizit auflisten. Ärzte und Patienten können Entscheidungen auf der Grundlage von Beschreibungen der Alternativen – ihrer Konsequenzen und assoziierten Wahrscheinlichkeiten – treffen. Die Prioritätsheuristik modelliert solche Entscheidungen, die auf der Grundlage expliziter Beschreibungen getroffen werden. Zum anderen gibt es aber unzählige Situationen, in denen wir nicht auf aufbereitete Beschreibungen von Risiken zurückgreifen können – etwa wenn wir eine steile Skipiste hinunterfahren oder heute auf eine Sicherungskopie der Computerfestplatte verzichten. In solchen Situationen können wir aber oft versuchen, die möglichen Risiken auf der Grundlage vergangener oder neuer Erfahrungen zu schätzen. Hertwig et al. (2004) haben diese beiden Klassen von Entscheidungen als beschreibungsbasierte und erfahrungsbasierte Entscheidungen – *decisions from description and decisions from experience* – charakterisiert. Im Folgenden soll es um erfahrungsbasierte Entscheidungen gehen.[1]

4. Erfahrungsbasierte Entscheidungen unter Risiko

Die Forschung zum Entscheiden unter Risiko hat fast ausschließlich beschreibungsbasierte Urteile untersucht. Immer wieder wurden Personen gebeten, die Beschreibungen von zwei Lotterien zu lesen (analog zu dem oben dargestellten Paradox) und sich dann zu entscheiden. Wie lassen sich aber jene Situationen empirisch untersuchen, in denen Menschen die möglichen monetären Ergebnisse und deren Wahrscheinlichkeiten nicht summarisch zur Verfügung gestellt werden? Hertwig et al. (2004; Weber et al. 2004) entwickelten eine experimentelle Methode, die an das Glückspiel-Paradigma anknüpft, und damit den Vergleich zu einem reichhaltigen Repertoire an empirischen Befunden und Theorien ermöglicht. In ihren Untersuchungen sahen die Versuchspersonen zwei Boxen auf einem Computerbildschirm. Sie konnten sukzessive Informationen aus jeder Box sammeln, indem sie auf die Boxen klickten. Bei jedem Klick auf eine der beiden Boxen wurde zufällig ein Geldbetrag angezeigt. Eine Person sah so zum Beispiel bei 10-maligem Klicken auf die 1. Box die 10 Geldbeträge [0, 0, 0, 0, 0, 0, 0, 100 Millionen, 0, 0] und bei 9-maligem Klicken auf die 2. Box die Geldbeträge [0, 0, 0, 0, 0, 0, 0, 0, 0]. Es stand jeder Person frei zu entschei-

---

1 Entscheidungen unter Risiko werden typischerweise als solche definiert, in denen die Ereignisse und deren Wahrscheinlichkeiten bekannt sind. In erfahrungsbasierten Entscheidungen sind diese zunächst unbekannt. Durch das Abrufen von alten oder das Sammeln von neuen Erfahrungen können aber die möglichen Ereignisse erschlossen und deren Wahrscheinlichkeiten geschätzt werden. Daher klassifizieren wir hier erfahrungsbasierte Entscheidungen auch als Entscheidungen unter Risiko (siehe Hau et al. 2008).

den, wie häufig sie jede Box anklickte und damit, wie viel Informationen sie suchen wollte. Sobald sie aber die Suche für beendet erklärt hatte, wurde sie gebeten, sich für eine der beiden Boxen zu entscheiden. Aus dieser Box wurde noch einmal gezogen und das gezogene Ereignis beeinflusste den Verdienst der Versuchsperson.

Jede Box repräsentierte eine Lotterie. Die erste Box könnte zum Beispiel eine Lotterie repräsentieren, in der man mit einer 11%-Chance 100 Millionen, und mit einer 89%-Chance 0 Millionen gewinnen kann. Die zweite Box könnte zum Beispiel eine Lotterie repräsentieren, in der man mit einer 10%-Chance 500 Millionen und mit einer 90%-Chance 0 Millionen gewinnen kann. Den Versuchspersonen waren jedoch die Wahrscheinlichkeiten und Geldbeträge der Lotterien zu Versuchsbeginn zunächst gänzlich unbekannt. Erst durch das Anklicken der Boxen konnten sie sich schrittweise ein Bild über die möglichen Geldbeträge und deren vermutlichen Auftretenswahrscheinlichkeiten machen.

5. Unterscheiden sich beschreibungsbasierte und erfahrungsbasierte Entscheidungen unter Risiko?

Statistisches Denken hängt auch vom entsprechenden Format ab, in dem probabilistische Informationen präsentiert werden (zum Beispiel Hoffrage et al. 2000). Doch nicht nur statistische Inferenzen, sondern auch Entscheidungen werden durch das Informationsformat beeinflusst. Die Entscheidung zwischen zwei Lotterien ist nicht nur durch die jeweils monetären Ergebnisse und zugehörigen Wahrscheinlichkeiten bedingt, sondern auch durch die Art und Weise, wie diese präsentiert werden. Hertwig, Barron, Weber und Erev (2004), Weber, Blais und Shafir (2004), Gottlieb, Weiss und Chapmann (2007), Erev, Glozman und Hertwig (2008), Hau, Pleskac, Kiefer und Hertwig (2008) und Rakow, Demes und Newell (2008) haben große und systematische Differenzen zwischen beschreibungsbasierten und erfahrungsbasierten Entscheidungen beobachtet. Diese Unterschiede, die pragmatische Implikationen zum Beispiel im Kontext von Risikowahrnehmung und Risikokommunikation haben (siehe z.B. Yechiam et al. 2005), lassen sich auf folgenden Nenner bringen: In erfahrungsbasierten Entscheidungen erhalten seltene Ereignisse, wie zum Beispiel eine 0,1%-Chance 500 Millionen zu gewinnen, weniger Gewicht als – in Anbetracht ihrer objektiven Wahrscheinlichkeit – angemessen wäre. Dies ist unter anderem deshalb bedeutsam, weil die kumulative Prospekttheorie (Tversky/Kahneman 1992)—die gegenwärtig einflussreichste deskriptive Theorie des Entscheidens unter Risiko—bei beschreibungsbasierten Entscheidungen die umgekehrte Gewichtungsdynamik postuliert (siehe auch Brandstätter et al. 2002): Seltene Ereignisse werden übergewichtet. Dies bedeutet allerdings nicht, dass die kumulative Prospekttheorie erfahrungsbasierte Urteile nicht auch modellieren könnte (siehe unten; Fox und Hadar 2006).

Worauf lässt sich der geringe Einfluss seltener Ereignisse bei erfahrungsbasierten Entschcidungen zurückführen? Hertwig et al. (2004; Hau et al. 2010) beobachteten, dass Personen sich mit vergleichsweise kleinen Erfahrungsstichproben (Median von 15 Ziehungen über beide Boxen) zufrieden gaben. In diesen kleinen Stichproben sind seltene Ereignisse im Vergleich zu ihren objektiven Wahrscheinlichkeiten unterrepräsentiert (was mit der schiefen Binomialverteilung bei kleinen Stichproben und geringen Wahrscheinlichkeiten zusammenhängt, siehe Hertwig et al. 2004). Darüber hinaus scheint es eine Tendenz zu geben, den zuletzt erfahrenen Ereignissen mehr Gewicht beizumessen als den frühen Ereignissen (aber siehe Rakow et al. 2008). Dieser *Recency*-Effekt macht die bereits kleinen Stichproben, auf deren Grundlage ein Urteil gefällt wird, funktional noch kleiner. Folglich werden seltene Ereignisse noch stärker in den Hintergrund gedrängt.

Es gibt eine Reihe von Gründen, warum Menschen sich manchmal auf relativ kleine Stichproben verlassen. Ein möglicher Grund könnte in den kognitiven und materiellen Kosten (Opportunitätskosten) der Suche nach Information liegen. Es könnte aber auch damit zusammenhängen, dass kleine Stichproben die Tendenz haben, Unterschiede zu akzentuieren und damit Entscheidungen leichter zu machen. In einer Simulation mit 1000 Paaren von Lotterien demonstrierten Hertwig und Pleskac (2008), dass der Unterschied zwischen den Erwartungswerten der Stichproben aus beiden Boxen (d.h. sofern man die erfahrenen Häufigkeiten der Ereignisse in den Stichproben zugrunde legt) größer ist als zwischen den objektiven Erwartungswerten (berechnet auf der Grundlage der objektiven Wahrscheinlichkeiten). Wurde zum Beispiel lediglich zwei Mal aus beiden Boxen gezogen, dann war der „erfahrene" Unterschied zwischen beiden Erwartungswerten im Schnitt 50% größer als der „objektive" Unterschied der Erwartungswerte. Wurde hingegen zehn Mal aus beiden Boxen gezogen, dann war der „erfahrene" Unterschied im Schnitt 10% größer als der „objektive" Unterschied. In dem Maße, in dem größere Unterschiede eine Unterscheidung zwischen zwei Lotterien erleichtern, könnten Personen bereits nach kleinen Stichproben eine Präferenz bilden und keine Notwendigkeit für weitere Informationen sehen.

6. Erfahrungsbasierte Entscheidungen und kognitiven Heuristiken

Man kann Personen, die erfahrungsbasierte Entscheidungen treffen, dazu veranlassen, große Stichproben zu ziehen (zum Beispiel per Instruktion oder mit Hilfe finanzieller Anreize). In diesem Fall nähern sich die relativen Häufigkeiten in der Erfahrungsstichprobe jenen objektiven Wahrscheinlichkeiten an, welche den Personen in beschreibungsbasierten Urteilen präsentiert werden (Hau et al. 2008). Doch selbst in diesem Fall fanden sich zwar kleinere aber doch systematische Unterschiede zwischen erfahrungs- und beschreibungsbasierten Urteilen unter Risiko (siehe Abbildung 4 in Hau et al. 2008; Hau et al. 2010). Wodurch kommen diese zustande? Eine mögliche Antwort führt uns wieder zu kognitiven Heuristiken.[2]

Ähnlich wie Brandstätter, Gigerenzer und Hertwig (2006) für beschreibungsbasierte Entscheidungen unter Risiko, haben Hau, Pleskac, Kiefer und Hertwig (2008) in erfahrungsbasierten Entscheidungen untersucht, wie gut diverse kognitive Strategien diese prognostizieren können. Verglichen wurden die kumulative Prospekttheorie (Tversky/Kahneman 1992), das Zwei-Stufen-Modell (Fox/Tversky 1995)[2], zwei Lernmodelle (Value-updating-Modell von Hertwig et al. 2006; und das Fractional-adjustment-Modell von March 1996) zehn klassische Entscheidungsheuristiken (Payne et al. 1993; Thorngate 1980), die Prioritätsheuristik (Brandstätter et al. 2006) und die Natural-Mean-Heuristik, eine Heuristik, die Hau et al. (2007) vorschlugen. Letztere postuliert folgende zwei Schritte:

Schritt 1: Für Box 1 (Lotterie 1) summiere alle erfahrenen Beträge (zum Beispiel Geld, Punkte) und teile die Gesamtsumme durch die Anzahl der Ziehungen (die Stichprobengröße). Mache das gleiche für Box 2 (Lotterie 2).

Schritt 2: Wähle die Lotterie mit dem höheren mittleren Gewinn.

Die Natural-Mean-Heuristik trifft die gleichen Verhaltensvorhersagen wie die Erwartungswerttheorie; der zugrunde liegende Prozess ist jedoch einfacher. Die

---

2 In Gestalt des Zwei-Stufen-Modell generalisierten Fox und Tversky (1995) die kumulative Prospekttheorie auf Entscheidungen unter Unsicherheit. In Situationen, in denen Wahrscheinlichkeiten von Ereignissen nicht explizit zur Verfügung stehen, werden diese, so die zentrale Prämisse des Zwei-Stufen-Modell, geschätzt. Die subjektiven Wahrscheinlichkeiten werden dann im Sinne der kumulativen Prospekttheorie verarbeitet.

Heuristik bedarf weder der expliziten Repräsentation von Wahrscheinlichkeit noch der Multiplikation der Wahrscheinlichkeit mit den distinkten Ereignissen.

Abbildung 2: Anzahl korrekter Vorhersagen von 624 individuellen erfahrungs-basierten Entscheidungen

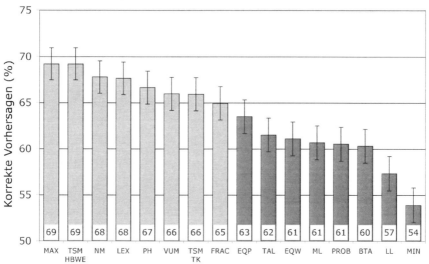

Sechzehn Entscheidungsmodelle wurden getestet (Abbildung wurde adaptiert von Hau et al. 2008): MAX: Maximax-Heuristik; TSM: Two-stage Modell (HBWE, gefittet an die Daten von Hertwig et al. 2004); NM: Natural-Mean-Heuristik; LEX: Lexikographische Heuristik; PH: Prioritätsheuristik; VUM: Value-updating Modell; TSM: Two-stage Modell (TK, unter Benutzung der geschätzten Parameterwerte von Tversky und Kahneman, 1991); FRAC: Frac-tional-adjustment Modell; EQP: Equiprobable-Heuristik; TAL: Tallying; EQW: Equal-weight-Heuristik; ML: Most-likely-Heuristik; PROB: Probable-Heuristik; BTA: Better-than-average-Heuristik; LL: Least likely-Heuristik; MIN: Minimax-Heuristik (die Heuristiken sind in Tabelle 1 beschrieben). Die dunkelgrauen Balken repräsentieren jene Modelle, die signifikant schlechter abschnitten als die beiden besten Modelle. Die Fehlerbalken repräsentieren ± 1 Standardfehler.

Hau, Pleskac, Kiefer und Hertwig (2008) untersuchten, wie gut die insgesamt sechzehn Entscheidungsmodelle erfahrungsbasierte Urteile unter Risiko prog-nostizieren können. Für diesen Zweck fassten sie 624 individuelle Urteile aus drei verschiedenen Studien zusammen. Abbildung 2 zeigt die Anzahl korrekt vorhergesagter Urteile. Die Unterschiede zwischen den Modellen fallen deutlich geringer aus als in Abbildung 1. Einer der Gründe ist, dass in Abbildung 2 nicht Majoritätsentscheidungen sondern die Entscheidungen individueller Personen vorhergesagt werden. Deren begrenzte Reliabilität (siehe Brandstätter et al. 2008) schränkt die Vorhersagekraft der Modelle ein. Die drei besten kognitiven Heuristiken, die Natural-Mean-Heuristik, die Maximax-Heuristik (Thorngate 1980) und die lexikographische Heuristik (Payne et al. 1993) prognostizierten 69% bzw. 68% aller 624 Entscheidungen richtig. Das Zwei-Stufen-Modell (Fox/Tversky 1995), das sich in dieser Analyse auf die kumulative Prospekttheorie reduziert, sagt gleichfalls 69% der Urteile korrekt vorher. Allerdings nur dann, wenn man die Wahrscheinlichkeitsgewichtungsparameter der kumulativen Prospekttheorie zunächst an erfahrungsbasierten Entscheidungen fittet. Hau, Pleskac, Kiefer und Hertwig (2008) haben die Parameter an die erfahrungsbasierten Entscheidungen in der Publikation von Hertwig, Barron, Weber und Erev (2004) gefittet. Interessanterweise haben sie dabei festgestellt, dass die typische S-förmige Gewichtungsfunktion, die in beschreibungsbasierten Entscheidungen für eine Übergewichtung von seltenen Ereignissen und eine Untergewichtung von häufigen Ereignissen steht, in erfahrungsbasierten Entscheidungen fast völlig verschwindet. An ihre Stelle tritt eine nahezu perfekte lineare Gewichtungsfunktion (siehe Abbildung 7 in Hau et al. 2008).

Dieser erste Vergleich zwischen verschiedenen kognitiven Strategien bei erfahrungsbasierten Entscheidungen unter Risiko ist noch nicht völlig befriedigend, weil, wie Abbildung 2 zeigt, die Unterschiede zwischen den Strategien oft klein und nicht signifikant sind. Allerdings deutet diese Analyse an, dass kognitive Heuristiken auch gute Modelle für entscheidungsbasierte Entscheidungen sein können. Die drei besten Heuristiken zeichnen sich dadurch aus, dass sie keine oder nur ordinale Wahrscheinlichkeitsinformationen benötigen. Die Maximax-Heuristik zum Beispiel entscheidet sich zwischen zwei Lotterien, indem sie jene wählt, die den höchsten Einzelgewinn verspricht (gleichgültig mit welcher Wahrscheinlichkeit und gleichgültig, welche anderen Ausgänge sonst noch eintreten können). Die lexikographische Heuristik identifiziert zunächst das jeweils wahrscheinlichste Ereignis in beiden Lotterien und wählt dann die Lotterie, deren wahrscheinlichstes Ereignis attraktiver ist. Sind die wahrscheinlichsten Ereignisse identisch, werden die zweitwahrscheinlichsten zu Rate gezogen.

Die Natural-Mean-Heuristik erstellt keine explizite Repräsentation von Wahrscheinlichkeiten, die Maximax-Heuristik lässt Wahrscheinlichkeiten völlig außer Acht und die lexikographische Heuristik benötigt lediglich ordinale

Wahrscheinlichkeitsinformation. Damit unterscheiden sich die erfolgreichen Heuristiken bei erfahrungsbasierten Urteilen von der Prioritätsheuristik (Brandstätter et al. 2006). Diese benutzt die metrische Information von Wahrscheinlichkeiten, die bei beschreibungsbasierten Urteilen explizit angegeben werden, sofern die Minimalgewinne sich nicht oder nicht genügend unterscheiden. Ein weiterer Unterschied zwischen der Prioritätsheuristik und den drei genannten Heuristiken besteht darin, dass dic Prioritätsheuristik, wie bereits erwähnt, risikoaversiv agiert. Ihre höchste Priorität ist, jene Lotterie zu vermeiden, die den geringsten Minimalgewinn mit sich bringt („worst-case"-Szenario"). Im Gegensatz dazu besteht die einzige Priorität der Maximax-Heuristik darin, die Lotterie mit dem höchsten Gewinn zu wählen. Die Natural-Mean-Heuristik und die lexikographische Heuristik agieren hingegen risikoneutral. Zusammengefasst lässt sich also festhalten: Jene Heuristiken, die sich in erfahrungsbasierten Urteilen erfolgreich bewährt haben, benötigen keine expliziten sondern nur implizite Wahrscheinlichkeiten und erweisen sich im Vergleich zur Prioritätsheuristik als weniger risikoaversiv.

7.   Schlussbemerkungen

Basel, 9. September 1713. An diesem Tag wurde der Brief an Pierre de Montmort verfasst, der die folgenden 300 Jahre Entscheidungsforschung prägen sollte. Wieso zahlten Personen nicht mehr als ein paar Münzen für ein Glücksspiel, dessen Erwartungswert unendlich war? Daniel Bernoulli gab darauf eine Antwort, indem er vorschlug den Kern des Erwartungswert-Modells beizubehalten, und empirische Abweichungen, wie das St. Petersburg Paradox, durch eine komplexere (nichtlineare) Wertefunktion zu modellieren. In dieser Tradition stehen Neo-Bernoullische Entscheidungstheorien wie zum Beispiel die Prospekttheorie (Kahneman/Tversky 1979), die kumulative Prospekttheorie (Tversky/Kahneman 1992), oder die Regret-Theorie (Loomes/Sugden 1982). Außerhalb der Entscheidungsforschung findet sich der Kern des Erwartungswert-Modells in Theorien der Motivation (Atkinson 1957), der Einstellung (Fishbein/Ajzen 1975) oder des Gesundheitsverhaltens (Becker 1974). Diese Theorien können im besten Fall das Verhalten vorhersagen, doch der Status der das Verhalten verursachenden psychologischen Prozesse bleibt oft unklar. Zudem wurde selten versucht, Evidenz für den Kernprozess der Multiplikation zu finden.

In diesem Beitrag zeigen wir einen völlig anderen Weg auf, wie Menschen mit Konflikten zwischen antagonistischen Dimensionen umgehen, nämlich in Gestalt von sequentiellen Heuristiken. Im Unterschied zu „as-if"-Modellen sagen diese Heuristiken nicht nur Verhalten vorher, sondern versuchen auch zu erklären, wie es zustande kommt. Für beschreibungsbasierte Entscheidungen sagt die Prioritätsheuristik (Brandstätter et al. 2006) die Entscheidungen in mehreren hundert Entscheidungsproblemen besser vorher als drei Neo-Bernoullische Modelle und eine Vielzahl klassischer Heuristiken. In erfahrungsbasierten Entscheidungen schneiden einfache Heuristiken ohne freie Parameter wie zum Beispiel die Maximax-Heuristik und die Natural-Mean-Heuristik (Hau et al. 2007) genauso gut ab wie die kumulierte Prospekttheorie mit mehreren adjustierbaren Parametern.

Die Lösung des St. Petersburg Problems, die Daniel Bernoulli vorschlug, stieß keineswegs auf universelle Zustimmung. Sein Vetter Nicholas Bernoulli und andere zeitgenössische Wahrscheinlichkeitstheoretiker äußerten diverse Einwände (Jorland 1987). Wie wäre die Geschichte der psychologischen und ökonomischen Entscheidungsforschung verlaufen, wenn Daniel Bernoulli nicht eine subjektive Nutzenfunktion, sondern eine Heuristik vorgeschlagen hätte? Welche Heuristik hätte er vorgeschlagen? Natürlich wissen wir es nicht, aber Spekulationen mögen erlaubt sein. Lopes (1981) schlägt zur Lösung des St. Petersburg Paradoxons vor, dass die Bewertung eines Glücksspiels nicht auf der Höhe der maximalen (unwahrscheinlichen) Geldbeträge beruht, sondern dass Personen vorwiegend jene Geldbeträge ins Auge fassen, die sie die meiste Zeit gewinnen—und das sind eben nur ein paar Münzen. Diese Intuition könnte man unter Zuhilfenahme des Konzepts eines Aspirationsniveaus (Simon 1983) in Gestalt einer Heuristik formulieren. Ohne Frage, das Kapitel „kognitive Heuristiken" in dem großen Buch der Entscheidungsforschung ist noch klein. Wir sind hoffnungsvoll, dass sich das bald ändern könnte.

Literaturverzeichnis

Albers, Wulf, 2001: Prominence theory as a tool to model boundedly rational decisions. S. 297–317 in: Gerd Gigerenzer und Reinhard Selten (Hrsg.): Bounded rationality. The adaptive toolbox. Cambridge. MA: MIT Press.

Allais, Maurice, 1953: Le comportement de l'homme rationel devant le risque: Critique des postulats et axioms de l'école americaine [Rational man's behavior in face of risk: Critique of the American School's postulates and axioms]. In: Econometrica, 21, 503–546.

Allais, Maurice, 1979: Criticism of the Neo-Bernoullian formulation as a behavioural rule for rational man. S. 74–106 in: Allais, Maurice und Ole Hagen (Hrsg.): Expected utility hypotheses and the Allais paradox. Dordrecht, Netherlands: Reidel.

Atkinson, John W., 1957: Motivational determinants of risk-taking behavior. In: Psychological Review, 64, 359–372.

Becker, Marshall H., 1974: The health belief model and personal health behavior. In: Health Education Monographs, 2, 324–508.

Bell, David E., 1982: Regret in decision making under uncertainty. In: Operations Research, 30, 961–981.

Bell, David E., 1985: Disappointment in decision making under uncertainty. In: Operations Research, 33, 1–27.

Bernoulli, Daniel, 1954: Exposition of a new theory on the measurement of risk. In: Econometrica, 22, 23–36 (Original work published 1738)

Birnbaum, Michael und *Juan Navarrete,* 1998: Testing descriptive utility theories: Violations of stochastic dominance and cumulative independence. In: Journal of Risk and Uncertainty, 17, 49–78.

Brandstätter, Eduard, Gerd Gigerenzer und Ralph Hertwig, 2006: The priority heuristic: Making choices without trade-offs. In: Psychological Review, 113, 409-432.

Brandstätter, Eduard, Gerd Gigerenzer und Ralph Hertwig, 2008: Risky choice with heuristics: Reply to Birnbaum, 2008, Johnson, Schulte-Mecklenbeck und Willemsen, 2008, and Rieger und Wang, 2008. In: Psychological Review, 115, 281-289.

Brandstätter, Eduard, Anton Kühberger und Friedrich Schneider, 2002: A cognitive-emotional account of the shape of the probability weighting function. In: Journal of Behavioral Decision Making, 15, 79–100.

Erev, Ido, Ira Glozman und Ralph Hertwig, 2008: What impacts the impact of rare events. In: Journal of Risk and Uncertainty, 36, 153-177.

Erev, Ido, Alvin E. Roth, Robert L. Slonim und Greg Barron, 2002: Combining a theoretical prediction with experimental evidence to yield a new prediction: An experimental design with a random sample of tasks. Unpublished manuscript, Columbia University and Faculty of Industrial Engineering and Management, Technion, Haifa, Israel.

Fishbein, Martin und Icek Ajzen, 1975: Belief, attitude, intention, and behavior: An introduction to theory and research. Reading, MA: Addison-Wesley.

Ford, J. Kevin, Neal Schmitt und Susa L. Schlechtman, 1989: Process tracing methods: Contributions, problems, and neglected research questions. In: Organizational Behavior and Human Decision Processes, 43, 75-117.

Fox, Craig R. und Liat Hadar, 2006: „Decisions from experience" = sampling error + prospect theory: Reconsidering Hertwig, Barron, Weber und Erev, 2004. In: Judgment and Decision Making, 1, 159-161.

Fox, Craig R. und Amos Tversky, 1995: Ambiguity aversion and comparative ignorance. In: Quarterly Journal of Economics, 110, 585-603.

Gigerenzer, Gerd, 2004: Fast and frugal heuristics: The tools of bounded rationality. S. 62-88 in: *Derek Koehler* und *Nigel Harvey* (Hrsg.): Handbook of judgment and decision making. Oxford, UK: Blackwell.

Gigerenzer, Gerd, Zeno Swijtink, Theodore Porter, Lorraine Daston, John Beatty und *Lorenz Krüger,* 1989: The empire of chance: How probability changed science and everyday life. Cambridge, UK: Cambridge University Press.

Gottlieb, Daniel A., Talia Weiss und *Gretchen B. Chapman,* 2007: Presentation of uncertainty information affects decision biases. In: Psychological Science, 18, 240-246.

Hau, Robin, Timothy Pleskac, Jürgen Kiefer und *Ralph Hertwig,* 2008: The description–experience gap in risky choice: The role of sample size and experienced probabilities. In: Journal of Behavioral Decision Making.

Hau, Robin, Timothy Pleskac und *Ralph Hertwig,* 2010:. Decisions from experience and statistical probabilities: Why they trigger different choices than a priori probabilities. Journal of Behavioral Decision Making, 23, 48-68.

Hertwig, Ralph, Greg Barron, Elke U. Weber und *Ido Erev,* 2006: The role of information sampling in risky choice. S. 72-91 in: *Klaus Fiedler* und *Peter Juslin* (Hrsg.): Information sampling and adaptive cognition. New York: Cambridge University Press.

Hertwig, Ralph, Greg Barron, Elke U. Weber und *Ido Erev,* 2004: Decision from experience and the effect of rare events. In: Psychological Science, 15, 534–539.

Hertwig, Ralph und Timothy Pleskac, 2008: The game of life: How small samples render choices simpler. S. 209-236 in: *Nick Chater* und *Mike Oaksford* (Hrsg.): The probabilistic mind: Prospects for rational models of cognition. Oxford: Oxford University Press.

Hoffrage, Ulrich, Samuel Lindsey,Ralph Hertwig und *Gerd Gigerenzer,* 2000: Communicating statistical information. In: Science, 290, 2261–2262. [*Hoffrage, Ulrich, Samuel Lindsey, Ralph Hertwig* und *Gerd Gigerenzer* (2001): Statistics: What seems natural? Response. In: Science, 292, S. 854–855.]

Johnson, Eric J., Michael Schulte-Mecklenbeck und *Martijn C. Willemsen,* 2008: Process models deserve process data: A comment on Brandstätter, Gigerenzer, and Hertwig, 2006. In: Psychological Review, 115, 263-272.

Jorland, Gérard, 1987: The Saint Petersburg paradox 1713-1937. S. 157-190 in: *Lorenz Krueger, Lorraine Daston* und *Michael Heidelberger* (Hrsg.): The probabilistic revolution Vol. I: Ideas in history. Cambridge, MA: MIT Press.

Kahneman, Daniel und *Amos Tversky,* 1979: Prospect theory: An analysis of decision under risk. In: Econometrica, 47, 263–291.

Loomes, Graham und *Robert Sugden,* 1982: Regret theory: An alternative theory of rational choice under uncertainty. In: The Economic Journal, 92, 805–824.

Loomes, Graham und *Robert Sugden,* 1986: Disappointment and dynamic consistency in choice under uncertainty. In: Review of Economic Studies, 53, 271–282.

Lopes, Lola L., 1981: Notes, comments, and new findings. Journal of Experimental Psychology. In: Human Learning and Memory, 7, 377-385.

Lopes, Lola L. und *Gregg C .Oden,* 1999: The role of aspiration level in risky choice: A comparison of cumulative prospect theory and SP/A Theory. In: Journal of Mathematical Psychology, 43, 286–313.

March, James G., 1996: Learning to be risk averse. In: Psychological Review, 103, 309-319.

Mellers, Barbara A., 2000: Choice and the relative pleasure of consequences. In: Psychological Bulletin, 126, 910–924.

Neumann, John von und *Oskar Morgenstern,* 1944: Theory of games and economic behavior. Princeton, NJ: Princeton University Press.

Payne, John W., James R. Bettman und *Eric J. Johnson,* 1993: The adaptive decision maker. Cambridge, UK: Cambridge University Press.

Rakow, Tim, K. Demes und *Ben Newell,* 2008: Biased samples not mode of presentation: Reexamining the apparent underweighting of rare events in experience-based choice. In: Organizational Behavior and Human Decision Processes, 106, 168-179.

Rotter, James B., 1954: Social learning and clinical psychology. Englewood Cliffs, N.J: Prentice Hall.

Savage, Leonard J., 1954: The foundations of statistics (2. Auflage). New York: Dover.

Selten, Reinhard, 2001: What is bounded rationality? S. 13–36 in: *Gerd Gigerenzer* und *Reinhard Selten* (Hrsg.): Bounded rationality: The adaptive toolbox. Cambridge, MA: MIT Press.

Simon, Herbert A., 1983: Reason in human affairs. Stanford, CA: Stanford University Press.

Thorngate, Warren, 1980: Efficient decision heuristics. In: Behavioral Science, 25, 219–225.

Tversky, Amos, 1972: Elimination by aspects: A theory of choice. In: Psychological Review, 79, 281–299.

Tversky, Amos und *Daniel Kahneman,* 1992: Advances in prospect theory: Cumulative representation of uncertainty. In: Journal of Risk and Uncertainty, 5, 297–323.

Vroom, Victor H., 1964: Work and motivation. New York: Wiley.

Weber E.U., S. Shafir und *A. R. Blais,* 2004: Predicting risk sensitivity in humans and lower animals: Risk as variance or coefficient of variation. Psychological Review, 111, 430-445.

Wigfield, Allan und *Jacquelynne S. Eccles,* 1992: The development of achievement task values: A theoretical analysis. In: Developmental Review, 12, 265–310.

Yechiam, Eldad, Greg Barron und *Ido Erev,* 2005: The role of personal experience in contributing to different patterns of response to rare terrorist attacks. In: Journal of Conflict Resolution, 49, 430-439.

Danksagung

Eduard Brandstätter wurde vom Österreichischen Forschungsförderungsfonds (FWF, P18907-G11), und Ralph Hertwig vom Schweizerischen Nationalfonds zur Förderung der wissenschaftlichen Forschung (100013-107741/1) unterstützt.

Rationalität beim Elfmeterschießen. Entscheiden sich Bundesligaspieler strategisch optimal?

Roger Berger

1. Einleitung

Rationalität[1] in der Entscheidungstheorie beinhaltet zwei Grundelemente: nämlich rational sein zu wollen und gleichzeitig rational sein zu können. Technisch gesprochen bedeutet dies, dass ein rationaler Akteur sowohl vollständig eigenorientierte Präferenzen als auch die Fähigkeit hat, unter den gegebenen Restriktionen seinen Nutzen zu maximieren.

Die aktuelle Diskussion zu Rationalität neigt sich eher zum ersten Punkt. Im Rahmen des Programms der „Behavioral Game Theory" (Camerer 2003) werden verschiedene Modifikationen der Präferenzen weg von der vollständigen Eigenorientiertheit untersucht. Dazu wird angenommen, dass die Nutzenfunktion eines Akteurs auch Elemente enthält, die auf andere Akteure bezogen sind, weil er gegenüber diesen z.B. Fairness oder Neid empfindet. Dieser Beitrag beschäftigt sich dagegen ausschließlich mit der Frage, ob es Akteuren mit einer Nutzenfunktion, die keine auf andere Akteure bezogene Elemente enthält - also reine Egoisten - gelingt, diese zu maximieren. Die Frage, ob sie es auch wollen, entfällt, weil hier eine Klasse von Entscheidungen untersucht wird, in denen die Präferenzen der Entscheider eigenorientiert sein müssen: Interaktionen, in denen die beteiligten Akteure vollständig konträre Interessen derart haben, dass der Gewinn von Ego genau der Verlust von Alter ist und umgekehrt. Beide Akteure sind sich dabei im Klaren, dass die Interessen ihres Gegenübers den eigenen vollständig entgegenstehen und dass diese egoistisch verfolgt werden (müssen). Diese vollkommen kompetitiven Interaktionen können als Nullsummenspiele modelliert werden.

Die soziale Relevanz von Interaktionen mit vollständig konträren Interessen ist nicht gering und kann mit einigen Beispielen umrissen werden: Das klas-

1 Diese Arbeit wurde gefördert durch ein Stipendium des Schweizerischen Nationalfonds (Nr. PA-108952/1) an der Universität Leipzig.

Ich danke Rupert Hammer für die Organisation des verwendeten Datenmaterials. Holger Rahlfs und Jörn Wendland von der IMP AG München danke ich herzlich für dessen kostenlose Bereitstellung. Andreas Tutic danke ich für die Hilfestellung in mathematischen Fragen. Für alle verbleibenden Fehler bin ich verantwortlich.

sische Beispiel in der Literatur (z.B. Morgenstern 1976) ist die Geschichte „The Final Problem" von A.C. Doyle, in der sich Sherlock Holmes in einer ganzen Kaskade von entsprechenden Situationen mit seinem flüchtenden Gegenspieler Prof. Moriarty befindet. Solche Interaktionen ergeben sich allgemein, wenn Ego von Alter verfolgt wird und Ego genau dies vermeiden will (vgl. die Formulierung „Hide and Seek" von Rosenthal et al. 2003). Diese Situation ist deshalb zentral für die Untersuchung von sozialer Kontrolle abweichenden Verhaltens (vgl. Tsebelis 1990; Rauhut 2007). Extreme Formen solcher Situationen finden sich in kriegerischen Auseinandersetzungen, in denen die Kontrahenten die gegenseitige Vernichtung beabsichtigen (z.B. Rasmusen 1998: 19f.). Die theoretische Bedeutung dieser Interaktionsform wird dadurch unterstrichen, dass Nullsummenspiele ein idealtypisches Beispiel für eine so genannte doppelte Kontingenz sind, die insbesondere von systemtheoretisch orientierten Soziologen als problematisch erachtet wird (z.B. Luhmann 1988).

Das letzte Beispiel zeigt zudem, dass die rationale Lösung von Nullsummenspielen nicht trivial ist. So nimmt Luhmann (1988) an, dass in einem solchen Fall rationales Verhalten nicht möglich ist und jede Berechnung des Gegners scheitern müsse (vgl. Berger/Hammer 2007). Umso interessanter ist deshalb die Frage, ob es menschlichen Akteuren gelingt, sich in einer Nullsummensituation nutzenmaximierend zu verhalten, und, wenn ja, welche Form von Rationalität sich dabei zeigt. Insbesondere wird interessieren, ob hier ökologische Rationalität (Smith 2003 und 2007) derart vorliegt, dass sich Rationalität als emergentes Phänomen auf der Aggregatebene durch die Interaktion der Akteure selbst dann ergibt, wenn deren individuelle Entscheidungen nicht vollständig rational sind. Oder aber, ob für dieses komplexe Entscheidungskalkül von – bewusster oder unbewusster – individueller Rationalität der egoistischen Akteure ausgegangen werden kann, wie es eine eher psychologisch orientierte Interpretation der spieltheoretischen Analyse nahe legt (z.B. Brown/Rosenthal 1990: 1065, Shachat 2002: 194).

Diese Fragestellung wird hier theoretisch und empirisch anhand der realen sportlichen Interaktion „Elfmeterschießen" analysiert. Bei dieser liegt eine idealtypische Nullsummensituation vor. Der Schütze versucht den Ball im Tor unterzubringen und der Torwart will dies verhindern. Wenn der eine gewinnt, verliert der andere und umgekehrt. Ihre Entscheidung ist für die beobachteten Spieler mit großem Ernst und hohem – auch finanziellem – Einsatz verbunden, so dass der Wille zu optimalem egoistischen Verhalten unzweifelhaft vorhanden ist.

Diese Überprüfung ist wie folgt organisiert: Im nächsten Abschnitt wird – nachdem die fußballerischen Grundlagen gelegt sind – die theoretische Lösung von Nullsummenspielen im Allgemeinen und von Elfmetern im Speziellen dargestellt und entsprechende Hypothesen formuliert. Darauf folgt die Darstellung des Forschungsstands. Die empirische Überprüfung der Hypothesen mittels eines Datensatzes aus der ersten Bundesliga und der Reanalyse eines Datensatzes aus der Literatur erfolgt in Abschnitt 4. Im letzen Abschnitt wird die Frage diskutiert, welche Art von Rationalität die untersuchten Spieler an den Tag legen.

2. Die strategische Interaktion zwischen Schütze und Torwart

In diesem Abschnitt wird die Strafstoßsituation theoretisch analysiert. Dazu werden zuerst die entsprechenden fußballerischen Grundlagen dargestellt.

2.1. Elfmeterschüsse im Fußball

Der Ablauf eines Elfmeters[2] kann mittels der zentralen Regeln der zuständigen Organisation FIFA beschrieben werden: „Der Ball wird auf die Strafstossmarke (11 m vom Mittelpunkt der Torlinie zwischen den Pfosten und gleich weit von beiden Pfosten entfernt) gelegt. Der ausführende Spieler muss klar identifiziert sein. Der Torwart der verteidigenden Mannschaft muss mit Blick zum Schützen auf seiner Torlinie zwischen den Pfosten bleiben, bis der Ball mit dem Fuss gestoßen ist. Der ausführende Spieler muss den Ball mit dem Fuss nach vorne stossen." (FIFA 2005: Auszug Regel 14)

Der Schütze kann nun relativ sicher sein, dass der Ball ins Tor (7,11 m breit und 2,44 m hoch) geht, wenn er ihn in eine vom Torwart möglichst entfernte Zone des Tors schießt. Dann führt in der Regel auch ein nicht mit maximaler Präzision und Wucht ausgeführter Schuss zum Tor. Dazu stehen dem Schützen nun zwei Optionen offen. Er kann den Ball nach links schießen, wenn er erwartet, dass der Torwart nach rechts springt und vice versa. Der Torhüter ist umgekehrt ebenso gezwungen, sich „schon vor dem Anlauf des Schützen eine bestimmte Ecke auszuwählen. Sobald der Elfmeterschütze den Ball berührt,

---

2   Dieser wird vom Schiedsrichter ausgesprochen, wenn ein Spieler im eigenen Sechzehnmeterraum eine von zehn möglichen Regelübertretungen - normalerweise Foul- oder Handspiel - begeht.

springt er in die von ihm spekulierte Ecke. Wird der Ball in die andere Ecke geschossen, ist der Torerfolg des Gegners nicht mehr zu verhindern. Wird er in die von ihm ausgewählte Ecke geschossen, erhöhen sich seine Chancen, den Ball zu halten ... [, d]enn so fällt die Reaktionszeit von 0,25 s weg" (Johanni/Tschachner 2005: 28). Würde der Torwart erst nach der Schussabgabe springen, könnte er einen ausreichend gut getretenen Ball[3] nie halten, da dazu die menschliche Reaktionszeit und Sprungkraft nicht ausreicht (vgl. Johanni/Tschachner 2005). Der Torhüter muss also eine Erwartung über die vom Schützen gewählte Schussrichtung bilden. Das Problem besteht nun offensichtlich darin, dass der Schütze seine Erwartungen wiederum entsprechend anpassen wird, worauf der Torwart wiederum die andere Seite wählen wird usw. Es liegt also ein „gewisser Zirkel im Wesen der Sache" (von Neumann 1928: 295), wie er für Nullsummenspiele charakteristisch ist. Wie sieht nun die theoretisch optimale Auflösung dieser gegenseitigen Erwartungen aus?

2.2. Elfmeterschüsse aus spieltheoretischer Sicht

In spieltheoretischen Termini handelt es sich beim Elfmeterschuss, wie er oben beschrieben wird, um ein einfach gespieltes Nullsummenspiel mit vollständiger, aber nicht perfekter Information und simultanen Zügen. Bereits 1928 hat von Neumann in seiner „Theorie der Gesellschaftsspiele" mit dem Minimax-Theorem alle formalen Grundlagen für die Analyse von Nullsummenspielen niedergelegt. Die daraus folgende Minimax-Gleichgewichtslösung ist ein Spezialfall des allgemeineren Konzepts des Nash-Gleichgewichts (Nash 1950). Für Nullsummenspiele fallen allerdings das Nash-Gleichgewicht und das Gleichgewicht der Minimax-Lösung (wie z.B. auch dasjenige der Maximin-Lösung) zusammen, so dass die Lösungskonzepte hier austauschbar sind und synonym verwendet werden können. Grafisch wird das Spiel am einfachsten in Matrizenform dargestellt (vgl. Abb. 1).

Die Zahlen bezeichnen jeweils den kardinalen Nutzen (Varian 1992), den die Spieler von einer bestimmten Handlungskombination haben. D.h. der Nutzen des einen Spielers entspricht genau dem Verlust des anderen. Jedes Tor - ob geschossen oder erhalten - ist im Betrag exakt gleich viel wert, so dass die Be-

---

3 Die größere Herausforderung für den Schützen stellt dabei die Schussgenauigkeit dar. Selbst schlechte Amateurspieler können dem Ball die erforderliche Geschwindigkeit geben. Professionelle Spieler können den Ball beim Strafstoß mit einer Geschwindigkeit von mehr als 27 m/s schießen. Dem Torwart bleibt damit kaum eine halbe Sekunde, um den Ball zu erreichen bevor er im Tor liegt (Johanni/Tschachner 2005: 26).

rechnung von Wahrscheinlichkeiten, wie sie unten vorgenommen wird, möglich ist. Die Annahme kardinalen Nutzens ist hier sehr plausibel.[4] Beiden Spielern sind die Auszahlungen für sich selbst und für den Gegner bei jedem möglichen Ausgang des Spiels bekannt (vollständige Information), nicht aber die Entscheidung des Gegners (imperfekte Information). Beide Spieler wissen zudem, dass beide Spieler wissen, dass beide Spieler dies wissen etc., so dass die theoretisch unabdingbare „common knowledge"-Bedingung ebenfalls erfüllt ist. In der Literatur wird dieses Spiel in Anlehnung an ein Kinderspiel als „matching pennies" bezeichnet.

Abbildung 1: Auszahlungsmatrix des Elfmeterschusses mit den beiden Handlungsoptionen Links und Rechts.

			Torhüter	
			p	$1-p$
			Links	*Rechts*
Schütze	q	*Links*	-1, 1	1, -1
	$1-q$	*Rechts*	1, -1	-1, 1

Die erste Zahl in jeder Zelle bezeichnet jeweils die Auszahlung des Schützen, die zweite diejenige des Torhüters.

Dessen Lösung ist ein gemischtes Nash-Gleichgewicht in Erwartungen und Handlungen, d.h. eine Strategienkombination, die darin besteht, dass beide Spieler zwischen den beiden Möglichkeiten Links und Rechts (schießen oder springen) randomisieren. Die Randomisierung geschieht dabei unter Einbezug des Nutzens, den der *Gegenspieler* aus einer bestimmten Auszahlung bezieht.[5] Die Wahrscheinlichkeiten für die eigene Entscheidung werden so gewählt, dass sie die eigene Auszahlung maximieren (d.h., so dass die Treffer- bzw. Abwehrwahrscheinlichkeit am größten ist) und zwar unter der Annahme, dass der Gegner genau dasselbe tut. Es lässt sich intuitiv erahnen, dass die entsprechenden

---

4   Dennoch wird sie nicht immer gemacht. Bar-Eli et al. (2007) und Leininger/Ockenfels (2008) gehen z.B. davon aus, dass die Auszahlungen für die Spieler auch davon abhängen können, *wo* der Ball ins Tor geht oder abgewehrt wird. Wenn diese Nutzenabweichung nicht kardinal gemessen werden kann, sind empirisch nur Aussagen auf ordinalem Skalenniveau (z.B. zu Rangfolgen) überprüfbar, nicht aber Wahrscheinlichkeitsaussagen (siehe unten).

5   Die Strategie gibt dem Spieler vor, aus welcher Wahrscheinlichkeitsverteilung er seine Handlung wählen soll. In diesem Fall soll z.B. eine Münze geworfen werden.

Wahrscheinlichkeiten bei der Modellierung des Elfmeterschusses als „matching pennies" genau $p = q = 0,5$ für beide Seiten betragen. Der erwartete Nutzen beträgt damit, wie es die Bezeichnung Nullsummenspiel verrät, für beide Spieler 0. Kein Spieler kann seinen erwarteten Nutzen erhöhen, indem er von dieser Entscheidung abweicht, solange der andere Spieler ebenfalls nicht davon abweicht.

Die theoretische Analyse könnte damit abgeschlossen werden. Eine zu prüfende Hypothese würde dann lauten, dass beide Seiten sowohl vom Schützen als auch vom Torwart gleich häufig gewählt werden. Für die empirische Überprüfung der Vorhersagen zum Spiel „matching pennies" wäre dies auch genügend. Aber beim Elfmeterschuss ergeben sich trotz seiner strukturellen Einfachheit ein paar zusätzliche Fragen: Z.B. besteht für den Schützen die Möglichkeit, in die Mitte des Tores zu schießen. Weiterhin ist bekannt, dass die Schützen einen Fuß für den Schuss bevorzugen, wenn sie, wie beim Strafstoß, frei wählen können. Außerdem kann ein Strafstoß selbst dann ins Tor gehen, wenn der Torwart in die richtige Ecke springt. Umgekehrt besteht die Möglichkeit, dass der Schuss an die Torumrandung oder gänzlich daneben geht, selbst dann, wenn der Torwart in die falsche Ecke gesprungen ist. Diese verfeinerte Analyse wird im Folgenden in Anlehnung an Chiappori et al. (2002) vorgenommen:

Fehlschüsse an die Torumrandung bzw. Treffer trotz richtiger Torwartentscheidung: Im Spiel „matching pennies" sind die Auszahlungen einer bestimmten Strategienkombination gegeben und werden mit Sicherheit ausbezahlt. Beim Strafstoß ist dies nicht zwingend der Fall. So gilt ein Schuss genau in eine der oberen Torecken allgemein als unhaltbar. Allerdings ist bei dieser Entscheidung auch das Risiko recht groß, dass der Schuss neben das Tor oder an die Torumrandung geht. Dies kann berücksichtigt werden, indem für die deterministischen Auszahlungen [1, -1] die Trefferwahrscheinlichkeiten [Qi, Pj] eingesetzt werden, wie sie in Abbildung 2 dargestellt sind. Die Wahrscheinlichkeiten entsprechen im Betrag dann gleichzeitig den erwarteten Payoffs kardinalen Nutzens von 1 (Tor).

Schuss in die Mitte: Schützen wählen in wenigen Fällen keine der beiden Seiten, sondern zielen in die Mitte. Noch seltener kommt es vor, dass der Torwart in Erwartung eines solchen Schusses in der Mitte stehen bleibt. Im Gegensatz zu den Sprüngen auf die Seiten hat diese Strategie für den Torwart den Vorteil, dass der Ball fast sicher abgewehrt werden kann, wenn er tatsächlich in die Mitte kommt. Ebenso sicher resultiert aber ein Tor, wenn dies nicht geschieht und der Schuss auf eine der beiden Seiten geht. Da dies empirisch nicht zu vernachlässigen ist, wird im Folgenden in Anlehnung an Chiappori et al.

(2002) der Elfmeterschuss mit dem Strategieraum {Links, Mitte, Rechts} modelliert. Mit Palacios-Huerta (2003) ist es auch denkbar, den Strategieraum mit einem technischen Argument auf {Links, Rechts} zu reduzieren. Dabei wird angenommen, dass Schüsse in die Mitte mit denselben Kosten verbunden sind, wie diejenigen auf die rechte Seite (vom Torwart aus gesehen für Rechtsfüßer und vice versa, vgl. unten), weil sie mit derselben Schusstechnik ausgeführt werden. In diesem Fall werden Schüsse in die Mitte zur rechten Seite gezählt. Bei der empirischen Analyse wird in einzelnen Fällen auf dieses Argument zurückgegriffen und es werden nur zwei Schussrichtungen betrachtet, wenn die Analyse ansonsten nicht sinnvoll durchführbar ist.

Prinzipiell könnte die Elfmetersituation statt mit zwei oder drei Strategien z.B. auch mit sechs modelliert werden, indem zusätzlich zwischen hohen und tiefen Schüssen unterschieden wird (links unten, rechts oben etc.). Spieltheoretisch betrachtet ist nur entscheidend, dass die Spieler ihre Schuss- bzw. Sprungrichtungen derart mischen, dass für jeden Punkt des Tores die gleiche Treffer- bzw. Abwehrwahrscheinlichkeit besteht. Wenn entsprechend präzise Daten zur Verfügung stehen würden, könnte die empirische Analyse auch auf einen solchen, größeren Strategieraum ausgedehnt werden.

Gleichheit des Spiels in jeder Spielsituation und für beide Spieler bzw. Schussfüße: Es ist denkbar, dass die Treffer- bzw. Abwehrwahrscheinlichkeit nicht bei jedem Strafstoß und bei jedem Spieler bzw. jeder Spielerkombination gleich ist. Möglicherweise sind z.B. die Schützen mehr unter Druck, wenn ihr Team im Rückstand liegt, wenn das Spiel fast zu Ende ist oder wenn der Schütze ein Heimspiel hat. Weiterhin ist bekannt, dass die Schützen jeweils einen „starken" Fuß haben, mit dem sie besser schießen können als mit dem „schwachen" Fuß. Rechtsfüßer schießen aus anatomischen Gründen einfacher in die linke Ecke und Linksfüßer umgekehrt in die rechte Ecke. Auch hier ist denkbar, dass Linksfüßer z.B. eine höhere Trefferwahrscheinlichkeit haben könnten als Rechtsfüßer, weil die Torhüter weniger Übung darin haben, die selteneren Schüsse von Linksfüßern abzuwehren.

Allgemeiner ausgedrückt muss untersucht werden, ob die Kosten der beiden Spieler bei jedem Elfmeter in jeder Spielsituation gleich sind. Für das Spiel „matching pennies" ist dies tatsächlich so. Der kardinale Nettonutzen ist im Betrag genau 1. Sollte dies beim Elfmeterschuss nicht zutreffen, würden die Auszahlungen bzw. Erfolgswahrscheinlichkeiten für die Wahl der drei Handlungsoptionen dadurch verändert werden und damit auch die optimale Strategie. Dies bedeutet gleichzeitig, dass sich, je nachdem welche Annahmen über das tatsächlich gespielte Spiel zu Grunde gelegt werden, auch die resultierende

Hypothesenmenge ändert. Aus Übersichtlichkeitsgründen wird diese Analyse hier nicht vollständig vorgeführt (siehe dafür Chiappori et al. 2002). Vielmehr wird hier ein Resultat der empirischen Analyse schon vorgezogen und nur diejenige Hypothesenmenge betrachtet, die zu den tatsächlich beobachteten empirischen Gegebenheiten passt. Diese Einschränkungen sind allerdings nicht gravierend, da die Spielsituation des Elfmeters im verwendeten Datensatz in jeder Minute des Spiels und bei jedem Spielstand gleich ist. Für die Torhüter unterscheidet sich das Spiel nicht, egal ob sie einem Rechts- oder einem Linksfüßer gegenüber stehen. Allerdings unterscheidet sich die Trefferwahrscheinlichkeit für den Schützen in Abhängigkeit von seinem Schussfuß. Tatsächlich schießen Rechtsfüßer, wie angenommen, leichter in die linke Ecke und für Linksfüßer verhält es sich umgekehrt. Diese wird als „natürliche" Seite bezeichnet. Da die Torhüter den Schussfuß der Schützen und demzufolge auch die natürliche Ecke kennen[6], kann jeder Strafstoß dadurch beschrieben werden, ob der Schütze in die natürliche Ecke schießt und der Torwart in die natürliche Ecke springt. In der Folge wird bei rechts schießenden Schützen die vom Torwart aus gesehen rechte Seite als natürliche Seite für Schützen *und* Torwart betrachtet und mit „N" bezeichnet. Für mit dem linken Fuß schießende Schützen ist die natürliche Seite dagegen vom Torwart aus gesehen links und wird ebenfalls mit „N" (weil natürliche Seite) bezeichnet (und vice versa). Die andere Seite wird jeweils mit „U" (für unnatürliche Seite). Die Mitte wird entsprechend mit „M" bezeichnet. Dies ermöglicht es, alle Elfmetersituationen für Rechts- und Linksfüßer sowie für die Torhüter in einer einheitlichen Notation zu analysieren. Damit stellt sich das Spiel „Elfmeterschuss" wie in Abbildung 2 dar.

---

6   Der starke bzw. Schussfuß ist einfach am Anlauf des Schützen erkennbar (von links, um mit rechts zu schießen und umgekehrt).

Abbildung 2: Matrixdarstellung des Elfmeterschusses mit den Treffer- bzw. Abwehrwahrscheinlichkeiten für die Handlungsalternativen unnatürliche Seite U, Mitte M und natürliche Seite N.

Torhüter

		U	M	N
	U	P_L , $1 - P_L$	Q_L , $1 - Q_L$	Q_L , $1 - Q_L$
Schütze	M	M , $1 - M$	$0,\ 1$	M , $1 - M$
	N	Q_R , $1 - Q_R$	Q_R , $1 - Q_R$	P_R , $1 - P_R$

Der erste Ausdruck in jeder Zelle bezeichnet jeweils die *Wahrscheinlichkeit*, dass der Strafstoß in einem *Tor* resultiert (die erwartete Auszahlung für den Schützen). Entsprechend gibt die *Gegenwahrscheinlichkeit* die erwartete Auszahlung für den Torwart (also dass kein Tor resultiert) an.

Auch diese Interaktion ist ein Nullsummenspiel. Ihre Lösung kann deshalb ebenfalls aus dem Minimax-Theorem abgeleitet werden und ist weiterhin ein Nash-Gleichgewicht in gemischten Strategien. Für den Fall, dass die beiden Spieler sich optimal verhalten, lassen sich eine Reihe von testbaren Hypothesen über den Gleichgewichtszustand beim Elfmeter ableiten (für die Herleitung siehe Chiappori et al. 2002). Konkret müsste dann zutreffen:

H1: Die Randomisierungen von Schütze und Torwart sind unabhängig voneinander.

H2: Die Kombination (N, N) ist wahrscheinlicher als die beiden Kombinationen (U, N) und (N, U). Diese wiederum sind wahrscheinlicher als die Kombination (U, U).

H3: Der Schütze hat eine höhere Wahrscheinlichkeit, in die Mitte zu schießen, als der Torwart, dort stehen zu bleiben.

H4: Der Torwart hat eine größere Wahrscheinlichkeit, die natürliche Seite des Schützen (N) zu wählen, als der Schütze, dorthin zu schießen.

H5: *(a) Der Schütze hat eine größere Wahrscheinlichkeit, seine natürliche Seite (N) zu wählen als die andere Seite (U).*

(b) Der Torwart hat eine größere Wahrscheinlichkeit, die natürliche Seite des Schützen (N) zu wählen als die andere Seite (U).

H6: *(a) Die Wahrscheinlichkeit des Torerfolgs ist gleich groß, egal ob der Schütze nach U, N oder in die Mitte schießt.*

(b) Die Wahrscheinlichkeit, ein Tor zu verhindern, ist gleich groß, egal ob der Torwart nach U oder N springt oder in der Mitte stehen bleibt.

H7: *(a) Schützen, die mehr als einen Strafstoß schießen, wählen U und N in zufälliger Reihenfolge.*

(b) Torhüter, die bei mehr als einem Strafstoß im Tor stehen, wählen U und N in zufälliger Reihenfolge.

Es ist zu erkennen, dass jeder der beiden Spieler seine Entscheidung jeweils an den Auszahlungen des Gegners orientiert. Es wird so gewählt, dass beide Spieler indifferent zwischen ihren reinen Strategien sind und sich nur an den Wahrscheinlichkeitsverteilungen für die Aktionen des Gegners orientieren, wodurch sich ein gemischtes Gleichgewicht ergibt. So liegt der Grund dafür, dass der Torwart seltener die Mitte wählt als der Schütze dorthin schießt, in den Kosten eines Schusses in die Mitte *für den Schützen*. Wählt der Torwart dann auch die Mitte, so ist die Trefferwahrscheinlichkeit sehr gering (vgl. Tab. 5). *Für den Torwart* sind die erwarteten Kosten eines Schusses in die Mitte dagegen immerhin geringer als diejenigen eines Schusses in die gegenüberliegende Ecke. Da sich *der Schütze* an diesen Kosten für den Torwart orientiert, ist die Gleichgewichtswahrscheinlichkeit für Schüsse in die Mitte *für den Schützen* höher, denn erwartet „teure" Aktionen werden selten gewählt, erwartet „billige" dagegen häufig. Wäre dies nicht der Fall, wären die Spieler füreinander berechenbar und könnten sich jeweils verbessern, wenn sie ihre Entscheidung in Richtung der Hypothese verschieben würden.

Anschaulicher wird dieser Mechanismus, wenn man sich die Elfmetersituation für einen *einarmigen* Torwart vorstellt. Intuitiv könnte man vermuten, dass dieser gehandikapte Spieler sich auf seine Stärke - die Seite mit dem noch vorhandenen Arm - konzentrieren und häufiger dorthin springen wird. Dies ist jedoch falsch. Denn der Schütze wird in dieser Situation *ausschließlich* auf die Seite mit dem fehlenden Arm schießen, weil die Torwahrscheinlichkeit dort offensichtlich höher ist. Der Torwart wird sich an dieser Auszahlung des Schützen orientieren und entsprechend öfter auf die Seite mit dem *fehlenden Arm* springen.[7] Und zwar genau so häufig, dass die Trefferwahrscheinlichkeit für den Schützen auf beiden Seiten gleich hoch ist.

Es muss beachtct werden, dass die Hypothesen sich zum Teil auf das Aggregat aller Schützen und Torhüter (H1 bis H4), zum Teil auf das Aggregat aller Spieler und auf die individuellen Spieler selbst (H5 und H6) und zum Teil nur auf die individuellen Spieler (H7) beziehen. Dies hat sowohl theoretische als auch empirische Konsequenzen.

Theoretisch lassen die drei Kategorien einen Rückschluss auf die zu Grunde liegende Rationalität zu. Nur wenn H7 sowie H5 und H6 auf individueller Ebene empirisch zutreffen, kann das Wirken individueller Rationalität unterstellt werden. Um die Annahme ökologischer Rationalität zu rechtfertigen, ist es dagegen ausreichend, wenn sich Evidenz für H1 bis H4 sowie H5 und H6 auf der Aggregatebene findet.

Empirisch ist von Belang, dass die Prüfung der Individualhypothesen zumindest aus statistischer Sicht problembehaftet ist, da dazu möglichst viele Beobachtungen eines individuellen Spielers nötig sind.[8] Für die Aggregathypothesen stellt sich dieses Fallzahlproblem nicht. Allerdings ergibt sich ein statistisches Aggregationsproblem. Erstens können Häufigkeiten und Wahrscheinlichkeiten nicht bei einzelnen Elfmetersituationen beobachtet werden, sondern nur im Aggregat aller Spieler und Situationen. Zweitens bildet die empirisch gemessene Häufigkeit nur dann die theoretisch erwartete Wahrscheinlichkeit ab, wenn alle Spieler und Elfmetersituationen homogen sind, wenn also alle Spieler immer dasselbe Spiel spielen. Sollte dagegen in der Population aller Elfmetersituationen Heterogenität existieren, wäre die Wahrscheinlichkeitsmessung verzerrt. Nun können zumindest einige mögliche Heterogenitätsvermutungen ausgeschlossen werden. Es besteht Gleichheit der Elfmetersituation unabhängig vom Spielstand, der Spielzeit, vom Torwart und vom Schussfuß des Spielers. Heterogenität (die theoretisch schon einbezogen wurde) besteht allerdings bei der Schussrichtung des Spielers in Abhängigkeit vom Schussfuß. Die Zahl der po-

---

7 In der Realität würde sich der Torwart wohl nicht nur häufiger auf die Seite mit dem fehlenden Arm werfen, sondern sich auch auf der Torlinie in Richtung dieser Seite aufstellen, um überhaupt eine Chance zu haben den Ball abzuwehren.

8 Bei der Formulierung von H7 wurde dies bereits berücksichtigt, indem die Hypothese nur für zwei Optionen formuliert wurde, da zu einer empirischen Überprüfung mit der Option „Mitte" nie genügcnd Fälle zur Verfügung stehen.

tentiellen Heterogenitätsquellen ist jedoch größer und potentiell unbekannt. Zwar erlaubt gerade die hoch standardisierte Elfmetersituation im Verbund mit einigen Fußballkenntnissen die plausible Annahme, dass für die zentralen Quellen von Heterogenität bereits kontrolliert wird. Mit Sicherheit festgestellt werden kann dies jedoch nicht, weil zur statistischen Kontrolle nur die verfügbaren Variablen herangezogen werden können. Begegnet werden kann der Problematik allerdings, indem die Hypothesen als Häufigkeits-, statt als Wahrscheinlichkeitsaussagen formuliert werden. Damit wird zwar ihr Informationsgehalt verringert. Jedoch sind sie robuster und sollten auch dann noch zutreffen, wenn in den Daten selektive Verzerrungen auftauchen. Diese Möglichkeit ist bei den Hypothesen H2 bis H5 gegeben (vgl. Chiappori et al. 2002: 1143f) und wird bei der nun folgenden empirischen Überprüfung teilweise angewandt.

3. Stand der Forschung

Die empirische Forschung zum Verhalten von Menschen in realen Nullsummenspielsituationen ist überschaubar. Allerdings existiert auch Literatur, die sich mit ähnlichen und hier ebenfalls aufschlussreichen Fragestellungen befasst. Dabei geht es u.a. um die Problematik, ob menschliche Akteure in der Lage sind, allgemein randomisierte Entscheidungen zu fällen bzw. in Entscheidungssituationen mit allgemeinen gemischten Gleichgewichten die theoretisch optimale Randomisierung vorzunehmen. Diese einschlägigen Untersuchungen fanden fast ausschließlich im Labor statt.

3.1. Tests auf gemischte Gleichgewichte im Labor

Randomisierung und Spiele mit gemischten Gleichgewichten: Es ist ein psychologisch gut belegtes Phänomen, dass Menschen tendenziell nicht in der Lage sind, zufällige Entscheidungen zu treffen. Sie neigen vielmehr dazu, Muster in ihre Entscheidungen einzubauen, selbst dann, wenn sie dies gerade vermeiden wollen. So wird beim Versuch, in Serien zwei Entscheidungen zufällig zu treffen, die Entscheidung meist zu häufig gewechselt (z.B. zur Übersicht Bar-Hillel/Wagenaar 1991).

Untersucht man statt parametrischer Entscheidungen solche in strategischen Interaktionen, zeigen sich ähnliche Muster. In verschiedenen Spielen, die ein einziges Gleichgewicht in gemischten Strategien aufweisen,[9] werden bei entsprechenden Laborexperimenten die Gleichgewichte tendenziell nicht erreicht bzw. sind instabil. Bloomfield (1994), Erev und Roth (1998), McKelvey , Palfrey und Weber (2000) und Ochs (1995) finden diesen Befund für verschiedene 2 x 2 (Nicht-Nullsummen)-Diskoordinationsspiele. Die Autoren konzentrieren sich dabei meist darauf zu erklären, ob und wie Individuen lernen, in *wiederholt* gespielten Spielen zum vorhergesagten Gleichgewicht zu gelangen, was zeigt, dass in den hier betrachteten *einfach* gespielten Spielen dieses Gleichgewicht kaum erreicht wird. H1 in einer verallgemeinerten Form muss deshalb für Laboruntersuchungen abgelehnt werden.

Gemischte Gleichgewichte in Nullsummenspielen und insbesondere „matching pennies": Dieser Befund ändert sich nicht wesentlich, wenn man die Literatur zu laborexperimentellen Untersuchungen von Nullsummenspielen betrachtet. Man könnte erwarten, dass hierbei die prognostizierten Gleichgewichte eher erreicht werden, da die Spiele kognitiv einfacher zu lösen sein müssten. Tatsächlich zeigt sich, dass insbesondere die Hypothesen auf der Aggregatebene tendenziell bestätigt werden können, während dies für die Individualebene eher nicht zutrifft (vgl. Brown/Rosenthal 1990; O'Neill 1987, 1991; Rapoport/Boebel 1992, Rosenthal et al. 2003, Shachat 2002). Insbesondere zeigt sich auf der Individualebene, dass die Akteure Mühe haben, im zeitlichen Ablauf zufällige Serien zu produzieren. Allerdings muss auch erwähnt werden, dass die untersuchten Spiele zum Teil vier (O'Neill 1987; Shachat 2002) oder sogar fünf (Rapoport/Boebel 1992) Entscheidungsmöglichkeiten mit unterschiedlichen Auszahlungen aufweisen, so dass die kognitive Bewältigung der Spiele nicht trivial ist. Dies gilt nicht für die einzige direkte Überprüfung des Spiels „matching pennies" von Mookherjee und Sopher (1994), das der Strafstoßsituation am nächsten kommt. Es zeigt sich, dass die Hypothesen sowohl auf Aggregat- wie auch auf Individualebene weitgehend bestätigt werden können. Eine Ausnahme bildet auch hier die Randomisierung im zeitlichen Ablauf, für die sich nur ansatzweise Evidenz findet.

Insgesamt kann damit gefolgert werden, dass in Laborexperimenten die Vorhersagen zu gemischten Gleichgewichten auf der Aggregatebene tendenziell erreicht werden, diejenigen auf der Individualebene dagegen eher nicht. Letzteres gilt insbesondere für die Randomisierung in Serien, wie sie auch für H7 unterstellt wird. Zudem scheinen die Vorhersagen umso weniger zuzutreffen, je

---

9 Neben dem hier im Fokus stehenden Nullsummenspiel „matching pennies" existieren auch verschiedene andere Spiele, die ebenfalls nur ein Gleichgewicht in gemischten Strategien aufweisen (vgl. z.B. Rasmusen 1998: 67ff).

komplexer das untersuchte Spiel ist. Insgesamt kann damit die Annahme individueller Rationalität nur für die einfachen strategischen Interaktionen belegt werden.

3.2. Tests auf gemischte Gleichgewichte anhand von realen Interaktionen im Sport

Bisher existieren nur wenige Untersuchungen zu gemischten Gleichgewichten in realen Interaktionen. Diese beziehen sich alle auf Interaktionen im Sport.

Fußball: Drei Analysen befassen sich ebenfalls mit der hier untersuchten Elfmetersituation. Die entsprechenden Daten von Chiappori, Levitt und Groseclose (2002) werden im nächsten Abschnitt reanalysiert. Dort findet sich auch eine Untersuchung der Datenqualität dieser Studie sowie derjenigen von Palacios-Huerta (2003) und Bar-Eli und seinen Mitautoren (2007), die deren Ergebnisse etwas relativiert.

Aus dem Datensatz von Chiappori, Levitt und Groseclose (2002) ergibt sich neben den unten präsentierten Ergebnissen der Reanalyse insbesondere auch eine Bestätigung von H6 auf individueller Ebene. Spieler, die mehrfach in einer Elfmetersituation entscheiden, weisen für alle drei Entscheidungsoptionen dieselben Trefferraten auf. Dasselbe gilt für die Abwehrwahrscheinlichkeit der Torhüter. Auf Grund der geringen Fallzahl und deren Aufteilung auf zwei Ligen (siehe unten), bleiben diese statistischen Aussagen allerdings eher schwach.

Palacios-Huerta (2003) verwendet einen umfangreichen Datensatz, der 1417 Strafstöße aus den Profiligen von Spanien, England und Italien von 1995 bis 2002 umfasst. Es können alle Hypothesen auf Aggregat- und Individualebene, inklusive der Prognose der zufälligen Wahl in Serien, vollständig bestätigt werden. Die Analyse ist dabei statistisch insofern überzeugender als diejenige von Chiappori et al. (2002), weil für die Individualhypothesen Daten zu mehr als vierzig Spieler vorlagen, die an dreißig und mehr Strafstößen beteiligt waren. Allerdings modelliert der Autor nur den Strategieraum {U, N}, so dass empirisch nichts zum komplexeren Spiel mit drei Optionen bekannt ist. Zusätzlich untersucht Palacios-Huerta (2003) auch die Elfmeterentscheidung bei Elfmeterschießen in Turnieren, in denen der Torwart mindestens fünf aufeinander folgende Entscheidungen in kurzer Folge treffen muss. Diese Entscheidungssituation ähnelt daher eher derjenigen im Labor oder der von Tennisspielern (vgl. unten). Er kommt dabei zum Schluss, dass sich die Torhüter auch in dieser Situation rational verhalten.

Bar-Eli, Azar, Ritov, Keidar-Levin und Schein (2007) legen ihr Augenmerk auf die Option „Mitte". Sie postulieren einen suboptimalen „action bias" für die Torhüter, der dazu führt, dass diese zu selten in der Mitte stehen bleiben und zu häufig auf eine Seite springen. Allerdings modellieren die Autoren das Verhalten des Torwarts beim Elfmeterschuss nicht als strategische, sondern als parametrische Entscheidung unter Unsicherheit. D.h. sie gehen nicht davon aus, dass dabei zwei rationale Akteure am Werk sind, die *gegenseitig* aufeinander reagieren, sondern nehmen an, dass Torwart und Schütze, in spieltheoretischen Termini ausgedrückt, jeweils gegen die Natur spielen, die, unbeeinflusst von den Entscheidungen des jeweils anderen, die Zustände {Links, Mitte, Rechts} mit gewissen Wahrscheinlichkeiten auftreten lässt. Damit sind diese Ergebnisse nicht auf die obigen Hypothesen anwendbar.

Moschini (2004) analysiert eine andere Spielsituation im Fußball, und zwar den Schuss aufs Tor aus dem rechten bzw. linken Halbfeld. Hierbei müssen sich die Schützen entscheiden, ob sie in die nähere Torecke (nach rechts von rechts und umgekehrt) oder in die entferntere (nach links von rechts und umgekehrt) schießen. Die Torhüter müssen sich entscheiden, ob sie eben diese nahe oder die entfernte Ecke besonders abdecken wollen. Die Situation ist insofern interessant, als die beiden Entscheidungen offenbar nicht die gleichen Erfolgschancen versprechen. Ein Schuss in die nahe Ecke ist einfacher zu bewerkstelligen als einer in die entfernte. Für den Torwart ist umgekehrt ein Schuss in die entfernte Ecke einfacher abzuwehren. Weil sich die Spieler aber gegenseitig an ihren erwarteten Auszahlungen orientieren, werden mehr Schüsse auf und mehr Tore in der entfernten Ecke erwartet, die für den Schützen schwieriger zu treffen und für den Torwart einfacher abzuwehren ist. Moschini kann diese Hypothesen anhand von 195 Schüssen aus der italienischen ersten Liga der Spielzeit 2002-2003 bestätigen. Dabei korrigiert er seine Daten nicht für den Schussfuß des Schützen (siehe oben). Dadurch müsste dieser Befund sogar noch eindeutiger ausfallen.

Mit einem Ausschnitt aus dem unten verwendeten Bundeligadatensatz untersuchen außerdem Kuss, Kluttig und Stoll (2007), ob bei einem Foulelfmeter der Gefoulte tatsächlich nicht selbst schießen sollte, weil seine Trefferquote geringer ist als die von anderen Schützen, wie es eine alte Fußballerweisheit besagt. Dies ist nicht der Fall. Vielmehr zeigt sich, dass das Ereignis „Tor" statistisch von keinem der zahlreichen untersuchten Faktoren abhängig ist und durch einen reinen Zufallsprozess erklärt werden kann. Dies entspricht der Vermutung, dass die Spieler sich optimal entscheiden und sich in einem gemischten Gleichgewicht befinden.

Tennis: Die untersuchte Interaktionsstruktur findet sich nicht nur beim Fußball, sondern z.B. auch beim Tennis. Walker und Wooders (2001) analysieren dazu die Aufschlag- und Returnentscheidungen von professionellen Tennisspielern. Diese können jeweils auf die linke oder rechte Seite des Feldes aufschlagen. Der Return-Spieler wählt ebenso eine Seite aus. Damit die Spieler füreinander unberechenbar bleiben, muss die Wahrscheinlichkeit eines Punktgewinns für beide Spieler unabhängig von der Seitenwahl sein. Ebenso muss die Seitenwahl bei jedem neuen Aufschlag von derjenigen des vorhergehenden statistisch unabhängig sein. Anhand von vierzig Finalspielen bei Grand-Slam- und Masters-Turnieren werden diese Hypothesen überprüft. Die Gleichheit der Gewinnwahrscheinlichkeiten kann eindeutig bestätigt werden. Dies gilt nicht für die Randomisierung in Serien, die tendenziell zurückgewiesen werden muss, da die Spieler – wie aus Laborexperimenten bekannt – zu häufig die Seite wechseln. Allerdings ist diese Differenz zwischen Theorie und Empirie nicht so groß wie bei den entsprechenden Laborexperimenten. Hsu, Huang und Tang (2007) replizieren die Untersuchung von Walker und Wooders (2001) mit Daten zu anderen Grand-Slam-Finalspielen von männlichen und weiblichen sowie zu Jugend-Profispielern. Sie bestätigen sowohl die Gleichheit der Gewinnwahrscheinlichkeit als auch die Randomisierung in Serien. Das Hauptproblem beider Analysen besteht jedoch darin, dass die Datenauswahl selektiv geschah, weil jeweils Matches ausgewählt wurden, die als Aufzeichnung oder direkt übertragenes Spiel leicht verfügbar waren. Damit wurden (relativ) schlechte Spieler ausgeschlossen. Die bestätigenden Ergebnisse könnten deshalb auch Ausdruck davon sein, dass Spieler, die sich nicht optimal entschieden haben, nicht untersucht wurden. Diese Vermutung bestätigen Klaassen und Magnus (2001). Sie finden für *alle* Wimbledon-Spiele von 1992-1995, dass bessere Spieler ihr Spiel strategisch optimaler gestalten als schlechtere.[10] Allerdings wird vollständig optimales Verhalten von keinem Spieler erreicht. Dies weist wiederum auf ein höheres Maß an individueller Rationalität in realen Situationen hin. Offenbar ist diese aber, wie bei den laborexperimentellen Befunden, ungleich verteilt, so dass die Frage bleibt, woher diese Fähigkeit stammt.

Andere Spiele: Palacios-Huerta und Volij (2008) untersuchen dieses Problem, indem sie im Labor Fußballprofis und Laien ein 2 x 2 Nullsummenspiel spielen lassen, das ein einfaches Abbild der Elfmetersituation ist. Tatsächlich gelingt es den Profispielern, auch im Labor optimale Entscheidungen zu treffen, ganz im Gegensatz zu der Kontrollgruppe der Laien, die sich weiterhin subop-

---

10 Die Autoren untersuchen kein strategisches Handeln der Spieler, sondern nur, ob zwischen zwei Spielpunkten statistische Unabhängigkeit besteht.

timal verhält. Erstaunlicherweise ergaben sich diese Ergebnisse auch bei einer Replikation des komplexeren 4 x 4 Nullsummenspiel-Experiments von O'Neill (1987, siehe oben). Offenbar konnten die Profispieler ihre optimalen Entscheidungen auf eine der Elfmetersituation ähnliche Interaktion übertragen. Zum gegenteiligen Resultat kommen allerdings Levitt, List und Reiley (2007). Sie wiederholen die Studie mit professionellen Bridge-, Poker- und Fußballspielern. Dabei zeigt sich, dass diese keineswegs besser abschneiden als ungeübte Probanden. Damit kann die Frage, ob individuelle strategische Rationalität eingeübt und dann in unterschiedlichen Situationen angewandt werden kann, nicht entschieden werden.

Insgesamt ergibt die bisherige Evidenz damit folgendes Bild: Auf der Aggregatebene können die untersuchten und verwandte spieltheoretische Hypothesen empirisch bestätigt werden. Dies gilt sowohl für Laboruntersuchungen als auch für reale Entscheidungen. Für Letztere ist die Evidenz allerdings wesentlich auf einfache 2 x 2 Entscheidungen und Hypothesen beschränkt. Die Gleichheit der Erfolgsraten bei drei Optionen auf Aggregatebene, wie sie in H6 formuliert ist, wurde noch nicht überprüft. Dennoch können die vorliegenden Resultate vorerst als eine Bestätigung der Annahme ökologischer Rationalität aufgefasst werden.

Auf der Individualebene ist die Evidenz gemischter. In realen Sportsituationen scheinen sich Akteure tendenziell ebenfalls wie spieltheoretisch vorhergesagt zu entscheiden. Für Laborexperimente trifft dies dagegen eher nicht zu. Weiterhin scheint insbesondere die erwartete Randomisierung in Serien nur in realen Situationen aufzutreten und nicht im Labor. In realen Situationen zeigt sich das Ergebnis vor allem in den kurzen Serien mit langen zeitlichen Abständen zwischen zwei Entscheidungen des Elfmeterschießens. Steigt die statistische Chance von den Prognosen abzuweichen, wie bei den Tennisaufschlägen, jedoch an, so finden sich nur noch wenige Spieler, die in die Nähe optimalen Verhaltens kommen.

Hier muss noch ein weiterer Einwand angebracht werden, der sowohl auf die bisherigen Untersuchungen zu Elfmeter- als auch Aufschlagsentscheidungen zutrifft. Die entsprechenden Datensätze sind alle mehr oder weniger verzerrt, weil sie sich nur auf durch das Fernsehen verfügbare Beobachtungen stützen. Dies entspricht immer einer positiven Selektion, hin zu den besseren, spektakuläreren und wichtigeren Spielsituationen bzw. Spielern (z.B. in Finalbegegnungen), die auch noch über mehrere Ligen bzw. Turniere verteilt sind. Wenn nun tatsächlich z.B. ein oder mehrere Strafstöße eines Spielers nicht beobachtet werden, kann dies durchaus Auswirkungen auf die in dieser Hinsicht sensitiven Ergebnisse haben.

In der folgenden empirischen Analyse sollen diese Einwände behoben werden, indem ein Datensatz zu Elfmeterschüssen verwendet wird, der erstens eine wesentlich längere Periode vollständig umfasst. Und zweitens werden damit bisher ungeprüfte Hypothesen empirisch untersucht, die auch komplexere Entscheidungssituationen beinhalten. Als nächstes wird das verwendete Datenmaterial dargestellt.

4. Datensätze

Für die empirische Analyse stehen prinzipiell vier Datensätze zur Verfügung: Zum einen ein Datensatz zu Elfmetern in der Bundesliga, der bisher noch nicht analysiert wurde. Und zum anderen die bereits erwähnten Datensätze von Bar-Eli, Azar, Ritov, Keidar-Levin und Schein (2007), Chiappori, Levitt und Groseclose (2002) und Palacios-Huerta (2003). Als nächstes werden diese Datensätze beschrieben und dargestellt, inwiefern sie für eine Überprüfung der aufgestellten Hypothesen geeignet sind.

4.1. Bundesligadatensatz

Der verwendete Datensatz (abgekürzt: BL) enthält Angaben zu allen 1043 Elfmetersituationen, die in den Spielzeiten 1992/1993 bis 2003/2004 der ersten deutschen Bundesliga stattgefunden haben. Die Daten wurden von der Firma IMP AG erhoben. Diese beobachtet Bundesligaspiele, um die Daten anschließend an Interessenten, z.B. an die beteiligten Mannschaften, zu verkaufen. Dabei werden nicht nur Elfmetersituationen, sondern sämtliche Aktionen eines Spiels von insgesamt vier professionellen Beobachtern dokumentiert.[11] Die Daten sind deshalb hoch valide und objektiv. Dies gilt sowohl für die Beschreibung der Elfmeter an sich als auch für die Frage der Vollständigkeit und damit Unverzerrtheit des Datensatzes sowie der kompletten Abdeckung einer langen Zeitperiode auf Spielerebene. Diese garantiert gleichzeitig hohe Fallzahlen.

---

11 Es handelt sich nur um Meisterschaftsspiele. Der Datensatz enthält also keine Beobachtungen zu Elfmeterschießen, wie sie bei unentschiedenem Spiel am Ende von Pokalspielen ausgetragen werden.

Jede Elfmetersituation ist dabei durch die folgenden, in Tabelle 1 zusammengefassten Angaben beschrieben: beteiligte Schützen und Torhüter, Schussfuß des Schützen, Richtung des Torschusses, Sprungrichtung der Torhüter und das resultierende Ergebnis in vier Kategorien („Tor", „vorbeigeschossen", „Torumrandung", und „vom Torhüter abgewehrt"). Die Richtungen werden einmal originär vom jeweiligen Spieler aus gesehen eingetragen und einmal in der beschriebenen einheitlichen Notation als „natürliche" Richtungen.

Tabelle 1: Deskription des Bundesligadatensatzes.

	Schussfuß		Schuss bzw. Sprungrichtung jeweils originär/"natürlich"			Ergebnis			
	L	R	L/U	Mitte	R/N	Tor	vor-bei	Tor-um.	ab-gew.
Schützen	377	666	441/433	151	451/459	788	27	24	
Torhüter			520/542	17	506/484				204

Die erste Zahl bei der Schuss- bzw. Sprungrichtung links (L) und rechts (R) bezeichnet die tatsächliche Richtung des Schusses bzw. des Sprungs, jeweils vom ausführenden Spieler aus gesehen. Die zweite Zahl bezieht sich auf die natürliche (N) und unnatürliche (U) Richtung vom Torwart aus gesehen; dabei werden Schüsse und Sprünge auf die - vom Torwart aus gesehen - rechte Seite bei Rechtsfüßern als natürlich und bei Linksfüßern als unnatürlich gezählt. „Torum." bedeutet „Torumrandung getroffen", „abgew." bedeutet „vom Torwart abgewehrt".

4.2. Andere Datensätze

Chiappori, Levitt und Groseclose dienen als Datenbasis verschiedene „game highlight films" (2002: 1144), auf denen sie insgesamt 459 Strafstöße der ersten französischen (Spielzeiten 1997-1999) und italienischen (Spielzeiten 1997-2000) Liga beobachten. Ob sich in diesen tatsächlich „virtually every penalty kick" der betreffenden Ligen und Spielzeiten wiederfindet, lässt sich kaum überprüfen. Dieser Einwand ist allerdings nur für Reanalysen auf Individualebene wichtig. Diese können wegen mangelnder Angaben aber sowieso nicht vorgenommen werden. Entscheidender ist dagegen, dass der Datensatz in der oben beschriebenen Weise für Linksfüßer korrigiert ist. Die Verteilung der Strategiewahlen und Trefferwahrscheinlichkeiten in dem Datensatz findet sich unten in Tabelle 4 und 5 wiedergegeben (übernommen aus Chiappori et al. 2002: 1146-1148).

Zur vorgesehenen Reanalyse am besten geeignet wäre der Datensatz, den Palacios-Huerta (2003) verwendet. Er enthält Angaben zu insgesamt 1417 Strafstößen aus den Profiligen von Spanien, England und Italien von 1995 bis 2002. Allerdings können die zur Reanalyse benötigten Zahlen wegen gerundeten Werten in der Publikation nicht rekonstruiert werden. Damit entfällt der Datensatz für eine Reanalyse.

Bar-Eli und seine Mitautoren (2007) basieren ihren Datensatz auf Archivaufnahmen von „various television channels" zu Spielen aus „top leagues and championships worldwide" (Bar-Eli et al. 2007: 610). Beobachtet werden 311 Strafstöße. Auch dieser Datensatz weist für die hier vorgenommene Reanalyse einige Nachteile auf. Erstens sind im Gegensatz zu den anderen Datensätzen die Schussrichtungen der Schützen nicht für den Schussfuß korrigiert. Zweitens wurden 18 Schüsse, die daneben oder an die Torumrandung gingen und weitere sieben, die keiner Richtung zugeordnet werden konnten, aus dem Datensatz ausgeschlossen. Für verschiedene Analysen, z.B. die Trefferquoten betreffend, müssten diese Schüsse aber berücksichtigt werden, insbesondere wenn man die geringe Fallzahl bedenkt. Drittens ist das Auswahlverfahren für die Elfmeter undurchsichtig. Man muss davon ausgehen, dass die Stichprobe hin zu besonders spektakulären und/oder wichtigen Elfmetern verzerrt ist, an denen tendenziell bekannte und wohl auch bessere Spieler beteiligt waren und die deswegen besondere Beachtung durch das Fernsehen erfahren haben. Darauf könnte viertens auch zurückgeführt werden, dass die oben als technische Notwendigkeit belegte Simultanität der Entscheidungen beim Elfmeter, die erst zu den untersuchten gemischten Gleichgewichten führt, in dem Datensatz nicht vollständig gegeben ist. Wie die Autoren im Appendix zeigen, liegen bei etwa 10% der Elfmeter keine simultanen Entscheidungen vor. Vielmehr haben die Torhüter in dem Datensatz eine signifikante Tendenz auf die Schützen zu reagieren.[12] Und fünftens können die für die Hypothesenprüfung benötigten Annahmen (vgl. unten „Test der Annahmen") nicht garantiert werden. Diese Mängel lassen keinen sinnvollen Test der formulierten Hypothesen zu, da bei einer empirischen Ablehnung derselben nicht entschieden werden kann, ob diese auf nicht adäquate Daten oder eine tatsächlich nicht zutreffende Vermutung zurückzuführen ist. Da einige Analysen zeigen, dass dieser Fall auch mehrfach auftritt, werden diese

---

12 In der Matrixdarstellung der Strategiewahlen (vgl. Bar-Eli et al. 2007: 612) ist die Hauptdiagonale mit 123 Fällen signifikant stärker besetzt als die Gegendiagonale mit 93 Fällen (t = -2,06), vgl. auch unten Hypothese 1.

Daten nicht weiter verwendet. Im nächsten Abschnitt werden die obigen Hypothesen deshalb nur am Bundesligadatensatz und soweit möglich am Datensatz von Chiappori, Levitt und Groseclose (2002) überprüft.

5. Ergebnisse

Um das dargestellte Modell der Elfmetersituation empirisch überprüfen zu können, müssen drei Annahmen erfüllt sein. In einer entsprechenden Analyse zeigen Chiappori, Levitt und Groseclose (2002: 1143-1150), dass diese für den von ihnen verwendeten Datensatz erfüllt sind. Als nächstes wird deshalb untersucht, ob diese Annahmen auch für den Bundesligadatensatz zutreffen.

5.1. Test der Annahmen

Um alle obigen Hypothesen überprüfen zu können, müssen die folgenden Annahmen erfüllt sein: Die Schützen müssen das gleiche Spiel spielen, unabhängig davon, welchen Schussfuß sie benützen, und die Schützen und Torhüter müssen das gleiche Spiel spielen, unabhängig davon, welche Entscheidung sie treffen. Um die empirischen Häufigkeiten als Wahrscheinlichkeiten interpretieren zu können, ist es weiterhin notwendig, dass das Spiel auch durch den Erwartungsdruck auf den Schützen nicht verändert wird.

Der Erwartungsdruck wird durch den Spielstand, das Heimrecht (jeweils aus der Sicht des Schützen) und die Halbzeit der Strafstoßsituation approximiert. Ergibt sich hier keine Heterogenität in den Daten, ist dies ein starker Hinweis auf eine homogene Spielsituation bei allen Strafstößen.

Tabelle 2: Logistische Regression der abhängigen Variablen „Treffer", „Strategiewahl" und „Abwehr", jeweils auf die unabhängigen Variablen „Schussfuß", „Heimspiel", „Halbzeit" und „Tordifferenz".

Abh. Var. Unabh. V.	Modell 1 Treffer (ja/nein) Koeffizient (t-Wert)	Modell 2 Strategiewahl (L/R) Koeffizient (t-Wert)	Modell 3 Abwehr (ja/nein) Koeffizient (t-Wert)
Schussfuß	-0,138 (-0.91)	-0,146 (-1,11)	0,155 (0,94)
Heimspiel	-0,052 (-0,33)	-0,043 (-0,32)	0,023 (0,14)
Halbzeit	0,104 (0,70)	0,008 (0,06)	-0,048 (-0,30)
Tordifferenz	0,001 (0,01)	-0,013 (-0,09)	-0,040 (-0,24)
Pseudo-R^2	0,0013	0,0010	0,0011
N	1043	1043	992*

* Die Fallzahl in Modell 3 ist geringer, weil hier die Fälle ausgeschlossen sind, in denen der Schuss an die Torumrandung oder daneben ging. Enthalten sind nur die Schüsse, die vom Torwart tatsächlich abgewehrt wurden, bzw. diejenigen, die zu einem Tor geführt haben. Es wird das Pseudo-R^2 von McFadden angegeben.

Gleichheit des Spiels für Schützen unabhängig vom Schussfuß (und Spielstand, -zeitpunkt und -ort): Zeigt sich in einer logistischen Regression kein Einfluss der beschriebenen Variablen auf die Chance, ein Tor zu erzielen, kann davon ausgegangen werden, dass die Gleichheit des Spiels gegeben ist. Tatsächlich ist dies der Fall, wie Modell 1 in Tabelle 2 nachweist. Keine der unabhängigen Variablen hat auch nur einen annähernd signifikanten Einfluss auf die Chance, ein Tor zu erzielen, wie auch am extrem geringen Pseudo-R^2 ablesbar ist.

Gleichheit des Spiels unabhängig von der Strategiewahl (und Spielstand, -zeitpunkt und -ort): In Modell 2 in Tabelle 2 wird analog vorgegangen, um empirisch die Gleichheit des Spiels unabhängig von der Strategiewahl nachzuweisen. Aus Einfachheitsgründen wird dabei der Schuss in die Mitte der natürlichen Seite zugeschlagen.[13] Es zeigt sich, dass auch die Wahl der unnatürlichen oder natürlichen Seite des Tores unabhängig vom Schussfuß des Schützen ist. Für die weiteren abhängigen Variablen findet sich ebenfalls kein Einfluss.

Gleichheit des Spiels für Torhüter unabhängig vom Schussfuß (und Spielstand, -zeitpunkt und -ort): Modell 3 bestätigt auch für Torhüter, dass sie das gleiche Spiel spielen, unabhängig davon, ob sie einem Links- oder Rechtsfüßer gegenüberstehen. Außerdem ändert sich auch für die Torhüter die Elfmetersituation in Abhängigkeit von Zeit, Ort und Stand des Spieles nicht.

---

13 Ein entsprechender Test mit einer multinomialen logistischen Regression, die alle drei Kategorien berücksichtigt, ändert diesen Befund nicht.

Damit können die für die theoretische Analyse getroffenen Annahmen empirisch bestätigt und mit der Überprüfung der Hypothesen begonnen werden. Inhaltlich zeigt sich hier außerdem, dass die Spieler sich insofern rational verhalten, als sie ihre Entscheidungen nicht durch einen erhöhten Erwartungsdruck verändern.

5.2. Hypothesentests auf Aggregatebene

Die Hypothesen 1 bis 4 machen Aussagen zur Aggregatebene beider Spieler. Für die Hypothesen 5 und 6 ist sowohl die als nächstes vorgenommene Überprüfung auf Aggregatebene als auch eine Überprüfung auf Individualebene möglich. Die Vermutung 7 bezieht sich dagegen auf die Individualebene einzelner Spieler. In dieser Abfolge werden die Hypothesen hier nun empirisch überprüft.

H1: Unabhängigkeit der Strategien von Schütze und Torwart: Tabellen 3 und 4 zeigen die gemeinsame Verteilung der Strategiewahlen von Schützen und Torhütern in den beiden Datensätzen. Daraus kann jeweils geschätzt werden, ob zwischen der Schussrichtung des Schützen und der Entscheidung des Torwarts ein statistischer Zusammenhang besteht. Dies ist nicht der Fall (BL: χ^2 = 2,4, df = 4, p = 0,66, Ch: $\chi2$ = 1,9, df = 4, p = 0,74). Somit zeigt sich hier die oben auch fußballtechnisch belegte Annahme der Simultanität der Entscheidungen. Erwartungsgemäß ist damit weder die Hauptdiagonale (Torhüter reagieren auf Schützen) noch die Gegendiagonale ohne die Mitte (Schützen reagieren auf Torhüter) stärker besetzt (BL: t = 0,30, Ch: t = -0,77).

H2: Abfolge der Strategienkombinationen: Wie vorhergesagt, ist die Kombination [N, RN] jeweils am wahrscheinlichsten (BL: 22,1%, Ch: 25,5%). Danach folgen [U, N] (BL: 21,6%, Ch: 20,7%) und [N, U] (BL: 21,1%, Ch: 18,5%).

Die seltenste der vier Kombinationen ist [U, U] (BL: 19,4%, Ch: 16,3%). Ein Maximum-Likelihood-Test zeigt, dass im Datensatz von Chiappori, Levitt und Groseclose (2002) die Unterschiede zwischen [N, N] und [U, U] sowie zwischen [N, N] und [U, N] signifikant sind. Für den Bundesligadatensatz weist die größte Differenz nur ein Signifikanzniveau von 16% auf. Wird die Wahl der Mitte durch den Schützen zu dessen natürlicher Seite gezählt (vgl. oben), so ergeben sich entsprechend mehr hochsignifikante Unterschiede zwischen allen Kombinationen.

Tabelle 3: Empirische Verteilung der Strategiewahlen von Torwart und Schütze als absolute Häufigkeiten und als Prozentanteile - Bundesliga.

| | | Torhüter | | | | | | Zeilensumme | |
		U		M		N		abs.	%
	U	202	19,4%	6	0,6%	225	21,6%	433	41,5%
Schütze	M	62	5,9%	3	0,3%	86	8,2%	151	14,5%
	N	220	21,1%	8	0,8%	231	22,1%	459	44,0%
Spaltensumme		484	46,4%	17	1,6%	542	52,0%	1043	100%

Die Strategiewahl N bezeichnet hier und in den folgenden Tabellen jeweils den Schuss bzw. den Sprung auf die natürliche Seite des Schützen. U bezeichnet entsprechend die unnatürliche Seite und M die Mitte. (Fehlende auf 100% durch Rundung.)

Tabelle 4: Empirische Verteilung der Strategiewahlen von Torwart und Schütze als absolute Häufigkeiten und als Prozentanteile – Chiappori et al. 2002.

| | | Torhüter | | | | | | Zeilensumme | |
		U		M		N		Abs.	%
Schütze	U	75	16,3%	4	0,9%	95	20,7%	174	37,9%
	M	28	6,1%	3	0,7%	48	10,5%	79	17,2%
	N	85	18,5%	4	0,9%	117	25,5%	206	44,9%
Spaltensumme		188	41,0%	11	2,4%	260	56,5%	459	100%

H3: Wahrscheinlichkeit der Option „Mitte": Für beide Datensätze ist klar erkennbar, dass die Schützen eine weit höhere Wahrscheinlichkeit haben in die Mitte zu schießen, als die Torwarte, dort stehen zu bleiben. Diese Differenz ist in beiden Fällen hochsignifikant (BL: t = 17,1, Ch: t = 10,9).

H4: Wahl der natürlichen Ecke durch Torhüter und Schützen gemeinsam: Die Torhüter springen mit größerer Wahrscheinlichkeit auf die natürliche Seite (BL: 52,0%, Ch: 56,5%), als die Schützen dorthin schießen (BL: 44,0%, Ch: 44,9%). Diese Differenz ist jedoch nicht signifikant, wie entsprechende t-Tests zeigen. Wird die Wahl der Mitte durch den Schützen zu dessen natürlicher Seite gezählt (vgl. oben), so ergibt sich ein signifikanter Unterschied mit einem t-Wert von 13,8 (BL) bzw. 10,1 (Ch). Auch wenn davon ausgegangen wird, dass in den Daten nicht identifizierbare selektive Verzerrungen vorliegen und die Hypothese deshalb als Häufigkeitsaussage formuliert wird, bleiben die vorliegenden Differenzen eindeutig signifikant (BL: t = -2,6, Ch: t = -2,5).

H5: Wahl der natürlichen Ecke jeweils durch Schützen und Torhüter: Tatsächlich wählen die Schützen die natürliche Ecke in 44,0% (Ch: 44,9%) aller

Fälle und damit signifikant wahrscheinlicher als die unnatürliche mit 41,5% (Ch: 37,9%) aller Fälle (K-S-Anpassungstest auf Gleichverteilung für BL: z = 15,5, asymp. signifikant 0,00; Ch: z = 10,6, asymp. signifikant 0,00). Die Hypothese kann bestätigt werden.[14]

Tabelle 5: Empirische Verteilung der Trefferwahrscheinlichkeiten der Schützen in Prozenten für die Bundesliga (erste Zahl) und für den Datensatz von Chiappori et al. (zweite Zahl).

| | | Torhüter | | | | | | | |
		U		M		N		Gesamt	
Schütze	U	52,5	63,2	83,3	100,0	96,0	94,1	75,5	76,7
	M	74,2	81,2	33,3	0,0	64,0	89,3	67,5	81,0
	N	91,8	89,5	100,0	100,0	64,5	44,0	78,2	70,1
Gesamt		73,1	76,2	82,4	72,7	77,5	73,4	75,6	74,9

Datenquellen: Eigene Berechnungen und Chiappori et al. (2002) Tabelle 4. Die Zahlen in den Zellen entsprechen den empirischen Trefferwahrscheinlichkeiten (d.h. den Quotienten aus den Treffern und allen Schüssen) für den Schützen bei der betreffenden Strategienkombination. Die Abwehrwahrscheinlichkeiten für den Torwart ergeben sich jeweils als Gegenwahrscheinlichkeit (vgl. Abb. 2).

Dasselbe gilt für Torhüter. Diese antizipieren offenbar, dass es für Schützen günstiger ist, auf ihre natürliche Seite zu schießen, und springen entsprechend mit einer signifikant größeren Wahrscheinlichkeit dorthin (BL: 52,0% Ch: 56,5%) als in die unnatürliche Ecke (BL: 46,4% Ch: 41,0%). Diese Differenz ist sowohl für die Bundesliga als auch für den Datensatz von Chiappori et al. (2002) signifikant (BL: K-S-Anpassungstest auf Gleichverteilung z = 16,9, asymp. signifikant 0,000; Ch: z = 12,3, asymp. signifikant 0,00).[15]

H6: Gleichheit der Erfolgswahrscheinlichkeit für alle Strategien für Schützen und Torhüter: Aus Tabelle 5 wird ersichtlich, dass insbesondere die Seiten für Schützen und Torhüter in beiden Datensätzen ähnliche Erfolgswahrscheinlichkeiten aufweisen. Für die Wahl der Mitte trifft dies in etwas geringerem Maße zu.

Die eigentliche Trefferwahrscheinlichkeit entspricht allerdings der *erwarteten Auszahlung* für eine bestimmte Seitenwahl. Diese ergibt sich dabei aus dem

14 Alternativ kann hier auch ein t-Test durchgeführt werden. Dieser zeigt bei beiden Datensätzen an, dass sich die Verteilung nicht signifikant von einer 50:50-Verteilung unterscheidet (BL: t = 0,87, Ch: t = 1,64). Werden die Schüsse in die Mitte in Anlehnung an Palacios-Huerta (2003) dagegen zur natürlichen Seite gezählt, wird die Differenz größer und signifikant (BL: t = 5,56, Ch: t = 5,33).

15 Ein t-Test ergibt wiederum abgeschwächte Signifikanzen (BL: t = 1,81, Ch: t = 3,44).

Produkt aus dem erwarteten Nutzen für eine bestimmte Strategiewahl und der Wahrscheinlichkeit, mit der die Strategie gewählt wird. Da - wie oben theoretisch begründet - die natürliche Seite des Schützen empirisch tatsächlich mit geringeren Kosten (weil einfacher zu schießen) versehen ist, sollte der Schuss auf diese Seite etwas häufiger vorkommen. Allerdings sind die genauen Kosten, anders als etwa bei „matching pennies", a priori unbekannt und können nur empirisch aus den beobachteten Trefferwahrscheinlichkeiten geschätzt werden. Von diesen kann auf die optimale Mischung der Strategien geschlossen werden. Die Herleitung dieses gemischten Gleichgewichts ist erfahrungsgemäß intuitiv schwierig zu fassen. Deshalb erfolgt hier eine formale Darstellung, um zu dem nötigen Verständnis beizutragen.

Gegeben sei das folgende Modell des Elfmeterschießens, das in Normalform mit dem Strategieraum {U, M, N} in Abbildung 3 dargestellt ist. a bis i bezeichnen die empirischen Trefferwahrscheinlichkeiten für die betreffende Strategienkombination und {p,q,1-p-q} und $\{\overline{p},\overline{q},1-\overline{p}-\overline{q}\}$ die resultierenden, optimalen Wahrscheinlichkeitsverteilungen für die Strategien von Torhüter und Schützen.

Abbildung 3: Gemischte Gleichgewichte beim Elfmeter mit drei Strategien.

			Torhüter		
			p U	q M	$1-p-q$ N
Schütze	$\overline{p}$	U	a	b	c
	$\overline{q}$	M	d	e	f
	$1-\overline{p}-\overline{q}$	N	g	h	i

In einem gemischten Gleichgewicht müssen alle drei Strategien denselben Erwartungsnutzen aufweisen. Als erstes wird deshalb der Erwartungsnutzen der Strategie U des *Schützen* mit demjenigen seiner Strategie M gleichgesetzt. Dazu werden die Wahrscheinlichkeiten der Strategien des *Torwarts* benutzt:

$$p \cdot a + q \cdot b + (1 - p - q) \cdot c = p \cdot d + q \cdot e + (1 - p - q) \cdot f$$

$$p = \frac{c - f}{c - f + d - a} - \frac{e - b + c - f}{c - f + d - a} \cdot q$$

Dann wird dasselbe mit den Schützenstrategien U und N gemacht:

$$p \cdot a + q \cdot b + (1 - p - q) \cdot c = p \cdot g + q \cdot h + (1 - p - q) \cdot i$$

$$p = \frac{c - i}{c - i + g - a} - \frac{h - b + c - i}{c - i + g - a} \cdot q$$

Gleichsetzen der beiden Bedingungen erlaubt es nach q aufzulösen:

$$\frac{c - f}{c - f + d - a} - \frac{e - b + c - f}{c - f + d - a} \cdot q = \frac{c - i}{c - i + g - a} - \frac{h - b + c - i}{c - i + g - a} \cdot q$$

$$q = -\frac{id - ia + af - cd + cg - fg}{ia - ib - id + ie + ae - ce - ge - bd - af + cd + bf - ah + bg - cg + ch + dh + fg - fh}$$

Nun kann q eingesetzt und auch nach p aufgelöst werden:

$$p = -\frac{ib - ie + ce - bf - ch + fh}{ia - ib - id + ie + ae - ce - ge - bd - af + cd + bf - ah + bg - cg + ch + dh + fg - fh}$$

Durch Einsetzen der empirischen Trefferwahrscheinlichkeiten (vgl. Tab. 5) und Ausrechnen können nun die optimalen empirischen Wahrscheinlichkeiten p, q und $1 - p - q$ bestimmt werden, mit denen der *Torhüter* die drei Optionen {U, M, N} wählen sollte. Analog kann für den Erwartungsnutzen des *Torwarts* verfahren werden und die optimalen empirischen Wahrscheinlichkeiten $\overline{p}$, $\overline{q}$ und $1 - \overline{p} - \overline{q}$ bestimmt werden, mit denen der *Schütze* die drei Optionen {U, M, N} wählen sollte. In Tabelle 6 werden die vorhergesagte und beobachtete Mischung der Seitenwahl für die Schützen und Torhüter für beide Datensätze berichtet.[16]

Tabelle 6: Vorhergesagte und tatsächliche Häufigkeiten der Strategiewahlen für Schütze und Torhüter in Prozent für das 3 x 3 - Spiel.

	Schütze			Torwart		
	U	M	N	U	M	N
Bundesliga						
Vorhergesagte H.	38.56	0.0	61.44	44.49	0.0	55.51
Tatsächliche H.	41.51	14.48	44.01	46.40	1.63	55.06
Chiappori et al. 2002						
Vorhergesagte H.	33.36	23.75	42.89	31.25	9.22	59.53
Tatsächliche H.	37.91	17.21	44.88	40.96	2.40	56.46

Insbesondere die Torhüter im Datensatz von Chiappori, Levitt und Groseclose (2002) entscheiden sich derart, dass die Schützen über alle drei Optionen ähnliche Trefferwahrscheinlichkeiten aufweisen. Für die Bundesligaschützen gilt dies nur bedingt. Die Mitte wird zu häufig zu Lasten der natürlichen Seite gewählt.

Die Schützen in der Bundesliga sind dagegen erstaunlich erfolgreich darin, die Torhüter indifferent zwischen ihren drei Optionen zu machen. Im Datensatz von Chiappori, Levitt und Groseclose (2002) ist dieses Verhalten nicht mehr so ausgeprägt sichtbar. Obschon die Torhüter dort die Mitte etwas zu Gunsten der unnatürlichen Seite vernachlässigen, weist auch hier die Tendenz in die erwartete Richtung.

Damit können die Vorhersagen auf der Aggregatebene mit leichten Einschränkungen bestätigt werden. Denn zum einen erweisen sich nicht alle untersuchten statistischen Beziehungen in allen Tests als signifikant, obgleich sich immer die erwartete Effektrichtung zeigt. Diese Einschränkung kann jedoch fallen gelassen werden, wenn die Hypothesen statt als Wahrscheinlichkeits- als Häufigkeitsaussagen formuliert werden und/oder in Anlehnung an Palacios-Huerta (2003) die Handlungsalternativen auf U und N beschränkt werden. Zum anderen ergibt sich beim Test von Hypothese 6 mittels der informationsreichen Punktschätzungen eine gewisse Unschärfe, so dass nicht klar gesagt werden kann, ab wann die Hypothese als falsifiziert gelten müsste. Insgesamt kann die

---

16 Die Berechnungen wurden nicht von Hand, sondern mit der Software „Gambit" vorgenommen. Das Programm ist unter http://econweb.tamu.edu/gambit verfügbar.

spieltheoretisch unterstellte Rationalität somit in einem ersten Schritt auf der Ebene der beiden interagierenden Akteure bestätigt werden.

5.3. Hypothesentests auf Individualebene

Wenn die spieltheoretischen Vorhersagen als Resultat von individuellen rationalen Kalkulationen interpretiert werden, müssen die Hypothesen auch auf der Individualebene zutreffen. Problematisch ist dabei die unausweichliche Reduktion der Fallzahl. Für die statistische Analyse in Betracht kommen nämlich nur noch diejenigen Spieler, die im Beobachtungszeitraum an einer genügend großen Zahl von Elfmetersituationen beteiligt waren. Dies sind eher Torhüter, weil pro Mannschaft nur ein Torwart, aber zehn potentielle Elfmeterschützen vorhanden sind. Dazu kommt, dass Torhüter im Vergleich zu Feldspielern mehr Spiele pro Spielzeit spielen und tendenziell längere Karrieren haben. Sie haben damit eine höhere Chance, während des ganzen Untersuchungszeitraums beobachtet werden zu können. Für die Individualanalysen werden deshalb insgesamt 13 Torhüter betrachtet, die zwischen 21 und 40 Elfmetersituationen absolviert haben. Dies kann statistisch noch gut begründet werden. Dagegen weisen von den zwölf untersuchten Schützen sieben weniger als 21 Schüsse auf. Die statistischen Analysen werden hier - mit der gebotenen Vorsicht bei der Interpretation – dennoch vorgenommen. Um die Fallzahl nicht weiter zu reduzieren, werden dabei die wenigen Schüsse in die Mitte (insgesamt 25 bei den betrachteten Schützen) in Anlehnung an Palacios-Huerta (2003) zur natürlichen Seite gezählt. Dagegen werden bei den Torhütern jeweils die sehr wenigen Schüsse ausgeschlossen, die daneben oder an die Torumrandung gingen und deshalb nicht abgewehrt werden mussten.

H5: Wahl der natürlichen Ecke durch individuelle Schützen und Torhüter: Auf der Aggregatebene konnte bestätigt werden, dass die natürliche Ecke der anderen vorgezogen wird. Auf der Individualebene ist dies nicht eindeutig der Fall. Nur acht von zwölf Spielern wählen tatsächlich ihre natürliche Ecke häufiger als die andere (vgl. Tab. 7). Die vier anderen Spieler ziehen z.T. deutlich häufiger die unnatürliche Ecke vor.

Die Torhüter treffen insofern korrekte Erwartungen darüber, als sie ebenfalls nicht häufiger die natürliche Ecke wählen. Nur vier Torhüter springen häufiger auf die natürliche Seite des Schützen, acht dagegen auf die unnatürliche. Lehmann wählt beide Seiten gleich häufig (vgl. Tab. 7). Zusammen mit der

Tatsache, dass die Schätzungen für die Torwarte statistisch valider sind, führt dies zur Ablehnung der Hypothese auf Individualebene.[17]

H6: Gleichheit der Erfolgswahrscheinlichkeit auf beiden Seiten für individuelle Schützen und Torhüter: Wegen der geringen Fallzahlen wird bei der Überprüfung dieser Hypothese statt des χ^2-Tests Fishers exakter Test verwendet. Dieser zeigt, dass die Vermutung bestätigt werden kann. Von zwölf Schützen zeigen sechs eine perfekte Verteilung der Trefferwahrscheinlichkeit (vgl. Tab. 7). Nur bei den Schützen Ailton und Anderbrügge zeichnet sich eine fast signifikante Ablehnung der Hypothese ab (Ailton hat zu häufig auf der natürlichen Seite verschossen, Anderbrügge zu häufig auf der unnatürlichen). Für die Torhüter zeigt sich dieser Befund ebenfalls. Höchstens Kahn oder Kiraly könnten den Schützen Anlass zur Annahme geben, dass sie auf einer der beiden Seiten eine geringere Abwehrwahrscheinlichkeit aufweisen als auf der anderen (vgl. Tab. 7).

Insgesamt kann damit die spieltheoretisch prognostizierte Gleichheit der Gewinnwahrscheinlichkeit auf beiden Seiten eindeutig nachgewiesen werden. Dies wird zusätzlich durch einen K-S-Anpassungstest bestätigt, der überprüft, ob die gemeinsame Verteilung aller Einzeltests ebenfalls als Produkt eines Zufallsprozesses zustande gekommen sein könnte. Dies ist der Fall, wie die entsprechenden p-Werte zeigen: Weist man die Hypothese der statistischen Unabhängigkeit und damit Gleichheit der Gewinnwahrscheinlichkeit zurück, macht man mit 82,9% (Torhüter), 76,2% (Schützen) bzw. 61,1% (alle Spieler) Wahrscheinlichkeit einen Fehler.

---

17 Auf Grund der geringen Fallzahlen und weil die Hypothese schon durch die falschen Vorzeichen falsifiziert ist, wird hier auf Signifikanztests verzichtet.

Tabelle 7: Verteilung der getroffenen bzw. abgewehrten Schüsse.

Spieler	n	U kein Erfolg	N kein Erfolg	U Erfolg	N Erfolg	*Sig.*
Schützen						
Ailton	21	0	4	8	9	0,13
Ingo Anderbrügge	21	3	2	3	13	0,12
Krassimir Balakov	21	1	1	11	8	1,00
Jörg Butt	29	1	3	11	14	0,62
Rodolfo Cardoso	16	1	1	4	10	1,00
Thomas Häßler	19	2	1	9	7	1,00
Horst Heldt	16	2	2	4	8	0,60
Andreas Herzog	17	2	1	4	10	0,52
Ulf Kirsten	16	1	1	10	4	1,00
Toni Polster	22	0	3	7	12	0,52
Bernhard Winkler	15	2	2	6	5	1,00
Michael Zorc	20	2	2	7	9	1,00
N_S	233	17	23	84	109	
Torhüter						
Jörg Butt	23	5	12	2	4	1,00
Richard Golz	37	16	12	6	3	0,71
Dirk Heinen	23	10	10	2	1	1,00
Oliver Kahn	45	17	20	6	2	0,24
Gabor Kiraly	22	5	14	2	1	0,23
Stefan Klos	21	7	8	3	3	1,00
Georg Koch	26	6	17	1	2	1,00
Jens Lehmann	30	11	13	4	2	0,65
Martin Pieckenhagen	28	8	12	4	4	0,69
Oliver Reck	31	15	12	1	3	0,33
Claus Reitmaier	40	19	9	10	2	0,45
Frank Rost	33	15	13	2	3	0,66
Jörg Schmadtke	21	11	9	0	1	0,48
N_T	380	145	161	43	31	

Die Abkürzungen bedeuten: U kein Erfolg = auf unnatürlicher Seite kein Tor geschossen bei Schützen, bzw. nicht abgewehrt bei Torhütern; dito für N kein Erfolg. U Erfolg = auf unnatürlicher Seite ein Tor geschossen bei Schützen, bzw. abgewehrt bei Torhütern; dito für N Erfolg. *Sig.* gibt das Signifikanzniveau von Fishers exaktem Test auf Unterschiede in den Treffer- bzw. Abwehrwahrscheinlichkeiten an.

Weiterhin kann aus Tabelle 7 auch erschlossen werden, dass es weder „todsichere" Schützen noch „Elfmeterkiller" gibt. Alle Schützen und Torhüter haben ähnliche Erfolgsraten, die sich kaum von der durchschnittlichen Trefferrate unterscheiden (vgl. auch Kuss et al. 2007). Bester beobachteter Torwart ist der wenig glamouröse Claus Reitmaier, mit einer Abwehrrate von 30,0%. Weder Kahn noch Lehmann noch Butt, die, folgt man deren medialer Beachtung oder der Literatur (Leininger/Ockenfels 2008), als herausragend bei der Abwehr von Elfmetern gelten müssen, haben Abwehrraten (oder ein strategisches Abwehrverhalten), die sich positiv vom Stichprobendurchschnitt abheben. Dieser ist im Übrigen für die viel beschäftigten Torhüter in der Individualstichprobe mit 19,5% geringer als die Abwehrrate aller Torhüter im Beobachtungszeitraum (24,4%, vgl. Tab. 5). Für die Schützen ist dies umgekehrt. Die Spieler, die viele Elfmeter schießen, haben eine bessere Trefferrate (82,8%, Balakov mit 90,5% die beste), als sie sich insgesamt über die elf Spielzeiten ergibt (75,6%, vgl. Tab. 5).

Dies ist in mehrfacher Hinsicht von Bedeutung. Erstens zeigt das Resultat, dass Elfmeterschießen wesentlich ein zufälliger Prozess ist, dem sich die Spieler nicht entziehen können (vgl. auch Kuss et al. 2007). Zweitens scheint erfolgreiches Verhalten in Elfmetersituationen nicht durch Routine erworben werden zu können. Die Torhüter, die in viele solche Situationen geraten sind, sind darin schlechter als der Gesamtdurchschnitt. Dieses Talent scheint anderweitig erworben zu werden, da die häufig für Elfmeter ausgewählten Schützen dieses Vertrauen rechtfertigen. Und drittens dürfte durch die mediale Berichterstattung (z.B. zu Lehmanns berühmtem „Zettel", vgl. Berger/Hammer 2007) wenig über das tatsächliche Verhalten von Spielern zu erfahren sein. In diese Richtung deutet auch, dass Leute, die sich professionell mit Fußball beschäftigen, sich oft nur schwer mit der Minimax-Lösung anfreunden können und z.B. glauben, beim Gegner ausbeutbare Handlungsmuster zu erkennen. Befragungen von Spielern zur Rekonstruktion ihrer Handlungsmotive (vgl. Bar-Eli et al. 2007, Leininger/Ockenfels 2008) scheinen damit ebenso wenig erfolgversprechend.[18]

---

18 Entsprechend berichten Leininger/Ockenfels (2008: 9) denn auch für den befragten Jörg Butt eine unglaubliche Abwehrrate von 70%.

Tabelle 8: runs-Test auf die zufällige Verteilung der Seitenwahlen in Serien

	n^i_U	n^i_N	$runs_{erw}$	$runs_{tat}$	z	p-Wert
Schützen:						
Ailton	8	13	11	14	1,71	0,09*
Ingo Anderbrügge	6	15	10	10	0,52	0,61
Krassimir Balakov	12	9	11	13	1,01	0,31
Jörg Butt	12	17	15	12	-1,00	0,32
Rodolfo E. Cardoso	5	11	8	10	1,60	0,11
Thomas Häßler	11	8	10	8	-0,86	0,39
Horst Heldt	6	10	8	9	0,55	0,58
Andreas Herzog	6	11	9	11	1,51	0,13
Ulf Kirsten	11	5	8	8	0,38	0,70
Toni Polster	7	15	11	11	0,48	0,63
Bernhard Winkler	8	7	8	10	1,09	0,27
Michael Zorc	9	11	11	14	1,67	0,09*
Torhüter:						
Jörg Butt	7	16	11	9	-0,63	0,53
Richard Golz	22	15	22	27	1,77	0,08*
Dirk Heinen	12	11	13	11	-0,63	0,53
Oliver Kahn	23	22	17	14	-1,06	0,29
Gabor Kiraly	7	15	11	10	-0,21	0,83
Stefan Klos	10	11	11	10	-0,44	0,66
Georg Koch	7	19	12	10	-0,83	0,40
Jens Lehmann	15	15	17	21	1,48	0,14
Martin Pieckenhagen	12	16	15	13	-0,48	0,63
Oliver Reck	16	15	24	23	-0,29	0,77
Claus Reitmaier	29	11	17	16	-0,18	0,86
Frank Rost	17	16	19	22	1,18	0,24
Jörg Schmadtke	11	10	11	11	0,01	0,99

Dabei bedeutet n^i_U bzw. n^i_N die Zahl der Schüsse bzw. Sprünge des Spielers i auf die unnatürliche bzw. natürliche Seite. $runs_{erw}$ bezeichnet die Zahl der unter statistischer Unabhängigkeit erwarteten, und $runs_{tat}$ die Zahl der tatsächlichen runs. Die Anzahl der unter H_0 erwarteten runs ergibt sich aus gerundeten Werten. Es wurde eine Kontinuitäts-korrektur für kleine Fallzahlen durchgeführt. Der p-Wert bezeichnet die zum z-Wert korrespondierende Wahrscheinlichkeit. Mit * werden die Fälle bezeichnet, in denen die Arbeitshypothese mit 90% oder mehr abgelehnt wird.

H7: Randomisierung in Serien von individuellen Schützen und Torhütern: Diese Hypothese ist die einzige, die sich ausschließlich auf die Individualebene einzelner Spieler bezieht. Um für den Gegner unberechenbar zu sein, müssen die Seitenwahlen bei aufeinander folgenden Elfmetersituationen zufällig verteilt sein. Diese statistische Untersuchung erfolgt mittels eines runs-Tests,[19] der vergleicht, ob die beobachtete Zahl der runs sich signifikant von der Zahl der runs unterscheidet, die bei einer zufälligen Seitenwahl zu erwarten sind.

In Tabelle 8 sind die entsprechenden Werte für die Schützen aufgeführt. Es zeigt sich, dass für Ailton und Zorc die Hypothese, dass ihre gewählte Abfolge zufällig ist, mit mehr als 90%iger Sicherheit abgelehnt werden muss. Cardoso und Herzog befinden sich ebenfalls noch im erweiterten Ablehnungsbereich. Diese Spieler wechseln die Seite zu oft und zeigen damit ein Verhalten, wie es auch im Labor beobachtet wurde. Für die anderen acht Spieler kann die spieltheoretisch prognostizierte Hypothese der Zufälligkeit dagegen nicht abgelehnt werden.

Wie bei den Schützen wird auch für die Torhüter der runs-Test durchgeführt. Dabei zeigt sich, dass nur Golz und Lehmann an der Randomisierung ihrer Serie scheitern, weil sie ebenfalls zu häufig die Seite wechseln. Für die elf anderen Torhüter kann die Hypothese bestätigt werden (vgl. Tab. 8). Im Gegensatz zu den Ergebnissen aus dem Labor, aber im Einklang zu den anderen Untersuchungen realer Elfmeterschießen, kann die spieltheoretische Prognose der Randomisierung in Serien damit bestätigt werden.

Insgesamt können auf Individualebene damit tendenziell zwei Hypothesen bestätigt werden. Dies gilt insbesondere, wenn jeder untersuchte Spieler als ein Hypothesentest interpretiert wird. Bei 25 durchgeführten Tests und einem angenommenen Signifikanzniveau von 0,1 liegt die Zahl der Ablehnungen dann jeweils im Bereich der statistisch zu erwartenden Zahl von 2,5 falsch-negativen Tests. Diese Feststellung trifft jedoch nicht auf die dritte Individualhypothese zur Wahl der natürlichen Seite (H5) zu, die abgelehnt wird. Zudem zeigt sich, dass die realen suboptimalen Entscheidungen in derselben Richtung vom Optimum abweichen, die auch in Laborexperimenten festgestellt wird.

---

19 Ein „run" ist dabei eine Folge von gleichen Entscheidungen. Wechselt die Entscheidung, so beginnt ein neuer run. Bei vier Entscheidungen sind z.B. theoretisch maximal vier runs möglich (UNUN, oder umgekehrt). Diese maximale Anzahl von runs ist gleich wahrscheinlich, wie diejenige nie abzuwechseln, die die minimale Anzahl von runs ergibt (nämlich einen). Die Anzahl von runs, die die größte Wahrscheinlichkeit haben, aus einem Zufallsprozess zu stammen, beträgt bei vier Entscheidungen dagegen zwei oder drei. Es darf also nicht zu häufig gewechselt werden, damit der Prozess zufällig erscheint.

Damit ist die These naheliegend, dass sich aus den spieltheoretischen Überlegungen Prognosen ableiten lassen, die zwar eine gute Erklärung für Muster auf der Aggregatebene aller Spieler sind, nicht aber für diejenigen auf der Individualebene. Dies wird bei einer nochmaligen Betrachtung von Hypothese 5 augenfällig. Diese trifft für alle beobachteten Spieler zu. Dasselbe gilt auch noch für das Aggregat aller Spieler in der individuellen Stichprobe (Schützen: 132 Schüsse auf die natürliche Seite und 101 auf die unnatürliche, t = 2,0; Torhüter 192 Sprünge auf die natürliche Seite und 188 auf die unnatürliche, t = 0,2). Dennoch muss die Hypothese auf der Indvidualebene für dieselben Spieler abgelehnt werden. Zwar sollte dabei nicht vergessen werden, dass viele Spieler im Beobachtungszeitraum auf Grund ihrer geringen Strafstoßbeteiligung gar nicht die Möglichkeit hatten, sich suboptimal zu verhalten.[20] Dies bedeutet aber wiederum auch, dass keine individuellen Lerneffekte derart auftreten, dass Spieler, die häufig an Elfmetern beteiligt sind, ihre strategischen Erfolgschancen besser optimieren als solche, die dazu selten Gelegenheit haben. Die Spieler haben das optimale strategische Verhalten also nicht gelernt[21]. Die Daten unterstützen vielmehr die Interpretation, dass sie durch einen evolutiven Prozess in ihre Rolle selektioniert worden sind. Strategisch talentierte Spieler haben sich im Wettbewerb gegen solche durchgesetzt, die darin weniger talentiert sind. Deswegen betreiben sie den Sport jetzt auch professionell, bzw. werden, wenn die Möglichkeit besteht, häufiger für Elfmeter ausgewählt.

Diese These der Selektion kann durch weitere Überlegungen fundiert werden. Erstens sind Elfmeter nicht die einzige Situation im Fußball, in denen gemischte Strategien zur Nutzenmaximierung verwendet werden müssen (vgl. Moschini, 2004). Vielmehr besteht das Spiel ganz wesentlich aus solchen strategischen Situationen. Entsprechend talentierte Akteure müssten deshalb häufiger darin erfolgreich sein. Diese Überlegung wird auch durch den hohen Anteil von 36,1% Linksfüßern bei den professionellen Spielern gestützt. In der allgemeinen Bevölkerung beträgt die Zahl von Linksfüßern nur etwa 10%. Linksfüsser werden aber offenbar eher in den professionellen Fußball selektiert als Rechtsfüßer. Das kann daran liegen, dass Linksfüßer es gewohnt sind, auf Rechtsfüßer zu treffen. Das umgekehrte ist jedoch nicht der Fall. Ein Linksfüsser ist deswegen verglichen mit einem Rechtsfüßer relativ im Vorteil. Dieses Phänomen ist bspw. auch im Tennis und im Boxen bekannt. Linkshänder haben

---

20 Z.B. kann bei zwei Elfmetern nicht zwischen optimalen und suboptimalen Entscheidungen unterschieden werden.

21 Technische und physiologische Fähigkeiten sind dagegen zweifelhaft antrainiert.

im Boxen einen relativen Vorteil gegenüber Rechtshändern, ebenso wie Linkshänder gegenüber Rechtshändern im Tennis.

6. Diskussion

In diesem Aufsatz wird die Strafstoßsituation beispielhaft für Interaktionen untersucht, in denen die Akteure direkt konträre und deswegen per Definition egoistische Interessen haben. Deshalb wird in dem Beitrag untersucht, ob es den beteiligten Fußballspielern gelingt, ihre nutzenmaximierenden Entscheidungen gemäß den Vorgaben des Minimax-Theorems zu gestalten. Die daraus resultierende Lösung eines Gleichgewichts in gemischten Strategien führt trotz der Einfachheit der Elfmetersituation zu mehreren testbaren Hypothesen. Für deren empirische Überprüfung wird ein Datensatz aus der Bundesliga benutzt, sowie weitere aus der Literatur reanalysiert. Auf der Aggregatebene der interagierenden Spieler können die Vorhersagen weitgehend bestätigt werden. Dieses Resultat steht im Einklang mit Ergebnissen aus entsprechenden Laborexperimenten und der bekannten Evidenz zu realen Entscheidungen.

Für die Tests auf der Individualebene einzelner Spieler kann nur der Bundesligadatensatz verwendet werden. Dieser weist, im Gegensatz zu anderen Datensätzen, eine hohe Qualität auf. Die Ergebnisse dieser Überprüfung sind ambivalent. Zwar entscheiden sich die untersuchten Akteure in der Realität eher gemäß den Vorhersagen als Probanden unter Laborbedingungen. Aber nicht alle Akteure sind in gleichem Maße in der Lage, strategisch optimale Entscheidungen zu treffen. Einige weisen eine Tendenz zu suboptimalen Entscheidungen auf, die in die aus der Literatur bekannte Richtung gehen (z.B. zu häufiger Seitenwechsel, um zufällig zu sein). Eine Hypothese muss zudem eindeutig abgelehnt werden. Die Minimax-Lösung scheint damit auf der Ebene einzelner Akteure höchstens eine Verhaltenstendenz, aber kein stabiles Handlungsmuster aufzuzeigen.

Die Gründe dafür sind unklar. Eine naheliegende Vermutung besteht darin, dass die professionellen Sportler optimales Verhalten in unterschiedlichem Ausmaß (unbewusst) gelernt haben (vgl. z.B. Raab/Johnson 2006, ähnlich Walker/Wooders 2001: 1522). Dies scheint auf Interaktionen mit gemischten Strategien nicht zuzutreffen. Weder die empirischen Ergebnisse aus dem Bundesligadatensatz noch die sich z.T. direkt widersprechenden Befunde in der Literatur deuten auf individuelle Lerneffekte hin. Die Spieltheorie kann somit hier nicht als psychologische Erklärung für die Entscheidungen einzelner Akteure herangezogen werden. Sinnvoll ist vielmehr eine Coleman'sche (1986) Interpretation, die nicht auf die Psychologie von Akteuren (oder Akteurstypen) abstellt, sondern auf die Restriktionen und vor allem die Interaktionsstruktur der Akteure.

Damit rückt die ökologische Interpretation von Rationalität, wie sie Smith (2003, 2007) vorschlägt, in den Vordergrund. Rationalität wird dabei nicht als individuelle Fähigkeit betrachtet, auf Grund derer Akteure in der Lage sind, bewusst und vernünftig ihre Ziele zu verfolgen. Vielmehr ist Rationalität eine emergente soziale Eigenschaft, die - unintendiert von den Akteuren - durch ihre Interaktion entsteht. Ähnlich wie die lasterhaften Insekten in Mandevilles Bienenfabel (Mandeville 1988 [1714]) oder die Marktteilnehmer von Adam Smith (1999 [1776]) unbeabsichtigt, aber wie von „unsichtbarer Hand" gesteuert, eine rational begründbare soziale Struktur generieren, liegt die Rationalität beim Elfmeter nicht so sehr in den Köpfen der Spieler, sondern in der sozialen Struktur, in der sie interagieren. Dazu passt die gut bestätigte Erklärungskraft des spieltheoretischen Ansatzes auf der Makroebene der aggregierten Entscheidungen, ebenso wie die dabei gemachte Annahme von evolutiven statt Lernprozessen auf der Mikroebene der individuellen Entscheidungen. Deshalb ist zu erwarten, dass aus dem Minimax-Theorem für reale Nullsummeninteraktionen gute Vorhersagen zu emergenten Mustern auf der Aggregatebene ableitbar sind. Diese dürften tendenziell auch dann zutreffen, wenn die interagierenden Akteure selbst sich nur als beschränkt fähig erweisen, die entsprechenden Lösungen zu finden. Verallgemeinert bedeutet dies, dass die Spieltheorie vor allem zur Erklärung sozialer Makrophänomene herangezogen werden sollte.

Abschließend stellt sich die Frage, ob die ökologische Rationalität hier mit der Interpretation von Rationalität als der fruchtbarsten „als ob" oder „Black Box"-Heuristik (Friedman 1953, Becker 1962) zusammenfällt.[22] Dies könnte unterstellt werden, wenn man sich vergegenwärtigt, dass die untersuchten Individualhypothesen aufgrund von statistischen Effekten ein größeres Risiko des Scheiterns haben als die Aggregathypothesen. Zudem muss beachtet werden, dass die Untersuchung von gemischten Gleichgewichten ein härterer Prüfstein für spieltheoretische Hypothesen darstellt als Entscheidungssituationen mit reinen Strategien, da die Zahl der Handlungsalternativen, und damit die Chance des Scheiterns, im ersten Fall wesentlich größer ist. Dies würde bedeuten, dass

---

22 Ein anschauliches Beispiel für eine „als ob"-Heuristik ist eine Fahrradfahrt durch eine Kurve. Dabei handelt es sich physikalisch-technisch betrachtet um eine hoch komplexe, aber beschreibbare Angelegenheit. Mittels eines solchen Modells kann nun die Reaktion eines Fahrers - z.B. stärkere Schräglage bei schnellerer Fahrt - vorhergesagt werden, so als ob er die entsprechenden Kalkulationen vornehmen würde. Dies ist auch möglich, wenn dem Radler selbst z.B. die mathematische Beschreibung des Ritts offensichtlich verschlossen bleibt.

die „als ob"-Heuristik von Rationalität für die Minimax-Lösung zu einfach ist und mit komplexeren, z.b. psychologisch motivierten Handlungsmodellen gearbeitet werden muss. Diese komplexere Heuristik müsste dann allerdings auch für die Vorhersagen auf der Aggregatebene benutzt werden. Und diese dürften sich damit potentiell von den Prognosen unterscheiden, die sich aus einem Modell ökologischer Rationalität ergeben (vgl. dazu z.b. Bar-Eli et al. 2007, und ähnlich Leininger/Ockenfels 2008). Damit unterscheidet sich die ökologische Rationalität von der Interpretation von Rationalität als „Black Box"-Heuristik.

Literaturverzeichnis

Bar-Eli, Michael, Ofer H. Azar, Ilana Ritov, Yal Keidar-Levin und *Galit Schein,* 2007: Action bias among elite soccer goalkeepers: The case of penalty kicks. In: Journal of Economic Psychology, 28, 606-621.

Bar-Hillel, Maya und *Willem A. Wagenaar,* 1991: The Perception of Randomness. In: Advances in Applied Mathematics, 12, 428-454.

Becker, Gary S., 1962: Irrational Behavior and Economic Theory. In: Journal of Political Economy, 70, 1-13.

Berger, Roger und *Rupert Hammer,* 2007: Die doppelte Kontingenz von Elfmeterschüssen. Eine empirische Analyse. In: Soziale Welt, 58, 397-418.

Bloomfield, Robert, 1994: Learning a Mixed Strategy Equilibrium in the Laboratory. In: Journal of Economic Behavior & Organization, 25, 411-436.

Brown, James N. und *Robert W.Rosenthal,* 1990: Testing the Minimax Hypothesis: A Re-Examination of O'Neill's Game Experiment. In: Econometrica, 58, 1065-1081.

Camerer, Colin, 2003: Behavioral Game Theory. Experiments in Strategic Interaction. New York: University Press,

Chiappori, Pierre-André, Stephen Levitt und *Tim Groseclose,* 2002: Testing Mixed-Strategy Equilibria When Players Are Heterogenous: The Case of Penalty Kicks in Soccer. In: American Economic Review, 92, 1138-1151.

Coleman, James S., 1986: Psychological Structure and Social Structure in Economic Models. S. 181-186 in: R. M. Hogarth, und M. W. Reder: Rational Choice. The Contrast Between Economics and Psychology. London: Wiley & Sons.

Erev, Ido und *Alvin E. Roth,* 1998: Predicting How People Play Games: Reinforcement Learning in Experimental Games with Unique, Mixed Strategy Equilibria. In: American Economic Review, 88, 848-881.

FIFA (Fédération International de Football Association), 2005: Spielregeln 2005. Zürich.

Friedman, Milton, 1953: Essays in Positive Economics. Chicago: University of Chicago Press.

Hsu, Shih-Hsun, Cheng-Ying Huang und *Cheng-Tao Tang,* 2007: Minimax Play at Wimbledon: Comment. In: American Economic Review, 97, 517-523.

Johanni, Sandra und *Karel Tschacher,* 2005: Ist der Elfmeter zu halten? Das Dilemma des Torhüters, mathematisch gesehen. In: uni.kurier.magazin, 106, 26-28, Friedrich-Alexander-Universität Erlangen-Nürnberg, Erlangen.

Klaassen, Franc J. M. G. und *Jan R. Magnus,* 2001: Are Points in Tennis Independent and Identically Distributed? Evidence from Dynamic Binary Panel Data Model. In: Journal of the American Statistical Association, 96, 500-509.

Kuss, Oliver, Alexander Kluttig und *Oliver Stoll,* 2007: „The fouled player should not take the penalty himself": An empirical investigation of an old German football myth. In: Journal of Sports Science, 25, 963-967.

Leininger, Wolfgang und *Axel Ockenfels,* 2008: The Penalty Duel and Institutional Design: Is there a Neeskens-Effect? In: CESifo Working Paper No. 2187.

Levitt, Stephen D., John A. List und *David H. Reiley,* 2007: What Happens in the Field Stays in the Field: Professionals Do Not Play Minimax in Laboratory Experiments. Working Paper University of Chicago and Arizona.

Luhmann, Niklas, 1988 [2. Auflage]: Soziale Systeme. Grundriß einer allgemeinen Theorie. Frankfurt a.M.: Suhrkamp.

Mandeville, Bernard, 1988 [1714]: Die Bienenfabel. Private Laster als gesellschaftliche Vorteile. Leipzig und Weimar: Kiepenheuer Verlag.

McKelvey, Richard D., Thomas R. Palfrey und *Roberto A. Weber,* 2000: The Effects of Payoff Magnitude and Heterogeneity on Behavior in 2x2 Games with Unique Mixed Strategy Equilibria. In: Journal of Economic Behavior & Organization, 42, 523-548.

Mookherjee, Dilip und *Barry Sopher,* 1994: Learning Behavior in an Experimental Matching Pennies Game. In: Games and Economic Behavior, 7, 62-91.

Moschini, GianCarlo, 2004: Nash Equilibrium in Strictly Competitive Games: Live Play in Soccer. In: Economic Letters, 85, 365-371.

Morgenstern, Oskar, 1976: The Collaboration Between Oskar Morgenstern and John von Neumann on the Theory of Games. In: Journal of Economic Literature, 14, 805-816.

Nash, John F., 1950: Equilibrium Points in n-Person Games. In: Proceedings of the National Academy of Sciences, 36, 48-49.

von Neumann, John, 1928: Zur Theorie der Gesellschaftsspiele. In: Mathematische Annalen, 100, 295-320.

Ochs, Jack, 1995: Games with Unique, Mixed Strategy Equilibria: An Experimental Study. In: Games and Economic Behavior, 10, 202-217.

O'Neill, Barry, 1987: Nonmetric Test of the Minimax Theory of Two-Person Zerosum Games. In: Proceedings of the National Academy of Sciences, 84, 2106-2109.

O'Neill, Barry, 1991: Comments on Brown and Rosenthal's Reexamination. In: Econometrica, 59, 503-507.

Palacios-Huerta, Ignacio, 2003: Professionals Play Minimax. In: Review of Economic Studies, 70, 395-415.

Palacios-Huerta, Ignacio und *Oscar Volij,* 2008: Experientia Docet: Professionals Play Minimax in Laboratory Experiments. In: Econometrica, 76, 71-115.

Raab, Markus und *Joseph G. Johnson,* 2006: Running Head: Implicit Learning as a Means to Intuitive Decision Making in Sports, in: Betsch, T., C. Betsch und H.

Plessner H. (Hrsg.). A New Look on Intuition in Judgement and Decision Making. Mahwah NJ: Lawrence Erlbaum.

Rapoport, Amnon und *Richard H. Boebel,* 1992: Mixed Strategies in Strictly Competitive Games: A Further Test of the Minimax Hypothesis. In: Games and Economic Behavior, 4, 261-283.

Rasmusen, Eric, 1998 (2. Auflage): Games and Information. An Introduction to Game Theory. Oxford: Blackwell.

Rauhut, Heiko, 2007: Crime and Punishment. Experimental Evidence on the Inspection Game. Arbeitsbericht des Instituts für Soziologie, Universität Leipzig.

Rosenthal, Robert W., Jason Shachat und *Mark Walker,* 2003: Hide and Seek in Arizona. In: International Journal of Game Theory, 32, 273-293.

Shachat, Jason M., 2002: Mixed strategy Play and the Minimax Hypothesis. In: Journal of Economic Theory, 104, 189-226.

Smith, Adam, 1999 [1776]: Der Wohlstand der Nationen: Eine Untersuchung seiner Natur und seiner Ursachen. München: Deutscher Taschenbuch Verlag.

Smith, Vernon L., 2003: Constructivist and Ecological Rationality in Economics. In: American Economic Review, 93, 465-508.

Smith, Vernon L., 2007: Rationality in Economics: Constructivist and Ecological Forms. Cambridge: Cambridge University Press.

Tsebelis, George, 1990: Penalty has no Impact on Crime: A Game Theoretic Analysis. In: Rationality and Society, 2, S. 255-286.

Varian, Hal R., 1992: Microeconomic Analysis (3. Ausgabe). New York, London: Norton.

Walker, Mark und *John Wooders,* 2001: Minimax Play at Wimbledon. In: American Economic Review, 91, 1521-1538.

Die Bedeutung von Werten für Verteilungsergebnisse im Ultimatum- und Diktatorspiel

Joachim Behnke, Johannes Hintermaier, Lukas Rudolph

1. Einleitung[1]

Eines der interessantesten Anwendungsgebiete der Spieltheorie bezieht sich auf Verhandlungen, in denen bestimmte Güter, oft ein Geldbetrag, zwischen mehreren Akteuren aufzuteilen sind. Die Ergebnisse unzähliger Varianten von Verhandlungsspielen widersprechen dabei immer wieder den Hypothesen der klassischen Entscheidungstheorie (vgl. Roth 1995; Camerer 2003). So wurde inzwischen experimentell eindeutig belegt, dass Menschen in verschiedenen Situationen in Verhandlungsspielen nicht nach den Maßregeln monetärer Nutzenmaximierung und entgegen fundamentalen Annahmen der klassischen *rational choice*-Theorie handeln – dies wirft Fragen nach einer erklärungskräftigen Fundierung menschlicher Entscheidungsweisen auf. Die rein formale spieltheoretische Analyse dient in solchen Untersuchungsdesigns gewissermaßen als Folie, vor deren Hintergrund die Abweichungen vom im Sinne der reinen Spieltheorie erwarteten Verhalten als eigentlicher Untersuchungsgegenstand in den Fokus treten.

Der Klassiker in Verhandlungsspielen ist das Ultimatumspiel (Güth et al. 1982), das in Bezug auf Verteilungssituationen eine ähnlich paradigmatische Rolle spielt wie das Gefangenendilemma für die Analyse von Spielen mit gemischten Motiven. Im Ultimatumspiel sollen zwei Spieler einen bestimmten Geldbetrag G unter sich aufteilen. Dabei hat Spieler 1 das Vorschlagsrecht (Proposer) und unterbreitet Spieler 2 (Responder) ein Angebot, wie der Betrag aufgeteilt werden soll. Akzeptiert Spieler 2 den Vorschlag, dann wird der Betrag G entsprechend aufgeteilt. Lehnt er die Aufteilung ab, so bekommen beide Spieler nichts. Die Lösung dieses Spiels erscheint aus spieltheoretischer Sicht recht einfach und kann mit Hilfe von Rückwärtsinduktion ermittelt werden. Geht man davon aus, dass beide Spieler rationale Nutzenmaximierer sind, beide davon ausgehen, dass der jeweils andere rational handelt und sie es vorziehen, mehr Geld zu besitzen als weniger, dann sollte der Proposer nur die kleinstmögliche

1 Das Projekt wurde unterstützt durch eine Spende der Stiftung „Wertevolle Zukunft" in Hamburg

Einheit e (mit G > e > 0) dem Responder anbieten und G - e für sich behalten. Da der Responder nun nur noch vor der Entscheidung steht, e zu akzeptieren oder abzulehen, was eine Auszahlung von 0 zur Folge haben würde, wird er das Angebot akzeptieren.

Gesicherte Ergebnisse, vielfach reproduziert (vgl. Stanton 2006, Camerer 2003 für einen Überblick), zeigen allerdings, dass einerseits Angebote unter 20-30% des Ausgangswertes mehrheitlich abgelehnt werden und zudem rund zwei Drittel der Vorschläge in einer Größenordnung von 40-50% liegen, also in der Bandbreite dessen, was sich intuitiv als fair bezeichnen lässt. Lediglich rund 4% der Spieler verhalten sich als mehr oder weniger strikte *value maximizer* und bieten ihrem Gegenüber weniger als 20% der Ausgangssumme an (vgl. u.a. Nowak et. al 2000, Sigmund et. al. 2002).

Das Problem besteht nun darin, dass wir nicht in der Lage sind, "echte Fairness" von "strategischer Fairness" zu unterscheiden. Handelt es sich um echte Fairness, dann machen die Proposer den fairen Vorschlag aus einem intrinsischen Motiv heraus, sich fair zu verhalten. Bei strategischer Fairness hingegen unterbreiten sie ein halbwegs faires Angebot nur deshalb, weil sie befürchten, dass ein zu unfaires Angebot abgelehnt werden könnte. Zwar sind die hohen Ablehnungsraten geringer Angebote selbst mit dem *homo oeconomicus* nur schwer in Einklang zu bringen, müssen diese aber als bekannt vorausgesetzt werden, dann lässt sich die hohe Zahl „fairer" Angebote sehr wohl damit erklären, das Risiko einer Ablehnung zu minimieren (vgl. Güth/van Damme 1998). Das faire Angebot ist in einem solchen Fall die rationale Antwort auf ein erwartetes "irrationales" Verhalten des Responders.

Als Design, um die beiden unterschiedlichen Motivationen für faires Verhalten voneinander zu trennen, wurde das Diktatorspiel entwickelt (vgl. Roth 1995: 270). Der einzige, aber wichtige Unterschied vom Diktatorspiel zum Ultimatumspiel liegt in der Abwesenheit der Bestrafungsmöglichkeit – der Proposer bestimmt frei über die Aufteilung und der Responder muss diese annehmen ohne eine Reaktionsmöglichkeit zu besitzen. Damit scheint der Fairness-Effekt isoliert zu sein (vgl. Forsythe et al. 1994*). Value maximization* ließe eine eindeutige Aufteilung erwarten: 100% für den dominanten Spieler, 0% für seinen Gegenüber. Dies ist jedoch de facto ein seltenes Ergebnis. Abhängig von den äußeren Umständen liegen die Angebote zwischen 15 und 50% des Ausgangswertes, im Mittel werden rund 20% abgegeben. Nur rund 20% der Spieler verhalten sich ökonomisch rational und bieten 0% (vgl. Camerer 2003: 57-58). Das Anwachsen egoistischen Verhaltens der Proposer von im Mittel 4% im Ultimatumspiel auf 20% im Diktatorspiel spricht allerdings auch dafür, dass die

Annahme von *value maximizers* einige Erklärungskraft besitzt. "Faires" Verhalten lässt sich also auf beide Aspekte zurückführen.

Die Stabilität von nicht strategisch motivierter Fairness auch in Spielen mit nur einer Runde (*one-shot-games*) sowie in anonymen Spielsituationen überrascht besonders (vgl. Fehr et al. 2002: 11f.). Hier hat ein *value maximizer* keine materielle und nicht einmal soziale Bestrafung – „a reputation for greed" (Bolton et al. 1998: 270, vgl. auch Lesogrol 2007: 923) – zu befürchten, die als Erklärung der Abweichungen herangezogen werden könnten (vgl. Page/Nowak 2002: 1111). Aus diesen Ergebnissen lässt sich schließen, was in der Psychologie oder den Kulturwissenschaften aber auch in der modernen Ökonomie vielfach postuliert wurde (vgl. Etzrod 2003, Höfling et al. 2006): Das Verhalten von Menschen wird keineswegs ausschließlich von monetären Betrachtungsweisen bestimmt. Lesogrol (2007) fand beispielsweise deutliche Hinweise darauf, dass die Wertvorstellungen der Spieler das Spielverhalten in Diktatorspielen desto mehr beeinflusst, je eindeutiger eine Spielsituation auf eine Norm zugeschnitten ist. Auch Bolton, Katok und Zwick (1998) schlussfolgern, dass normative Vorstellungen bestimmen, wie viel ein Spieler A im Diktatorspiel für sich selbst behält. So haben Van Dijk, De Cremer und Handgraaf (2004) gezeigt, dass „the relative importance of self-interest and fairness may be moderated by people's social value orientations" (Van Dijk et al. 2004: 705). Diese Regeln haben einen sozialen bzw. kulturellen Ursprung oder sind individuumsspezifisch, wirken allerdings in Abhängigkeit des Spielkontextes: Relevant ist zum Beispiel, wie der Diktator seine Stellung erreicht hat, oder welche Maxime in der Spielsituation ausgegeben wird.

Die Höhe der Vorschläge und die Akzeptanz hängen auch davon ab, für wie legitim die Ausübung des Vorschlagsrechts erachtet wird. Hoffman, McCabe, Shachat und Smith (1994) finden in ihrem Experiment einen deutlichen Anstieg an unfairen Angeboten, wenn die Position des Proposers durch das Ergebnis in einem Allgemeinwissenstest vergeben wird. In den Ergebnissen zeigt sich ein deutlicher Einfluss der Zuteilungsmodalität auf die Angebotshöhe und im Ultimatumdesign auch auf die Ablehnungsraten. Die Angebote der Proposer, die ihre Position durch das Ergebnis im Allgemeinwissenstest verdient haben, sind deutlich niedriger als die der zufällig an diese Position gelangten Proposer. Außerdem sind trotz der niedrigeren Angebote die Ablehnungsraten im Verdienst-Design nicht höher als im normalen Ultimatumspiel. Auch im Diktatorspiel zeigt sich bei den Proposern eine deutliche Tendenz hin zu niedrigeren Angeboten, wenn die Proposerposition wegen des Testergebnisses erlangt wurde. Daraus lässt sich schließen, dass die Legitimität des Vorschlagsrechts Einfluss auf die Vorschläge und die Akzeptanz hat.[2]

In unserer eigenen Untersuchung, die im Folgenden darstellt werden soll, bauen wir auf den aus der Literatur bekannten Ergebnissen auf und wollen vor allem den Zusammenhang zwischen Werten und bestimmten Verhaltensweisen im Ultimatumspiel und im Diktatorspiel untersuchen. Der ganz überwiegende Teil der Literatur zum Ultimatum- oder Diktatorspiel "misst" Fairness auf indirekte Weise durch die Reaktionen auf spezifische Spieledesigns. Fehr und Schmidt (1999) z.b. nehmen an, dass sich Fairness in erster Linie als "inequity aversion" interpretieren lässt, so dass die Nutzenfunktion der Akteure nicht nur die monetären Auszahlungen enthält, die sie erhalten, sondern dass der Nutzen durch Unterschiede in den Auszahlungen für die beiden Akteure gemindert wird. Die "Fairness"-Konnotation geht also in einer postulierten Form der Nutzenfunktion auf. Die "Fairness" einer Handlung wird rein konsequentialistisch im Sinne der Verteilungsfolgen, die sie bedingt, interpretiert. Lediglich die Struktur des Ergebnisses ist von Bedeutung, nicht der Prozess ihres Zustandekommens. Im Gegensatz zu Fehr und Schmidt entwickeln Falk und Fischbacher (2006) in Anlehnung an Rabin (1993) eine Fairnessvorstellung, die ebenso die Intention der Akteure berücksichtigt. Dabei lassen sie verschiedene Auszahlung danach bewerten, wie "nett" (kind) sie von den Respondern wahrgenommen werden. Die "Nettigkeit" oder "Kindness" desselben Ergebnisses kann z.B. unterschiedlich bewertet werden, je nachdem, welche Alternativenmenge dem Proposer überhaupt zur Verfügung gestanden hat. Auch Kahneman, Knetsch und Thaler (1986a, 1986b) und Van Dijk, De Cremer und Handgraaf (2004) arbeiten mit Befragungen, um die beobachteten Verhaltensmuster mit sozialen Wertorientierungen oder internalisisierten Fairnessvorstellungen zu erklären. Auch hier werden diese Einstellungen indirekt aus der Bewertung des "Fairnessgrades" bestimmter Szenarien geschlossen. Doch so viel von Werten und Wertorientierungen in der besprochenen Literatur auch die Rede ist, so selten findet sich eine explizite Verbindung von Wertemessungen, wie sie in der Sozialpsychologie verbreitet sind (vgl. beispielhaft Schwartz 1994) mit Ergebnissen aus spieltheoretischen Experimenten. Diese Lücke zumindest teilweise zu schließen, ist unter anderem eine Absicht, die wir mit der vorliegenden Untersuchung verfolgen. Dabei sind es in unserem Design nicht nur die Wertvorstellungen der Akteure, die einen Einfluss ausüben, sondern auch ihre Erwartungen in Hinsicht auf die Werthaltungen der Anderen. Der Effekt solcher Einstellungen

---

2 Kahneman et al. (1986a) untersuchen den Einfluss wahrgenommener Legitimität des Proposers auf die Akzeptanz im Ultimatumspiel mit ökomischem Hintergrund.

allerdings interagiert mit den situativen Beschränkungen, die durch die jeweilige Situation gegeben sind. Verhandlungsspiele wie das Ultimatum- und das Diktatorspiel sind daher auch besonders geeignet, die Anreizwirkung zu untersuchen, die von spezifischen institutionellen Designs ausgeht. Unser zugrundeliegender handlungstheoretischer Ansatz geht also davon aus, dass sich bestimmte Handlungsdispositionen als Folge einer Interaktion zwischen instutionellen Beschränkungen und Einstellungen, Normen und Werten ergeben. Unsere Vorstellung ist also, dass sich Personen einerseits dadurch unterscheiden, wie sehr sie bestimmte Fairnessvorstellungen wie z.B. die Vermeidung von Ungleichheit im Sinne von Fehr und Schmidt (1999) internalisiert haben, dass aber das Ausmaß, in dem sie sich bewusst bei ihrer Handlungswahl von ihren Fairnessüberzeugungen leiten lassen, wiederum von spezifischen Eigenheiten der Entscheidungssituation abhängt. Dabei gehen wir davon aus, dass der Aktivierungsgrad der Fairnessüberzeugungen nicht nur durch die spezifische Anreizstruktur bestimmter Spieldesigns bedingt ist, wie es z.B. bei Fehr und Schmidt der Fall ist, sondern dass bestimmte Spieledesigns durch Eigenschaften, die über die Anreizstruktur hinausgehen, Hinweise geben, die im Sinne der psychologischen Schematheorie (vgl. u.a. Fazio 1986) zur Aktivierung einer Haltung führen, die durch Fairnesserwägungen geprägt ist.

Die große Beliebtheit von Teilungsspielen ist sicherlich unter anderem auf ihre große Relevanz zurückzuführen, da sie Fragen wie "Fairness" und "Gerechtigkeit" ansprechen, die in vielen anderen Kontexten ebenso von großer Bedeutung sind. Besonders interessant ist daher unter anderem die Frage, inwieweit sich die Ergebnisse der Experimente in Form von Ratschlägen für das Design politischer Institutionen umsetzen lassen. Dieser Aspekt soll am Ende des Artikels Beachtung finden.

2. Untersuchungsdesign

Im Folgenden wird das Design des durchgeführten Experiments kurz beschrieben. Die Rekrutierung der Teilnehmer erfolgte im Sommer 2007 an der Ludwig-Maximilians-Universität in München durch Aushänge und Bekanntmachungen in Seminaren, sowie durch direkte Ansprache von Studenten auf dem Unigelände. Beim Eintritt in den Untersuchungsraum erhielten die Probanden eine zufällig ausgewählte Platznummer. Unterweisungen, soweit sie notwendig waren, erfolgten jeweils mündlich und identisch für alle Untersuchungsteilnehmer.

Der Ablauf des gesamten Datenerhebungsprozesses setzte sich aus drei Phasen zusammen. Vor den Spielen mussten sich die Probanden einem kurzen Wissenstest unterziehen, der Fragen zur politischen Bildung enthielt. Der Test bestand darin, dass die Versuchsteilnehmer einerseits das Zweitstimmenergebnis der fünf Parteien bzw. Fraktionen bei der Bundestagswahl in Prozent angeben sollten, andererseits die Namen der Amtsinhaber der folgenden Ministerien: "Justiz", "Verteidigung", "Verkehr, Bau und Entwicklung", "Bildung und Forschung" und "Besondere Aufgaben". Für jeden der Probanden wurde dann von einem Teil der Versuchsleiter während der ersten beiden Spiele ein Testscore berechnet. Nach dem Wissenstest wurde das eigentliche Experiment durchgeführt. Dies bestand aus sechs Spielrunden, in denen jeweils Ultimatum- und Diktatorspiele unter drei verschiedenen Variationen bezüglich der Vergabe des Vorschlagsrechts gespielt wurden. Danach wurden die Probanden gebeten, einen Fragebogen auszufüllen, mit dem unter anderem die Einstellungen zu den Werten erhoben wurden.

Insgesamt nahmen 72 Personen an den Experimenten teil. Dabei gabe es insgesamt 6 verschiedene Durchführungen des Experiments zu verschiedenen Terminen und auf mehrere Gebäude der LMU verteilt. Die Gruppengröße bei den 6 verschiedenen Veranstaltungen variierte zwischen 8 und etwas über 20 Personen. Die Teilnehmer waren Studierende der Geisteswissenschaften, überwiegend der Politischen Wissenschaft, sowie in geringerer Anzahl der Wirtschaftswissenschaften.

Die jeweils sechs Runden des Experiments variierten nach Spieltyp und Zuteilung des Vorschlagsrechts. Bei jedem Spiel saßen sich jeweils zwei Probanden persönlich gegenüber. Die Sitzordnung zu Beginn wurde wie erwähnt durch Zufall bestimmt. Bei jedem neuen Spiel wechselten die Personen ihren Partner, so dass niemals dieselben zwei Teilnehmer mehrere Spiele miteinander spielten. Dies geschah, indem die eine Reihe der Paare sich jeweils um einen Sitz weiterbewegte.

In den ersten beiden Runden (je ein Ultimatum- und ein Diktatorspiel) erfolgte das Vorschlagsrecht durch Zufall, in der dritten und vierten Runde nach "Verdienst", in den letzten beiden Runden erfolgte das Vorschlagsrecht nach zweiminütiger Verhandlung, bei der sich die Teilnehmer einigen mussten, wer von ihnen das Vorschlagsrecht ausüben sollte. Beim Zufallsverfahren wurden die beiden Akteure eines Paares wurden gebeten, durch Münzwurf zu entscheiden, wer von ihnen das Vorschlagsrecht erhalten sollte. Beim "Verdienst"-Verfahren wurde das Vorschlagsrecht aufgrund des Bestehens eines Anspruchs erworben (vgl. Forsythe et al. 1994; Hoffmann et al. 1994). Der Grad des erworbenen Anspruchs bestand in dem Score des Wissenstest. Derjenige der beiden, der hier den höheren Wert erzielt hatte, bekam also das Vorschlagsrecht zugewiesen. Das dritte Verfahren zur Vergabe des Vorschlagsrechts bestand in einer "Verhandlung". Die beiden Akteure hatten sich einvernehmlich zu einigen, wer von beiden im Folgenden das Vorschlagsrecht erhalten sollte. Konnten sie sich nicht einigen, dann fand das Spiel nicht statt. Es war den Probanden bei der Aushandlung der Vergabe des Vorschlagsrechts explizit untersagt, dabei Absprachen hinsichtlich des vom Proposer zu machenden Vorschlags zu treffen[3].

Prinzipiell war die Interaktion unter den Teilnehmern auf spielrelevante Aspekte reduziert. Persönliche Unterhaltung wurde weitmöglichst unterbunden. Die Experimentleiter beschränkten sich auf die Spielerklärung. Die vorgeschlagene Aufteilung wurde vom Proposer jeweils auf ein Formular geschrieben und dem Responder übergeben. Auf diese Weise wurde ausgeschlossen, dass spätere Spielpartner Informationen über das vergangene Verhalten ihres Gegenübers hatten.

Im Anschluss an das Experiment füllte jeder Teilnehmer für sich einen etwa 30-minütigen Fragebogen aus. Dieser Fragebogen deckte verschiedene Themenbereiche ab, beginnend mit Fragen zur Familiensituation sowie religiösem Hintergrund über die finanzielle Situation und politische Einstellung. Zentraler Aspekt war die Abfrage von Werteinstellungen – in Anlehnung an den Wertekreis von Schwartz (1994) mussten die Teilnehmer unter anderem einen Trade-Off zwischen der jeweiligen Wichtigkeit von zehn vorgegeben zentralen Werten herstellen. Um die Bedeutung der einzelnen Werte für die Befragten zu erheben, wurde auf ein Chipspiel zurückgegriffen (vgl. Bader/Behnke 2009). Dabei wurden die Befragten gebeten, 30 Punkte auf insgesamt 10 Werte nach ihrer Präferenz zu verteilen. Je mehr Punkte sie einem Wert zuordneten, als desto wichtiger wurde dieser Wert für sie angenommen. Um die Komplexität der Aufgabe in bewältigbarer Größe zu halten, war eine Auswahl von zehn Werten vorgegeben. Die zehn Werte waren: Ehrlichkeit, Unabhängigkeit, Gerechtigkeit, Reichtum, Respekt vor anderen, Das Leben genießen, Verantwortung für andere, Einfluss haben, Mitgefühl, Leistung. Nach der Bewertung der Wichtigkeit der Werte für die Probanden selbst, sollten sie anschließend auf einer fünfstufigen Skala ihre Einschätzung der Werteinstellung der Mehrheit der Gesellschaft für diese Werte angeben.

---

3 Wobei diese – wenn sie denn gemacht worden wären – im spieltheoretischen Sinne strenggenommen nichts anderes als „cheap talk" gewesen wären.

Der Geldbetrag, den es in einem einzelnen Spiel jeweils zu verteilen gab, betrug 3 €. Der aus den sechs Runden aufaddierte Betrag jedes Spielers wurde anschließend in bar ausgezahlt. Dass die Auszahlung dieser Gewinne nach dem Experiment in realen Geldbeträgen erfolgen würde, wurde den Probanden ganz am Anfang des Experiments mitgeteilt.

3. Ergebnisse

Als erstes geben wir in Tabelle 1 die Gesamtergebnisse über alle Spiele wieder.

Tabelle 1: Verteilung des vorgeschlagenen Betrags des Proposers für sich selbst

| | Spieltyp | | Gesamt |
	Diktator	Ultimatum	
0,50	0,9%	-	0,5%
1,00	-	0,9%	0,5%
1,50	36,1%	57,4%	46,8%
1,60	3,7%	9,3%	6,5%
1,70	4,6%	11,1%	7,9%
1,80	3,7%	3,7%	3,7%
1,90	0,9%	2,8%	1,9%
2,00	21,3%	11,1%	16,2%
2,10	0,9%	-	0,5%
2,50	13,9%	3,7%	8,8%
2,70	1,9%	-	,9%
3,00	12,0%	-	6,0%
Gesamt	100,0%	100,0%	100,0%
N	108	108	216
Mittelwert	1,97	1,64	1,81
Standardabw.	0,54	0,25	0,45

Diese Differenz von 20 Prozentpunkten lässt sich im Sinne von reziproker Fairness erklären. Die "fairen" Aufteilungsvorschläge wurden in diesen Fällen offensichtlich weniger aus einem autonomen Bedürfnis, sich fair zu verhalten, gemacht, sondern vielmehr aus der Angst vor Vergeltung des Responders bei "unfairen" Vorschlägen, indem dieser den Vorschlag zurückweist.

Um einen intuitiven Eindruck der Ergebnisse zu vermitteln, sind sie überdies grafisch in den Abbildungen 1a und 1b dargestellt[4].

Abbildung 1a: Verteilungen der Ergebnisse im Ultimatumspiel

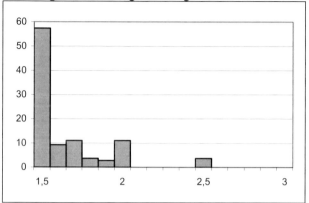

Abbildung 1b: Verteilungen der Ergebnisse im Diktatorspiel

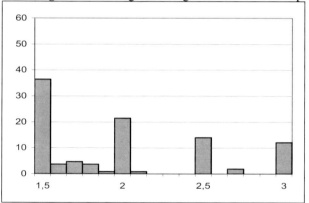

---

4   Zwei Spieler verhielten sich sehr untypisch und gaben sich selbst weniger als ihrem Gegenüber. Im einen Fall schlug der Proposer in einem Ultimatumspiel für sich selbst nur 1 € vor, im zweiten Fall veranschlagte der Proposer in einem Diktatorspiel lediglich 50 Cent für sich. Da nicht ausgeschlossen werden kann, dass es sich hier um "ernsthafte" Vorschläge handelt, werden sie im Weiteren in die Analysen aufgenommen. Bei der grafischen Darstellung wurden die beiden Fälle jedoch nicht berücksichtigt, da diese Ausreißer den vergleichenden Charakter der beiden Grafiken beeinträchtigt hätten.

Im Mittel beanspruchte der Proposer einen Betrag von ca. 1,80 € der insgesamt 3 zu verteilenden Euro für sich. Das "faire" Teilungsverhältnis 50:50, bei dem jeder 1,50 € erhielt, stellt in beiden Fällen die Modalkategorie dar und wurde von insgesamt etwas weniger als 50% vorgeschlagen. Hier zeigten sich auch die bekannten Unterschiede bezüglich des Spieltyps. Während im Ultimatum-Spiel der Anteil der fairen Vorschläge bei 57% lag, betrug er hingegen beim Diktator-Spiel "nur" noch 36%.

Allerdings hat sich über ein Drittel der Befragten auch dann für die symmetrische, faire Lösung entschieden, wenn es keinerlei Möglichkeiten des Responders gab, sie zu sanktionieren, wie es eben beim Diktatorspiel der Fall ist. Auch bei einem nicht unwesentlichen Teil unserer Probanden scheint also ein ursprüngliches Bedürfnis, sich fair zu verhalten, "a taste for fairness" (Van Dijk/Vermut 2000: 1), vorhanden gewesen zu sein.

4. Effekte des institutionellen Designs

Im Folgenden haben wir neben der Variation des Spieltyps selbst, also Ultimatum- vs. Diktatorspiel, noch eine weitere Modifikation des Spiels vorgenommen, indem wir die Vergabe des Vorschlagsrechts mit Hilfe verschiedener institutioneller Vorrichtungen geregelt haben. Die drei Verfahren waren Zufall, Verdienst und Verhandlung. In Tabelle 2 sind die Ergebnisse des Spiels entsprechend dieser Modifikationen enthalten.

Tabelle 2: Mittelwerte des vorgeschlagenen Betrags des Proposers für sich selbst in Abhängigkeit von Vergabe des Vorschlagsrechts

Zuweisungsverfahren	Mittelwert	N	Standardabweichung
Zufall	1,8540	72	0,45154
Verdienst	1,9067	72	0,47103
Verhandlung	1,6596	72	0,38614
Insgesamt	1,8068	216	0,44854
Ergebnisse der Varianzanalyse	F-Wert	Signifikanz (P-Wert)	Eta^2
	6,364	0,002	0,056

Am wenigsten ordnen die Proposer sich selbst dann zu, wenn sie das Vorschlagsrecht aufgrund einer konsensuellen Einigung erhalten haben. Offensichtlich bestehen hier gewisse Hemmungen, den Vorteil, den der andere einem freiwillig eingeräumt hat, zu dessen Ungunsten auszunutzen. Ultimatumspiele oder Diktatorspiele, bei denen das Vorschlagsrecht auf diese Weise vergeben wurde, eignen sich daher unserer Meinung nach auf besondere Weise, als eine Art von Baseline-Modell verwendet zu werden, da hier das Spieldesign eine vorhandene Prädisposition zu fairem Verhalten offensichtlich in ganz besonderer Weise zu evozieren versteht.

Am meisten geben sich die Proposer, wenn sie das Vorschlagsrecht aufgrund ihrer Leistung im Wissenstest erworben haben. Im Sinne unserer Theorie glauben die Proposer in diesem Fall, dass sie sich das Vorschlagsrecht und damit auch den damit verbundenen Vorteil auf legitime Weise „verdient" haben, was sie den Vorteil geringfügig schamloser zu nutzen veranlasst.

Wird das Vorschlagsrecht hingegen aufgrund von Zufall vergeben, dann befindet sich der Betrag, den der Proposer sich selbst bewilligt, zwischen den beiden Beträgen der anderen Verfahren, aber deutlich näher bei dem des "Verdienst"-Verfahrens als dem des "Verhandlungs"-Verfahrens. Obwohl man vermuten könnte, dass die willkürliche und unverdiente Zuordnung des Vorschlagsrechts aufgrund des Zufalls dem Proposer ähnlich hohe Hemmungen auferlegen sollte wie beim Verhandlungsverfahren, ist dies offensichtlich nicht der Fall. Obwohl der Proposer auch beim Verhandlungsverfahren, ist er einmal in dieser Rolle bestätigt, nicht mehr als in den anderen Verfahren gebunden ist, was seinen Handlungsspielraum angeht, so scheinen doch die Selbstrestriktionen, denen er hier sein Handeln unterwirft, wesentlich stärker ausgeprägt. Die besondere Form der expliziten Autorisierung durch den Anderen schafft offenbar umgekehrt eine besondere Wahrnehmung von Verantwortung gegenüber der Wahrnehmung der Interessen des Anderen, *obwohl er nicht autorisiert wurde, um diese Interessen wahrzunehmen*. All dies spricht für die besondere Eignung dieser Form der Vergabe des Vorschlagsrechts als Baseline-Modell.

Interessant ist es nun festzustellen, wie die Vergabe des Vorschlagsrechts mit dem Spieltyp interagiert. Die entsprechenden Ergebnisse sind in Tabelle 3 enthalten und in Abbildung 2 grafisch dargestellt.

Tabelle 3: Die Mittelwerte für den Betrag, den Proposer sich selbst zuteilt, in Abhängigkeit von Spieltyp und Vergabe des Vorschlagsrechts

Typ	Zuweis	Mittelwert	N	Standardab-weichung	F-Test
Ultimatum	Zufall	1,67	36	0,27	F-Wert
	Verdienst	1,69	36	0,24	2,241
	Verhandlung	1,57	36	0,22	P-Wert
	Insgesamt	1,64	108	0,25	0,111
Diktator	Zufall	2,04	36	0,52	F-Wert
	Verdienst	2,13	36	0,54	5,378
	Verhandlung	1,75	36	0,49	P-Wert
	Insgesamt	1,97	108	0,54	0,006
Insgesamt	Zufall	1,85	72	0,45	F-Wert
	Verdienst	1,91	72	0,47	6,364
	Verhandlung	1,66	72	0,39	P-Wert
	Insgesamt	1,81	216	0,45	0,002

Abbildung 2: Die Mittelwerte für den Betrag, den Proposer sich selbst zuteilt, in Abhängigkeit von Spieltyp und Vergabe des Vorschlagsrechts

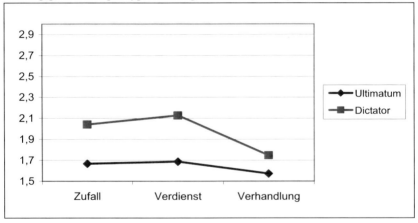

Wie man sieht, besteht für beide Spieltypen dieselbe Rangfolge der Mittelwerte der drei Vergabeverfahren. Allerdings treten die Unterschiede im Diktatorspiel

176

bei weitem prägnanter hervor als beim Ultimatumspiel. Der Abstand zwischen dem Verdienst- und dem Verhandlungsverfahren ist beim Diktatorspiel sogar statistisch signifikant größer als dieser Abstand beim Ultimatumspiel[5].

Während die Effekte bestimmter Faktoren bei beiden Spieltypen also ähnlich zu sein scheinen, stellt das Ultimatumspiel in dieser Hinsicht eine Art "gedämpfter" Form des Diktatorspiels dar. Umgekehrt kann man es auch so formulieren: Das Diktatorspiel ist nicht nur in der Lage, den Effekt echter Fairness von dem taktisch begründeter Fairness zu isolieren, nein, es wirkt zudem wie ein Katalysator, der Effekte bestimmter Anreizstrukturen wie unter einem Vergrößerungsglas prononcierter zum Ausdruck bringt.

Das Diktatorspiel bietet grundsätzlich ein größeres Ausbeutungspotenzial als das Ultimatumspiel, da es Ausbeutungsunternehmungen ungestraft lässt, denen der Responder möglicherweise zähneknirschend aber in jedem Fall machtlos zusehen muss. In **jedem** der drei Vergabeverfahren wird dieses Ausbeutungspotenzial des Diktatorspiels genutzt. Aber es gibt signifikante Unterschiede: Während das Ausbeutungspotenzial bei dem Verhandlungsverfahren nur in sehr geringem Maße genutzt wird, kommt es bei den beiden anderen Verfahren um so mehr zur Geltung, mit einem geringfügig höheren Effekt beim Verdienst-Verfahren.

Die Bedeutung des Zuweisungsverfahrens unabhängig vom Spieltyp ist besonders in einer Hinsicht bemerkenswert. Denn die spezifischen Anreizstrukturen werden ausschließlich durch den Spieltyp bestimmt. Ein Proposer, der seine Rolle aufgrund einer konsensuellen Einigung zugewiesen bekommt, hat dennoch genau dieselben strategischen Möglichkeiten wie ein Proposer, der diese Rolle durch Zufall oder aufgrund seines Verdienstes erworben hat. Wenn aber das "Fairness"-Konzept lediglich aus der "inequity aversion" von Fehr und Schmidt (1999) bestände und Unterschiede bezüglich des fairen Verhaltens nur dadurch zu erklären wären, dass "faire" Spieler über Möglichkeiten verfügen, auch die anderen zu fairem Verhalten zu zwingen, dann dürfte es keine Unterschiede aufgrund der Form des Erwerbs des Vorschlagsrechts geben. Wir inter-

---

5   Die Differenz zwischen Verdienst- und Verhandlungsverfahren z.B. beträgt beim Ultimatumspiel etwa 0,12€, beim Diktatorspiel hingegen 0,38€. Die Standardfehler für die Differenzen ergeben respektive ca. 0,121 und 0,054, der Standardfehler für die Differenz der Differenzen errechnet sich dann als 0,133, der t-wert für die Differenzendifferenz ist demnach ziemlich genau 2. Der Unterschied zwischen den Differenzen des Zuteilungsergebnisses bei Verdienst- und Verhandlung zwischen Ultimatum und Diktatorspiel ist also signifikant auf dem 5%-Niveau. Der P-Wert der Differenzendifferenz zwischen Zufall und Verhandlung läge immerhin noch bei 0,14, so dass der Unterschied bei einem einseitigen Test auch hier immer noch auf dem 10%-Niveau signifikant wäre.

pretieren diese Unterschiede daher so, dass bestimmte Formen der Zuweisung des Vorschlagsrechts, wie z.b. die konsensuelle Einigung, das Fairness-Schema eines Probanden in besonders hohem Maße zu aktivieren vermögen, so dass er folgende Handlungen unter stärkerer Berücksichtung seiner Vorstellungen von Fairness ausführt. Fairness besteht auch nicht nur in der "netten" Reaktion auf "nette" Aktionen der anderen Seite, wie es Falk und Fischbacher (2006) modellieren, sondern im autonomen Wunsch "nett" zu sein. Die Beschränkung von Falk und Fischbacher auf Fairness als reziprokes Verhalten, in der die Intention des Proposers nur eine Rolle in Bezug auf die Wahrnehmung des Responders spielt, blendet aus, dass die Intention des Proposers ihrerseits entstanden sein muss, soll sie nicht einfach zweifach reziprok sein, also lediglich auf der Antizipation der Wahrnehmung der eigenen Intention begründet sein. Ein Proposer, der nur nett wäre, weil er als nett wahrgenommen werden will, um nette Antworten zu erhalten, müsste aber nach der Logik von Falk und Fischbacher von den Respondern genauso als vermindert nett wahrgenommen werden, wie ein Proposer, der nur aufgrund der Beschräkung seiner Handlungswahl nett war, weil er gar keine andere Möglichkeit hatte als nett zu sein. Soll es also zu keinem infiniten Regress kommen, muss die Intention des Proposers eine autonome Basis haben. Diese autonome Basis besteht unserer Ansicht nach in tiefverwurzelten Persönlichkeitsspuren, wie unter anderem bestimmten Wertestrukturen, die aber, um handlungsrelevant zu werden, durch äußere Reize aktiviert werden müssen, wie eben z.B. durch die konsensuelle Zuweisung des Vorschlagsrechts.

Führt man eine Regressionsanalyse durch (vgl. Tabelle 4), so ist streng genommen jedoch nur noch der Spieltyp signifikant. Allerdings besteht natürlich bei den Interaktionsvariablen ein gewisser Multikollinearitätseffekt, so dass der Effekt einzelner Variablen in Bezug auf ihre Signifikanz eher unterschätzt wird. Daher kann man die Ergebnisse der Regressionsanalyse durchaus dahingehend interpretieren, dass die Wechselwirkung zwischen Spieltyp und Verhandlungsverfahren zumindest auffällig ist. Alle Effekte aber weisen das theoretisch erwartete Vorzeichen auf. Der Wert der Konstanten von 1,67 € entspricht also dem geschätzten Betrag für ein Ultimatumspiel mit Zufallszuweisung des Vorschlagsrechts. Beim Diktatorspiel erhöht sich dieser erwartet Betrag um 38 Cent. Beim Ultimatumspiel steigt der erwartete Betrag um 2 Cent beim Verdienstverfahren, während er um 9 Cent beim Verhandlungsverfahren gegenüber dem Referenzverfahren Zufall sinkt. Die Effekte der Zuweisungsverfahren beim Diktatorspiel fallen jedoch mit einer Zunahme von 7 Cent bzw. einem Rückgang um 20 Cent deutlich stärker aus. Wird das Vorschlagsrecht aufgrund des Verhandlungsverfahrens ermittelt, kann mal also zumindest eine deutlich verminderte Anfälligkeit des Proposers sehen, sich von dem Ausbeutungspotenzial des Diktatorspiels dazu hinreißen zu lassen, dem Adam Smith in sich "Zucker zu geben"[6].

Tabelle 4: Ergebnisse einer Regressionsanalyse (Modell 1). Schätzung des Zuteilungswerts des Proposers für sich selbst in Abhängigkeit von Spieltyp und Zuweisungsform für das Vorschlagsrecht.

Faktoren	B	Signifikanz
(Konstante)	1,667	,000
Diktator	,375	,000
Verdienst	,019	,841
Verhandlung	-,094	,322
Interaktion-Dikt.-Verdienst	,067	,619
Interaktion-Dikt.-Verhandlung	-,200	,139
R^2	0,209	

Während die situativen Anreizstrukturen des Diktatorspiels katalysatormäßig wie ein Aufputschmittel wirken, haben die situativen Eigenschaften des Verhandlungsmodells eher beruhigende und dämpfende Wirkung, d.h. der Verhandlungsmodus neutralisiert weitgehend die aufputschenden Effekte des Diktatorspielssettings, während die beiden anderen Verfahren zur Vergabe des Vorschlagsrechts dem Effekt des Diktatorspielsettings den vollen Spielraum belassen.

5. Individualpsychologische Dispositionen

Der überwiegende Teil der Literatur zu Ultimatum- und Diktatorspielen hat sich mit Effekten des Spieldesigns beschäftigt, wie wir sie eben auch am Beispiel der Vergabe des Vorschlagsrechts durchexerziert haben. Es handelt sich dabei also

---

6   Ideengeschichtlich Bewanderte mögen uns verzeihen, dass wir hier das neoliberal verfälschte Klischee von Adam Smith wiedergeben, der es als Moralphilosoph, als den er sich in erster Linie gesehen hat, natürlich als weder ethisch vertretbar noch vernünftig angesehen hätte, solche Ausbeutungspotenziale zu nutzen.

um die situativen Beschränkungen, denen sich Handelnde bei ihrer Handlungswahl ausgesetzt sehen.

Neben diesen situativen Beschränkungen durch das Design aber gibt es natürlich noch andere Faktoren, die das konkret beobachtete Verhalten zu erklären
helfen. Das Ausmaß, in dem die einzelnen Akteure die Spielräume nutzen, die
ihnen durch das Design zur Verfügung gestellt werden, hängt zum großen Teil
offensichtlich von individuellen Eigenschaften ab, denn sonst ließe sich ja nicht
erklären, dass bei gleicher Anreizsituation eine derartige Variation des Verhaltens zu beobachten ist. Wir vermuten, dass ein Teil dieser individuellen, relevanten Eigenschaften tief in der Persönlichkeit verankert ist. Zumindest ein Teil
dieser relevanten Persönlichkeitsmerkmale schlägt sich unserer Vermutung nach
in der Wertestruktur einer Person nieder. Dies liegt nahe, weil auf diese Weise
die Brücke zu der oft implizit gemachten Behauptung führt, verschiedene Reaktionen auf das Diktatorspiel hätten mit einer internalisierten "Fairnessnorm"
oder Ähnlichem zu tun. Werteinstellungen können daher im klassischen Allport'schen Sinn als ein "state of readiness" (Allport 1967 [1935]) betrachtet
werden, auf bestimmte Stimuli, hier die durch das Design abgebilde Anreizsituation, zu reagieren.

In Tabelle 5 sind die einzelnen bivariaten Korrelationen der Wichtigkeit
der einzelnen Werte mit dem Betrag, den sich der Proposer zuordnet, aufgeführt.

Tabelle 5: Korrelationen der Wichtigkeit bestimmter Werte mit dem Betrag, den
sich der Akteur mit Vorschlagsrecht selbst zuordnet

	Korrelationskoeffi-zient	Signifikanz (P-Wert)
Ehrlichkeit	0,072	0,300
Unabhängigkeit	0,157	0,023
Gerechtigkeit	-0,079	0,255
Reichtum	0,066	0,342
Respekt vor anderen	-0,203	0,003
Das Leben genießen	0,044	0,527
Verantwortung für andere	0,047	0,495
Einfluss haben	-0,044	0,527
Mitgefühl	-0,049	0,477
Leistung	0,012	0,864

Zwei individuelle Wertvorstellungen zeigen dabei einen eindeutigen und statistisch signifikanten Zusammenhang zur späteren Aufteilung: Der Wert „Unabhängigkeit" sowie der Wert „Respekt vor Anderen". Je mehr ein Teilnehmer Unabhängigkeit schätzt bzw. sich als unabhängige Person sieht, desto wahrscheinlicher wird er sich selbst einen größeren Teil der Aufteilung zusprechen. Umgekehrt tendiert die Aufteilung eines Spielers umso mehr Richtung Fairness, je mehr er den Wert „Respekt vor Anderen" als wichtig erachtet. Interessanterweise ist die Beziehung zwischen dem Wert Gerechtigkeit und dem Teilungsverhalten hingegen eher schwach. Der Zusammenhang ist zwar nicht statistisch signifikant, weist jedoch in die erwartete Richtung. Im Anschluss an die bivariaten Korrelationsanalysen führen wir nun eine Regressionsanalyse durch. Da "Gerechtigkeit" im Rahmen unserer Überlegungen ein zentrales Konzept darstellt, nehmen wir die Variable in unser Modell mit auf, außerdem die beiden Werte, die einen signifikanten bivariaten Zusammenhang aufwiesen. Die Ergebnisse der Regressionsanalyse sind in Tabelle 6 dargestellt. Um eine bessere Vergleichbarkeit der Koeffizienten zu gewährleisten, haben wir die Werte-Variablen standardisiert, indem wir die zentrierten Werte durch das Zweifache der Standardabweichung geteilt haben[7].

Da wir die Aufnahme der Variablen vornehmlich unter theoretischen Gesichtspunkten begründen wollen, wobei explorative Ergebnisse lediglich als nützliche Hilfestellung betrachtet werden, sind die Signifikanzniveaus der einzelnen Koeffizienten für uns eher von untergeordneter Bedeutung. Es ist zudem klar, dass wir es hier mit einem Modell mit hohen Kollinearitätseffekten zu tun haben, da allein die Wertevariablen alle miteinander hoch korrelieren. Interessant ist daher für uns vor allem, wie sich die Modellgüte insgesamt durch die Hinzufügung neuer Variablen, die einen bestimmten Komplex von Einflussfaktoren repräsentieren, verändert. R^2 steigt durch die Hinzunahme der Werteeinstellungen um knapp 8 Prozentpunkte, der Einfluss der Werte ist also eindeutig. Ein F-Test ergibt einen signifikanten Anstieg von R^2 auf dem 1%-Niveau. Auch hier zeigt sich in den Ergebnissen aber wieder klar, dass dieser Effekt in merklichem Umfang nur beim Diktatorspiel auftritt. Der schon bekannte Katalysatoreffekt des Diktatorspiels macht sich also auch hier wieder bemerkbar. Jemand, der z.B. um eine Standardabweichung über dem Mittelwert der Gerechtigkeits-

---

7 Diese Art der Standardisierung hat gegenüber der z-Transformation den Vorteil, dass die Effektgrößen mit denen von dichotomen unabhängigen Variablen verglichen werden können, da deren Standardabweichung bei Gleichverteilung der beiden Ausprägungen 0,5 wäre, so dass also der Schritt von 0 zu 1 hier dem Doppelten der Standardabweichung entspricht (vgl. auch Gelman/Hill 2007).

skala liegt, gibt sich selbst im Diktatorspiel 19 Cent weniger als jemand, der um eine Standardabweichung unter dem Mittelwert liegt.

Tabelle 6: Ergebnisse einer Regressionsanalyse (Modell 2). Schätzung des Zuteilungswerts des Proposers für sich selbst in Abhängigkeit von Spieltyp, Zuweisungsform für das Vorschlagsrecht und bestimmten Werten.

Faktoren	B	Signifikanz
(Konstante)	1,674	,000
Diktator	,366	,004
Verdienst	,010	,917
Verhandlung	-,092	,321
Interaktion-Dikt.-Verdienst	,021	,872
Interaktion-Dikt.-Verhandlung	-,164	,217
Unabhängigkeit	,011	,896
Gerechtigkeit	,037	,611
Respekt vor anderen	-,082	,316
Interaktion-Unabh.-Dikt.	,156	,159
Interaktion-Gerechtigkeit-Dikt.	-,194	,081
Interaktion-Respekt-Dikt.	-,170	,120
R^2	0,284	

Allerdings sind nicht nur individuelle, intrinsische Wertvorstellungen für eine Entscheidung von Bedeutung. Nicht allein die eigenen Einstellungen sind für das Verhalten relevant, sondern auch die erwarteten Einstellungen der Gegenseite, die dann wiederum ein bestimmtes Verhalten erwarten lassen. Intuitiv ist das einleuchtend: Wieso sollte man sich z.B. gegenüber jemandem fair verhalten, der einen selbst ausnutzen würde? Ähnlich wie bei Falk und Fischbacher (2006), kann man also Fairness als reziproke Norm auffassen, die auf "nettes" Verhalten des Anderen ebenfalls wieder nett reagiert. Der Unterschied hier besteht allerdings darin, dass es sich um eine Art Pseudo-Reziprozität des Proposers, und nicht wie bei Falk und Fischbacher des Responders handelt, der auf angemessene Weise auf das *erwartete* Verhalten des Anderen reagiert, wenn dieser sich an seiner Stelle befinden würde. Nur sehr wenige Spieler verhalten sich in diesem Sinne als „unbedingte Kooperierer" (vgl. Ebenhöh/Pahl-Wostl 2008) – das Verhalten der Spieler mit einer hohen Wertschätzung für den Wert „Respekt vor anderen" nähert sich diesem Verhalten beispielsweise an. Bei der

Wahl ihrer Entscheidung orientieren sich die Spieler an ihren allgemeinen Annahmen über ihre Mitmenschen, an Annahmen über die Wertverteilung in der Gesellschaft allgemein bzw. genauer, an Erwartungen, inwieweit es sich bei bestimmten Werten um universal geteilte Werte handelt. Für alle zehn Werte wurde im Fragebogen daher erhoben, für wie viele Menschen diese Werte nach Ansicht des Befragten sehr wichtig seien. Die Antwort konnte auf einer 5-stufigen Ratingskala gegeben werden, die von "für so gut wie keinen" bis "für fast alle" reichte. Auch diese Variablen wurden standardisiert, indem sie zuerst zentriert und anschließend durch das Zweifache der Standardabweichung dividiert wurden. Aufgrund der bivariaten Analysen wurden die Werte "Gerechtigkeit" und "Verantwortung für andere" in das nächste Regressionsmodell neu aufgenommen. In Tabelle 7 sind die Ergebnisse der entsprechenden Analyse aufgeführt.

Tabelle 7: Ergebnisse einer Regressionsanalyse (Modell 3). Schätzung des Zuteilungswerts des Proposers für sich selbst in Abhängigkeit von Spieltyp, Zuweisungsform für das Vorschlagsrecht und bestimmten Werten, sowie der Wahrnehmung der Verbreitung bestimmter Werte.

Faktoren	B	Signifikanz
(Konstante)	1,674	0,000
Diktator	0,347	0,000
Verdienst	0,000	0,999
Verhandlung	-0,088	0,320
Interaktion-Dikt.-Verdienst	0,050	0,690
Interaktion-Dikt.-Verhandlung	-0,125	0,324
Unabhängigkeit	0,004	0,957
Gerechtigkeit	0,044	0,542
Respekt vor anderen	-0,055	0,487
Interaktion-Diktator-Unabhängigkeit	0,163	0,121
Interaktion-Diktator-Gerechtigkeit	-0,194	0,072
Interaktion-Diktator-Respekt	-0,127	0,234
Universaler Wert: Gerechtigkeit	-0,064	0,427
Universaler Wert: Verantwortung	-0,059	0,426
Interaktion-Diktator-univ. Gerechtigkeit	-0,266	0,018
Interaktion-Diktator-univ. Verantwortung	-0,030	0,788
R^2	0,370	

Tabelle 8: Die Ergebnisse der Regressionsanalysen für die verschiedenen Modelle

Faktoren	Modell 1 B	Modell 1 Sign.	Modell 2 B	Modell 2 Sign.	Modell 3 B	Modell 3 Sign.
(Konstante)	1,667	0,000	1,674	0,000	1,674	0,000
Diktator	0,375	0,000	0,366	0,004	0,347	0,000
Verdienst	0,019	0,841	0,010	0,917	0,000	0,999
Verhandlung	-0,094	0,322	-0,092	0,321	-0,088	0,320
Interaktion-Dikt.-Verdienst	0,067	0,619	0,021	0,872	0,050	0,690
Interaktion-Dikt-Verhandlung	-0,200	0,139	-0,164	0,217	-0,125	0,324
Unabhängigkeit			0,011	0,896	0,004	0,957
Gerechtigkeit			0,037	0,611	0,044	0,542
Respekt vor anderen			-0,082	0,316	-0,055	0,487
Interaktion-Diktator-Unabhängigkeit			0,156	0,159	0,163	0,121
Interaktion-Diktator-Gerechtigkeit			-0,194	0,081	-0,194	0,072
Interaktion-Diktator-Respekt			-0,170	0,120	-0,127	0,234
Universaler Wert: Gerechtigkeit					-0,064	0,427
Universaler Wert: Verantwortung					-0,059	0,426
Interaktion-Diktator-univ. Gerechtigkeit					-0,266	0,018
Interaktion-Diktator-univ. Verantwortung					-0,030	0,788
R^2	0,209		0,284		0,370	

Tatsächlich hat hier der Wert Gerechtigkeit eine deutlich gestiegene Bedeutung, wenn auch wieder vor allem in Verbindung mit dem Diktatorspiel. Menschen, die davon ausgehen, dass der Wert "Gerechtigkeit" für eine große Anzahl aller Menschen sehr wichtig ist, neigen dazu, eher fair zu teilen. Der Effekt, den Gerechtigkeit im reziproken Sinn ausübt, ist offensichtlich noch stärker als der, den Gerechtigkeit als autonomer Bestandteil auszuüben vermag. Anders ausgedrückt: Ein eigenes Gerechtigkeitsempfinden führt zu etwas fairerem Verhalten, das vermutete Gerechtigkeitsempfinden der anderen hingegen zu einem noch stärkeren Zuwachs der Bereitschaft, sich fair zu verhalten. Dass der Effekt der reziproken Form der Werte sehr stark ist, zeigt sich auch an der Zunahme von R^2, das durch die Hinzufügung der beiden neuen Variablen sowie des entsprechenden Interaktionseffekts mit dem Diktatorspiel um fast 9 Prozentpunkte auf 37% erklärter Varianz ansteigt. Auch hier zeigt ein F-Test, dass der Anstieg auf dem 1‰-Niveau signifikant ist.

Die wesentlichen Ergebnisse der drei verschiedenen Regressionsmodelle sind noch einmal in Tabelle 8 übersichtshalber dargestellt.

Insgesamt scheint also die Annahme reziproken Handelns erklärungskräftig zu sein – man handelt selbst „fair", wenn man es von seinem Gegenüber erwartet bzw. wenn man von ihm „fair" behandelt wurde (vgl. auch Diekmann 2004).

6.   Sozialstrukturelle Effekte

Werte werden in unserem Modell als relativ tief in der Persönlichkeitsstruktur verankerte Konzepte verstanden. Die Wertestruktur diffundiert zwar einerseits in das Verhalten der Personen, ist aber selbst ein zumindest mittelfristig stabiles Persönlichkeitskonstrukt, das durch Sozialisation erworben wurde und sich so sedimentiert. Insbesondere in Zusammenhang mit Public-Goods-Games ist dabei der Effekt der Sozialisation im Laufe des Studiums, mit besonderem Aspekt auf Studierende wirtschaftswissenschaftlicher Fächer, heiß diskutiert worden. Einige dieser Studien belegten eine besondere Neigung von Studierenden der Wirtschaftswissenschaften, weniger zu kooperieren und die Vorteile des Trittbrettfahrens für sich zu nutzen (vgl. Marwell/Ames 1981; Frank et al. 1993).

In unserer Studie konnten wir diese bekannten Befunde tatsächlich replizieren. Während die klassischen, sozialstrukturellen Variablen wie Alter und Geschlecht keinerlei Einfluss ausübten, zeigte sich jedoch ein dramatischer Effekt der Wahl des Studienfachs, wie in Tabelle 9 und in Abbildung 3 zu sehen ist.

Allerdings sind die Ergebnisse aufgrund der sehr geringen Fallzahlen durchaus mit Vorsicht zu genießen. Nichtsdestotrotz können sie aber als eine weitere Bewährung der theoretischen Annahme gedeutet werden, dass Studierende der wirtschaftswissenschaftlichen Fächer stärker zu Trittbrettfahrerverhalten bei "Collective action"-Problemen neigen, bzw. sich stärker am Eigeninteresse orientieren und sich weniger fair verhalten bei Teilungsspielen. Ob dieser "Sozialisationseffekt" ein Effekt des Lernens innerhalb des Studiums oder eine Folge von Selbstselektion darstellt, ist in der Literatur umstritten, auch wenn es eher so aussieht, als ob der zweite Ansatz in stärkerem Maße zutrifft (vgl.

Carter/Irons 1991). Die Vermutung, dass es sich eher um einen Selbstselektionseffekt handelt, ist konsistent mit unserer Vorstellung über die Wirkung von Werten. Personen mit stark prosozialen Attitüden neigen weniger zu unfairem Verhalten bei Teilungsspielen, wählen aber auch seltener ein wirtschaftswissenschaftliches Studienfach. Die so genannten "Proselfs" (Van Dijk et al. 2004) hingegen teilen weniger fair und sind auch besonders häufig in den wirtschaftswissenschaftlichen Studiengängen zu finden.

Tabelle 9: Vorschlag des Proposers in Abhängigkeit vom Studienfach

Spieltyp	Studienfach	Mittel-wert	N	Standardab-weichung
Ultimatum	Politikwis.	1,64	71	0,21
	Wirtschaftswis.	1,76	14	0,37
	Amerik./German./Theaterw.	1,61	15	0,32
	Lehramt	1,54	5	0,05
	Insgesamt	1,65	105	0,25
Diktator	Politikwis.	1,93	72	0,49
	Wirtschaftswis.	2,62	12	0,53
	Amerik./German./Theaterw.	1,73	16	0,51
	Lehramt	1,89	7	0,32
	Insgesamt	1,98	107	0,54
gesamt	Politikwis.	1,79	143	0,40
	Wirtschaftswis.	2,16	26	0,62
	Amerik./German./Theaterw.	1,67	31	0,43
	Lehramt	1,74	12	0,30
	Insgesamt	1,81	212	0,45

Allerdings müssen diese Ergebnisse natürlich eingeschränkt werden. Da den Teilnehmern klar war, dass sie an einem wissenschaftlichen Experiment teilnahmen, kann es sein, dass sie bewusst versucht haben, im Sinne des so genannten Rosenthaleffekts (vgl. Behnke et al. 2006: 56), das Verhalten zu produzieren, von dem sie annahmen, dass es von ihnen erwartet würde. Studierende der Wirtschaftswissenschaften haben vermutlich die spezifische "ökonomische" Anreizstruktur des Spiels erkannt und sich demnach verhalten, weniger, weil sie das Ausbeutungspotenzial des Spiels zu nutzen beabsichtigten, als vielmehr aus dem Motiv heraus, zu signalisieren, dass sie die Spielsituation "korrekt" diagnostiziert haben.

Abbildung 3: Interaktion zwischen Spieltyp und Studienfach

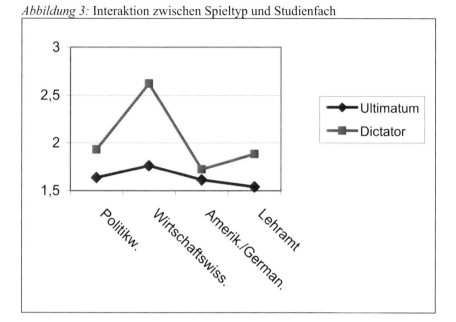

7.   Ergebnisse einer schrittweisen Regressionsanalyse

Wie schon erwähnt leiden die oben angeführten Modelle alle unter sehr starken Effekten von Multikollinearität. Obwohl im Zweifelsfall unserer Meinung nach eine theoretisch begründete Auswahl der Variablen immer einer explorativ vorgenommenen vorzuziehen ist, haben wir im Folgenden noch eine schrittweise Regression durchgeführt, wobei der Schwellenwert für das Signifikanzniveau neu hinzunehmender Variablen auf 10% gesetzt wurde. Der Sinn dieser Analyse besteht weniger in der Aufhellung der bestehenden theoretischen Zusammenhänge, hierfür sollten alle aus theoretischen Gründen relevanten Variablen berücksichtigt werden, als vielmehr in der Demonstration der Erklärungskraft bestimmter Variablenkomplexe, die schon dann als gegeben angenommen werden kann, wenn diese Komplexe auf wenige Variablen reduziert sind. Insbesondere geht es uns bei der schrittweisen Regression noch einmal um den klaren

Nachweis, dass Werte einen bedeutenden Beitrag zur Erklärung des Teilungs-verhaltens leisten können und zwar nicht nur in dem Maße, wie sie durch be-stimmte Anreizstrukturen zur Geltung kommen, sondern als autonome, tief in der Persönlichkeitsstruktur des Einzelnen verankerte Entitäten, die ihrerseits erst wieder mit den Anreizstrukturen interagieren.

Die Ergebnisse dieser schrittweisen Regression sind in Tabelle 10 zu se-hen.

Tabelle 10: Ergebnisse einer schrittweisen Regression

Faktoren	B	Signifikanz
(Konstante)	1,646	0,000
Interaktion-Diktator-Wirtschaftswis.	0,579	0,000
Diktator	0,355	0,000
Interaktion-Diktator-Verhandlung	-0,275	0,000
Interaktion-Diktator-Universaler Wert Gerechtigkeit	-0,255	0,001
Interaktion-Diktator-Unabhängigkeit	0,164	0,013
Respekt vor anderen	-0,119	0,016
R^2	0,403	

Insgesamt können mit nur 6 Variablen 40% der Varianz der Aufteilungsergebnisse erklärt werden. Es zeigen sich dabei einige interessante Ergebnisse. Unabhängig vom Spieltyp gibt es einen signifikanten Effekt bei dem Wert "Respekt vor anderen". Alle anderen Effekte treten nur beim Diktatorspiel auf. Damit bestätigt sich die schon des öfteren konstatierte Katalysatorwirkung des Diktatordesigns. Das Ausbeutungspotenzial des Diktatorspiels wiederum wird vor allem von Studenten der Wirtschaftswissenschaften genutzt sowie von Personen, die den Wert "Unabhängigkeit" als sehr wichtig erachten. Die entscheidende Schlussfolgerung aus der ebenfalls eher explorativ gedachten, schrittweisen Regression ist für uns, dass neben Designeffekten wie dem Spieltyp und der Art der Bestimmung des Vorschlagsrechts Werte eine wichtige Rolle spielen. Diese Rolle ist einerseits eine autonome, die unabhängig vom Spieltyp ist, andererseits aber spielen Werte vor allem eine moderierende Rolle, indem sie Effekte des Designs, also z.B. das Spielen eines Diktatorspiels anstatt eines Ultimatumspiels zum großen Teil konterkarieren und auch neutralisieren können. Die Wahrnehmung, dass der Wert Gerechtigkeit von vielen geteilt wird, z.B. führt dazu, dass das Ausbeutungspotenzial des Diktatorspiels nur noch in einem deutlich geringeren Maße genutzt wird.

8. Fazit

Für jemanden, der sich mit Fragen des Designs politischer Institutionen beschäftigt, ergeben sich aus den obigen Ergebnissen dabei die folgenden Konsequenzen für das Design von Institutionen, die die Funktion haben, Verteilungen zuzuweisen:

- *Schaffe Institutionen, deren innere Logik eher einem Ultimatumspiel als einem Diktatorspiel entspricht.*
  Diktatorspiele geben einen Freiraum zur Ausbeutung des Anderen, der oft genutzt wird und deshalb am besten erst gar nicht angeboten werden sollte. Gelegenheit macht eben nicht nur Diebe, sondern auch Ausbeuter. Verteilungsinstitutionen, bei denen sich die Betroffenen gegenseitig kontrollieren können, bzw. jeder eine Vetoposition einnehmen kann, verhindern extrem ungleiche Verteilungen und dämpfen vorhandene Machtasymmetrien. Politische Institutionen, die einem Geflecht von „checks and balances" untergeordnet sind, sind weniger anfällig für Missbrauch und zwar in Vorwegnahme der zu erwartenden Reaktionen der Kontrollinstitutionen. In diesem Sinne könnte auch eine Erhöhung von Responsivität, z.B. von Wählern auf die politische Performance ihrer Abgeordneten, ähnlich wie die Einführung einer Vetomöglichkeit beim Ultimatumspiel wirken und den Amtsinhaber daher zu gemäßigterem Verhalten verleiten.
- *Machtasymmetrien sind so zu gestalten, dass ihre Schaffung auf Konsens beruht bzw. so, dass dem Machtinhaber klar wird, dass er ein von allen erteiltes Mandat ausübt.*
  Auch wenn Kontrolle tatsächlich oft besser ist als Vertrauen, so gibt es dennoch häufig Situationen, in denen effektive Kontrolle nicht möglich ist, z.B. aufgrund von vorhandenen Informationsasymmetrien. Wenn in solchen Fällen die Ausübung von Macht explizit auf einem Vertrauensvorschuss beruht, der von denen gegeben worden ist, die der Macht später ausgeliefert sind, so vermag dies eine moralische Verpflichtung des Machtinhabers zur Folge haben, diesen Vertrauensvorschuss nicht einseitig zu missbrauchen. Legitimationsverfahren, die auf expliziter Zustimmung beruhen, besitzen daher neben der rein rechtlichen Figur

der Handlungsermächtigung eine moralische, gegebenes Vertrauen nicht gegen die Vertrauengebenden zu wenden.

- *Kultiviere Normen, die auf Respekt und Achtung beruhen.*
Normen, die den Respekt und die Achtung vor den Anderen gebieten, haben den Effekt, dass Machtasymmetrien nicht zum Nachteil der Schwachen ausgenutzt werden. Respekt und Achtung verbieten es einerseits direkt, andere in eine für sie demütigende und gedemütigte Lage zu bringen und schaffen vermutlich gleichzeitig stärkere Empathieeffekte derjenigen, die einen Machtvorteil besitzen mit denjenigen, die diesem Machtvorsprung ausgesetzt sind. Verstärkte Empathie führt ihrerseits zu gemäßigtem Verhalten (Page/Nowak 2002).

- *Mache Verhalten sichtbar, das im Sinne anerkannter Normen verläuft.*
Die Gerechtigkeitsnorm wirkt offensichtlich in erster Linie auf reziproke Weise. Sie bewirkt faires Verhalten vor allem dann, wenn der Proposer davon ausgeht, dass auch andere an seiner Stelle sich fair und gerecht verhalten würden. Die Verbreitung von Normen und ihre Internalisierung, d.h. die Bereitschaft, sich den Normen entsprechend zu verhalten, nimmt zu mit der Erwartung, dass die Norm von allen geteilt wird. Im Sinne des alten Spruchs „Tue Gutes und rede darüber" ist es daher im Sinne der Normdurchsetzung äußerst positiv, wenn normkonformes Verhalten möglichst sichtbar ist.

Diese Ratschläge für den „political engineer" sind natürlich durchaus mit Vorsicht zu genießen, denn es kann bestenfalls mit Plausibilitätsgründen argumentiert werden, warum die Ergebnisse der Experimente auf den realen Kontext des politischen Handelns anwendbar sein sollten. Dieses Problem externer Validität aber wird praktisch immer gegeben sein, wenn wir empirische Untersuchungsergebnisse auf Handeln im politischen Bereich übertragen wollen, außer wir beschränkten uns auf die Analyse von nicht-reaktiven Dokumenten und „physischen Spuren" (vgl. Johnson et al. 2001: 227ff.). Mit den oben erwähnten Plausibilitätsgründen würden wir jedoch zumindest davon ausgehen, dass es keine plausiblen Gründe gibt, warum sich die handelnden Akteure im realen Leben ganz und gar nicht wie bei den Experimenten verhalten sollten. Gerade die katalytische Funktionsweise eines Designeffekts wie das Framing als Diktatorspiel lässt uns eher vermuten, dass es im realen Leben andere kontextuelle Faktoren geben könnte, die auf ähnliche Weise eine verstärkende Wirkung wie das Diktatorspiel oder eine dämpfende Wirkung wie das Ultimatumspiel und die Verhandlungslösung ausüben könnten, je nachdem, inwieweit sie gewisse grundlegende Wesenszüge mit diesen Aspekten des experimentell forcierten Spiele-Designs teilen.

Literaturverzeichnis

Allport, Gordon W., 1967 [1935]: Attitudes. S. 1-13 in: Martin Fishbein (Hrsg.): Readings in Attitude Theory and Measurement. New York: Wiley.

Bader, Florian und *Joachim Behnke,* 2009: Politische Einstellungen und das wahrgenommene Wertedefizit bei Politikern. In: *Faas, Thorsten, Kai Arzheimer und Sigrid Roßteutscher* (Hrsg.): Politische Informationen: Wahrnehmung, Verarbeitung, Wirkung. Wiesbaden: VS Verlag für Sozialwissenschaften.

Behnke, Joachim, Nina Baur und *Nathalie Behnke,* 2006: Empirische Methoden der Politikwissenschaft. Paderborn: Ferdinand Schöningh.

Bolton, Gary, Elena Katok und *Rami Zwick,* 1998: Dictator game giving: Rules of fairness versus acts of kindness. In: International journal of game theory, 27, 269-299.

Camerer, Colin F., 2003: Behavioral Game Theory. Princeton, New Jersey: Princeton University Press.

Carter, John R. und *Michael D. Irons,* 1991: Are Economists Different, and if so, why?. In: The Journal of Economic Perspectives, 5, 171-177.

Diekmann, Andreas, 2004: The power of reciprocity: fairness, reciprocity, and stakes in variants of the dictator game. In: Journal of Conflict Resolution, 48, 487-505.

Ebenhöh, Eva und *Claudia Pahl-Wostl,* 2008: Agent Behaviour between Maximization and Cooperation. In: Rationality and Society, 20, 227-252.

Etzrod, Christian, 2003: Sozialwissenschaftliche Handlungstheorien. Konstanz: UVK Verlagsgesellschaft.

Falk, Armin und *Urs Fischbacher,* 2006: A Theory of Reciprocity. In: Games and Economic Behavior, 54, 293-315.

Fazio, Russell, 1986: How do Attitudes guide Behavior? S. 204-243 in: Richard M. Sorrentino und E. Tory Higgins (Hrsg.): Handbook of Motivation and Cognition. Foundations of Social Behavior. New York, N.Y.

Fehr, Ernst und *Klaus M. Schmidt,* 1999: A theory of fairness, competition, and cooperation. In: Quarterly Journal of Economics, 114, 817-868.

Fehr, Ernst, Urs Fischbacher und *Simon Gächter,* 2002: Strong Reciprocity, Human Cooperation and the Enforcement of Social Norms. In: Human Nature, 13, 1-25.

Forsythe, Robert, Joel L. Horowitz, N. E. Savin und *Martin Sefton,* 1994: Fairness in Simple Bargaining Games. In: Games and Economic Behavior, 6, 347-369.

Frank, Robert H., Thomas Gilovich und *Dennis T. Regan,* 1993: Does Studying Economics inhibit Cooperation?. In: The Journal of Economic Perspectives, 7, 159-171.

Johnson, Janet Buttolph, Richard A. Joslyn und *H. T. Reynpolds,* 2001: Political Science Research Methods. Washington: CQ Press.

Gelman, Andrew und *Jennifer Hill,* 2007: Data Analysis using Regression and Multilevel/Hierarchical Models. Cambridge.

Güth, Werner, Rolf Schmittberger und *Bernd Schwarze,* 1982: An Experimental Analysis of Ultimatum Bargaining. In: Journal of Economic Behavior & Organization, 3, 367-388.

Güth, Werner und *E. van Damme,* 1998: Information, Strategic Behaviour and Fairness in Ultimatum Bargaining: an Experimental Study. In: Journal of Mathematical Psychology, 42, 227-247.

Hoffman, Elizabeth, Kenneth McCabe, Keith Shachat und *Vernon Smith,* 1994: Preferences, Property Rights, and Anonymity in Bargaining Games. In: Games and Economic Behavior, 7, 346-380.

Höfling, Atilla, Fritz Strack und *Roland Deutsch,* 2006: Reflektive und impulsive Determinanten sozialen Verhaltens. In: Erich Witte (Hrsg.): Evolutionäre Sozialpsychologie und automatische Prozesse. Lengerich: Pabst Science Publishers.

Kahneman, Daniel, Jack L. Knetsch und *Richard H. Thaler,* 1986a: Fairness and the Assumptions of Economics. In: Journal of Business, 59, 285-300.

Kahneman, Daniel, Jack L. Knetsch und *Richard H. Thaler,* 1986b: Fairness as a Constraint on Profit Seeking: Entitlements and the Market. In: American Economic Review, 76, 728-741.

Lesogrol, Carolyn, 2007: Bringing Norms In: The Role of Context in Experimental Dictator Games. In: Current anthropology, 48, 920-926.

Marwell, Gerald und *Ruth E. Ames,* 1981: Economists free ride, does anyone else?. In: Journal of Public Economics, 15, 295-310.

Nowak, Martin, Karen Page und *Karl Siegmund,* 2000: Fairness versus Reason in the Ultimatum Game. In: Science, 289, 1773-1775.

Page, Karen und *Martin Nowak,* 2002: Empathy leads to fairness. In: Bulletin of mathematical biology, 64, 1101-1116.

Rabin, Matthew, 1993: Incorporating Fairness into Game Theory and Economics. In: The American Economic Review, 83, 1281-1302.

Roth, Alvin E., 1995: Bargaining Experiments. S. 253-348 in: John H. Kagel und Alvin E. Roth (Hrsg.): The Handbook of Experimental Economics. Princeton, New Jersey: Princeton University Press.

Schwartz, Shalom H., 1994: Are there Universal Aspects in the Structure and Contents of Human Values?. In: Journal of Social Issues, 50, 19-45.

Sigmund, Karl, Ernst Fehr und *Martin A. Nowak,* 2002: Teilen und Helfen - Ursprünge sozialen Verhaltens. In: Spektrum der Wissenschaft, 52-59.

Stanton, Angela, 2006: Evolving Economics: Synthesis. Unter: http://mpra.ub.uni-muenchen.de/2369/.

Van Dijk, Eric, David De Cremer und *Michel J.J. Handgraaf,* 2004: Social value orientations and the strategic use of fairness in ultimatum bargaining. In: Journal of Experimental Social Psychology, 40, 697-707.

Van Dijk, Eric und *Riel Vermunt,* 2000: Strategy and Fairness in Social Decision Making: Sometimes it pays to be powerless. In: Journal of Experimental Social Psychology, 36, 1-25.

Prozessanalyse politischer Entscheidungen: Deliberative Standards, Diskurstypen und Sequenzialisierung[1]

André Bächtiger, Seraina Pedrini und Mirjam Ryser (Universität Konstanz und Universität Bern)

Die politikwissenschaftliche Forschung hat sich in den letzten Jahren stark auf das Zusammenspiel von Institutionen, Präferenzen und Politikergebnissen konzentriert. Der Politikprozess, der den Entscheidungen und Politikergebnissen voraus gegangen ist, wurde dabei aber oft vernachlässigt. Wie Guy Peters (2009: 58) in einem neuen Überblicksbuch zu vergleichender Politik schreibt: „Perhaps the most glaring omission in comparative analysis is an understanding of the political process." Und er fährt fort: „While we know a great deal about legislatures as institutions, as well as about the individual behavior of legislators, comparative politics has tended to abandon any concern about the legislative process". Gleiches konstatieren Weihe et al. (2008: 341): „Die ... rational-choice-basierte Analyse von Parlamentsausschüssen hat aufgrund ihrer Konzentration auf Abstimmungsverfahren und -ergebnisse kein Interesse am konkreten Verlauf von Gremiensitzungen und realen Prozessen der gremieninternen Herstellung politischer Entscheidungen." Diese Vernachlässigung der systematischen Erforschung des Politikprozesses hat allerdings seinen Preis: Es ist zu vermuten, dass Prozessdynamiken – natürlich immer unter begünstigenden institutionellen Bedingungen (wie Arrangements, die Positivsummenspiele ermöglichen) und geeigneten Präferenzkonstellationen (wie nicht allzu weit auseinanderliegenden Präferenzen) – eine Eigenwirkung entfalten können, die das Politikergebnis entscheidend beeinflussen können.

Zudem ist im Zuge der deliberativen Wende in der politischen Philosophie die Evaluation des Politikprozesses wieder ins Zentrum des Interesses gerückt. Insbesondere klassische, auf Habermas rekurriende deliberative Theorien fokussieren stark auf den Politikprozess, der gemäß dieser Sichtweise Standards von kommunikativer Rationalität aufweisen sollte. Folgende fünf Standards werden dabei als zentral erachtet (siehe Steiner et al. 2004): (1) Inklusion und Partizipa-

---

1 Wir bedanken uns bei Jane Mansbridge, Karolina Milewicz und dem anonymen Begutachter für exzellente Kommentare zu diesem Artikel. Eva Wiesemann und Dorothée Marquardt danken wir für ihre Recherchearbeiten.

tion aller potentiell Betroffenen; (2) ausführliche Begründungen mit einem Fokus auf das Gemeinwohl und gemeinsame Werte; (3) Reflexivität im Sinne, dass Argumenten und Positionen mit Respekt begegnet wird, sowie die Bereitschaft, sich vom besseren Argument überzeugen zu lassen, so dass ursprüngliche Präferenzen transformiert werden; (4) konstruktive Politik, wobei es das Ziel ist, echte Vermittlungsvorschläge in die Debatte einzubringen, damit Konsens ermöglicht wird; und (5) Wahrhaftigkeit, was bedeutet, dass Diskursteilnehmer das sagen sollen, was sie wirklich meinen. Grundsätzlich erachten Deliberationstheoretiker vernünftigen Dialog als notwendige Bedingung, um in modernen und pluralistischen Gesellschaften, die über keinen gemeinsamen religiösen oder moralischen Referenzrahmen mehr verfügen, zu legitimen Entscheidungen zu gelangen (Chambers 1995: 244; Benhabib 1996; Habermas 2005). Viele Deliberationstheoretiker erwarten auch, dass deliberative Politikprozesse die Qualität öffentlicher Politiken verbessern und gleichzeitig die politischen Präferenzen der Diskursteilnehmer in Richtung Gemeinwohl bewegen (oder zumindest zu einer Klarifizierung der Präferenzen beitragen).

Die deliberative Herausforderung hat auch empirisch ihren Niederschlag gefunden. Zwei Ansätze, die den Politikprozess systematisch auf seine deliberative (oder argumentative) Qualität hin untersuchen, seien hier kurz erwähnt. Katharina Holzinger (2001) hat auf der Basis der Sprechaktanalyse (Austin 1972; Searle 1969) ein Schema präsentiert, das zwischen „Verhandeln" und „Argumentieren" unterscheidet. Steenbergen et al. (2003) haben den „Discourse Quality Index" (DQI) entwickelt, der einen Versuch darstellt, das Habermas'sche Diskursmodell empirisch umzusetzen. Der DQI ermöglicht eine quantitative Sprechaktanalyse von protokollierten Debatten und umfasst folgende Indikatoren: Begründungsrationalität (wie ausführlich begründen Redner ihre Positionen?), Gemeinwohlorientierung (beziehen sich die Redner auf das Gemeinwohl oder sind ihre Forderungen eigennützig?), Respekt (verhalten sich Redner respektvoll gegenüber Forderungen und Gegenargumenten und stimmen sie diesen sogar zu?), Konstruktive Politik (bringen die Redner Vermittlungsvorschläge ein?). Der DQI hat sich als ein reliables und, in den Augen vieler deliberativer Philosophen auch als ein valides Instrument erwiesen (Habermas 2005; Goodin 2005; Mansbridge 2007; Thompson 2008).

Beide Messinstrumente haben zu vielfältigen empirischen Anwendungen geführt. Holzingers Sprechaktanalyse wurde für die Analyse von Kommunikationsmodi in Mediationsverfahren, aber auch in Parlamentsdebatten und Bürgerforen verwendet (Holzinger 2005; Landwehr 2009). Mit dem DQI wurden in einem ersten Schritt die Qualität parlamentarischer Diskussionen in verschiedenen Ländern sowie die Wirkung unterschiedlicher Diskursniveaus auf das Politikergebnis untersucht (Steiner et al. 2004; Spörndli 2004; Bächtiger 2005). Mittlerweile wird der DQI auch für die Analyse experimenteller und zivilgesellschaftlicher Diskussionsprozesse verwendet (Schneiderhan/Khan 2008; Siu 2009; Himmelroos 2009).

Obwohl beide Instrumente dazu beigetragen haben, politische Prozesse systematisch auf ihren normativen (deliberativen) Gehalt hin zu untersuchen, haben sich in den letzten Jahren doch einige Defizite herauskristallisiert. Ziel dieses Aufsatzes ist, diese Defizite anzugehen und ein Messinstrument zu entwickeln, welches politische Kommunikationsprozesse systematisch und breiter auf ihre deliberativen Gehalte hin erforscht. Die folgenden Re-Konzeptualisierungen konzentrieren sich auf den DQI, da dieser im Vergleich zu Holzingers Sprechaktanalyse ein generelles Messinstrument für deliberative Prozesse darstellt. Allerdings werden spezifische Elemente von Holzingers Evaluationsschema gezielt in das neue Messinstrument integriert.

Ein erstes Defizit des DQI besteht in seiner Fokussierung auf die Habermas'sche Konzeption von Deliberation. So hat sich in der deliberativen Theorie in den letzten Jahren ein expansives Deliberationskonzept herausgebildet, welches über den rationalen Diskurs hinausgeht und alle Kommunikationsformen auf ihre deliberative Wirkung hin untersuchen will. Konkret bedeutet dies, dass Deliberation andere Kommunikationsformen wie „story-telling", Rhetorik aber auch Eigeninteressen und Verhandlungslogiken einschließen soll. Bächtiger et al. (2010) bezeichnen dieses expansive Konzept als Typ II Deliberation und grenzen es von klassischer oder Typ I Deliberation ab. Diese Re-Konzeptualisierungen in der deliberativen Theorie müssen sich in einem erweiterten und ergänzten Messinstrument widerspiegeln. Gleichzeitig ist dieses ergänzte Messinstrument auch Bedingung dafür, dass wir Kommunikationsprozesse in verschiedene Diskurstypen einteilen können (da diese mehr als nur rationale oder Typ I Deliberation beinhalten; siehe unten).

Ein zweites Defizit des DQI bezieht sich auf das Fehlen von Schwellenwerten für hohe und geringe Deliberationsqualität. In einer kürzlich erschienenen Rezension zu empirischen Deliberations-Studien hält Drzyek (2007: 244) fest: "In applying the discourse quality index, it is hard to say whether the deliberation in any of the cases analyzed is actually good enough by any theoretical standards. The index is just a comparative measure." Hinzu kommt, dass Deliberation – zumindest in Parlamenten – empirisch auch kein *uni-dimensionales* Phänomen darstellt, wie es die klassische deliberative Theorie postuliert. Uni-dimensional würde bedeuten, dass alle Komponenten des DQI – Begründungsrationalität, Gemeinwohlorientierung, Respekt und konstruktive Politik - hoch miteinander korreliert sind. Doch dies ist nicht der Fall: So sind beispielsweise Begründungsrationalität und Respekt in Parlamentsdebatten nicht miteinander korreliert. Dadurch wird es schwierig, auf rein empirischer Basis hohe und geringe Deliberationsqualität festzumachen.

Einen Ausweg aus dieser Problematik bietet die Einteilung von Kommunikationsprozessen in sogenannte "Diskurstypen", wobei die verschiedenen Elemente von Typ I und Typ II Deliberation in Diskurstypen integriert werden. Mit Blick auf zivilgesellschaftliche Kommunikationsprozesse hat Shawn Rosenberg (2007) vier Diskurstypen identifiziert. (1) Proto-Diskurs; (2) konventioneller Diskurs, (3) kooperativer Diskurs und (4) kollaborativer (oder rationaler) Diskurs. Rosenbergs Diskurstypen bieten einen geeigneten Ausgangspunkt, um der Komplexität realweltlicher Kommunikationsformen gerecht zu werden und Schwellenwerte für hohe und geringe Deliberationsqualität zu setzen. Doch müssen seine Diskurstypen ergänzt und erweitert werden, wenn damit auch Kommunikations- und Verhandlungsprozesse in der Politik erfasst werden sollen.

Ein drittes Defizit besteht darin, dass der DQI bisher nur ganze Debatten auf ihre Deliberationsqualität hin untersucht hat. Doch kein politischer Philosoph würde ernsthaft erwarten, dass reale Kommunikationsprozesse durchgehend ein hohes Niveau an kommunikativer Rationalität aufweisen. Goodin (2006: 253) beispielsweise hält fest, dass es stets „economies of speech" gibt: „We merely gesture toward arguments, expecting others to catch the allusions, rather than belabouring points. We talk principally in terms of conclusions, offering in ordinary discussion only the briefest argument-sketch describing our reasoning leading us to those conclusions. We do so precisely so as not to belabour the point needlessly."

Einen Ausweg aus dieser Problematik bietet die Sequenzialisierung von Kommunikationsprozessen. In unterschiedlichen Sequenzen des Kommunikationsprozesses können sehr unterschiedliche Kommunikationsmodi auftreten (siehe z.B. Benz 1994). Eine Sequenzialisierung von Kommunikationsprozessen lässt sich auch idealiter mit obiger Diskurs-Typologie verbinden, ja mag sogar Voraussetzung für ihre sinnvolle empirische Umsetzung sein: Es ist sehr unwahrscheinlich, dass sich ein gesamter Kommunikationsprozess mit einem einzigen Diskurstypus erfassen lässt. Vielmehr ist zu vermuten, dass in verschiedenen Sequenzen des Prozesses unterschiedliche Diskurstypen auftreten. Und je mehr unterschiedliche Diskurstypen wir in den Sequenzen einer Gesamtdebatte finden, desto schwieriger wird es, Uni-Dimensionalität im Gesamtprozess festzustellen.

Ziel dieses Artikels ist, ein erweitertes Messinstrument zur Analyse von Kommunikationsprozessen zu präsentieren, anhand dessen politische Prozesse mittels normativer Standards, die sich auf klassische und expansive deliberative Theorien beziehen, bewertet werden. Dabei werden die verschiedenen deliberativen Standards in Diskurstypen integriert, die anschließend sequentiell analysiert werden. Eine empirische Illustration erfolgt anhand zwei schweizerischer Parlamentsdebatten im Nationalrat in den 1990er Jahren. Für diese drei Parlamentsdebatten wurden zuerst die verschiedenen deliberativen Standards erhoben; danach wurden die Debatten in Sequenzen gegliedert; schließlich wurde für jede Sequenz versucht, die deliberativen Standards in die verschiedenen Diskurstypen einzuteilen.

1.   Standards

In einem ersten Schritt werden Standards definiert, um politische Kommunikationsprozesse auf ihre Qualität hin zu bewerten und quantitativ auszumessen. Wie bereits in der Einleitung erwähnt, geht es dabei um zwei Arten von deliberativen Standards (siehe Bächtiger et al. 2010): Typ I Standards, mit denen rationale Kommunikation erfasst werden soll; sowie Typ II Standards, mit denen auch alternative Kommunikationsformen wie „story-telling" oder „bargaining" erfasst werden. Zunächst zu den Typ I Standards. Diese werden dem ursprünglichen „Discourse Quality Index" (DQI) entnommen, zum Teil aber ergänzt und angepasst (Steenbergen et al. 2003; Bächtiger et al. 2009).

1.1.   Typ I Standards

(1) *Partizipationsgleichheit*: Gleiche Partizipation und symmetrische Kommunikation bilden zentrale Kriterien eines genuin deliberativen Prozesses. Wie Thompson (2008: 527) festhält: "Equal participation requires that no one person or advantaged group completely dominate the reason-giving process, even if the deliberators are not strictly equal in power and prestige." Grundsätzlich kann zwischen externer und interner Partizipationsgleichheit unterschieden werden (Young 2000): Erstere bezieht sich auf die Zusammensetzung der Diskursteilnehmer und ist primär abhängig von institutionellen Variablen (wie z.B. von Wahlsystemen); letztere bezieht sich auf die Partizipationsniveaus verschiedener

Diskursteilnehmer sowie spezifischer Gruppen (wie Frauen oder strukturelle Minderheiten) in Kommunikationsprozessen und ist diskursintern. Bezüglich Partizipationsgleichheit hat der ursprüngliche DQI lediglich erfasst, ob Diskursteilnehmer in ihrer Rede unterbrochen wurden. Doch erfasst dies Dynamiken von Inklusion und Gleichheit nur sehr beschränkt. Ein besserer Test für interne Partizipation besteht darin, die Redeanteile von verschiedenen sozialen und kulturellen Gruppen zu erfassen (siehe Thompson 2008: 507). Im Anschluss an Stromer-Galley (2007) erfassen wir Partizipationsgleichheit anhand der Partizipationshäufigkeit sowie dem Partizipationsanteil (gemessen an der Anzahl der Wörter).

(2) *Begründungsrationalität*: In klassischen Deliberationsansätzen ist Begründungsrationalität ein zentrales Kriterium für hohe Diskursqualität. Es geht darum, dass Diskursteilnehmer ihre Positionen und Geltungsansprüche ausführlich begründen (Habermas 1992: 370). Da die ideale Sprechsituation über keinen Inhalt verfügt, können keine externen Standards festgelegt werden, was als „gutes Argument" zählt; ansonsten wäre das Diskussionsergebnis normativ bereits vorbestimmt. Deshalb lässt sich Begründungsrationalität nur prozedural erfassen, indem gemessen wird, wie ausführlich Redner ihre Positionen begründen. Konkret wird evaluiert, ob Redner eine Relation zwischen Gründen und Konklusion herstellen. Der DQI hat dazu fünf Kategorien entwickelt: (0) keine Begründung; (1) inferiore Begründung (keine implizite oder explizite Relation zwischen Gründen und Konklusion); (2) qualifizierte Begründung (eine vollständige Begründung, bei der eine implizite oder explizite Relation zwischen Gründen und Konklusion hergestellt wird); (3) anspruchsvolle Begründung (breit; mindestens zwei vollständige Begründungen); (4) anspruchsvolle Begründung (tief; mindestens eine vollständige Begründung, die jedoch im Stil wissenschaftlicher Argumentation auf alle Seiten hin ausgeleuchtet wird).

(3) *Gemeinwohlorientierung*. Die Bedeutung von Gemeinwohlorientierung wird von vielen Deliberationstheoretikern betont. Bezüglich Gemeinwohlorientierung unterscheidet der DQI zwischen utilitaristischen Konzeptionen des Gemeinwohls (das größte Glück der größten Zahl) und dem Differenzprinzip (wonach den am wenigsten Begünstigten in der Gesellschaft geholfen werden soll; Rawls 1971). Der DQI misst Gemeinwohlorientierung wie folgt: (0) Redner formulieren ihre Forderungen als eigennützig (explizite Aussage in Bezug auf Gruppen- oder Wahlkreisinteressen); (1) es gibt keine Aussage bezüglich Gemeinwohlorientierung (oder gleichzeitige Erwähnung von Gruppeninteressen und Gemeinwohlinteressen); (2a) Redner beziehen sich explizit auf ein utilita-

ristisches Konzept des Gemeinwohls; (2b) Redner beziehen sich auf das Differenzprinzip.

(4) *Respekt und Zustimmung*: Ein weiteres Schlüsselelement von Typ I Deliberation ist Respekt. Macedo (1999: 10) betrachtet die Respektierung und Anerkennung anderer Geltungsansprüche als einen Hauptzweck von Deliberation. Im ursprünglichen DQI wurde unterschieden, ob Redner respektvolle Äußerungen zu Gruppen, Forderungen und Gegenargumenten machen und ob sie den Forderungen und Gegenargumenten allenfalls zustimmen. Während sich Respekt gegenüber Gruppen gut von Respekt gegenüber Forderungen und Gegenargumenten abgrenzen lässt, stellt sich bei letzteren das Problem der trennscharfen Zuordnung von Sprechakten zu Respekt gegenüber Positionen und Gegenargumenten. "Economies of speech" können dazu führen, dass sich Redner zwar explizit nur auf eine Gegenposition beziehen, die dazugehörenden Gegenargumente aber implizit mit einbeziehen. Deshalb macht es Sinn, die beiden Elemente in einer Kategorie zusammenzufassen, nämlich konzipiert als Respekt gegenüber anderen Positionen und Gegenargumenten. Konkret wird Respekt wie folgt operationalisiert: (0) Abwertende Äußerungen gegenüber anderen Positionen und Gegenargumenten; (1) neutral; (2) expliziter Respekt gegenüber anderen Positionen und Gegenargumenten; (4) Zustimmung zu anderen Positionen und Gegenargumenten.[2]

(5) *Interaktivität*: Deliberation setzt voraus, dass Akteure miteinander und nicht aneinander vorbei reden. Wie Goodin (2000: 91) festhält: "[T]here must be uptake and engagement – other people must hear or read, internalize and respond". Interessanterweise hat dieses zentrale Element deliberativen Handelns bei der empirischen Messung von Deliberation bisher wenig Beachtung gefunden. Im ursprünglichen DQI wird „Interaktivität" unter der Rubrik Gegenargumente erfasst, wobei gezählt wird, ob Gegenargumente aufgenommen oder ignoriert werden. Doch dies erfasst Interaktivität nur sehr beschränkt, da gerade in politischen Gremien Teilnehmer meistens einen (diffusen) Bezug zu Gegenargumenten machen. Deshalb wird Interaktivität neu separat und präziser erfasst: Es wird gemessen, wie oft Diskussionsteilnehmer auf andere Teilnehmer Bezug nehmen.

(6) *Konstruktive Politik*. Der Indikator „konstruktive Politik" versucht die Konsensidee des Typ I Programms empirisch umzusetzen. Er beruht auf dem Anspruch der Habermas'schen Diskursethik, Übereinstimmung zu erzielen.

---

2 Zustimmung ohne weitere Angabe von Gründen - oder Konzessionen - werden nicht unter dieser Rubrik kodiert. Um die Übersichtlichkeit zu wahren, lassen wir für untenstehende Analysen Respekt gegenüber Gruppen weg.

Übersetzt in die praktische Politik sollten Akteure zumindest über vermittelnde Vorschläge eine Einigung erzielen. Der Indikator misst, ob Teilnehmer auf ihren Positionen bestehen (0), ob sie alternative Vorschläge einbringen (1), Konsensappelle machen (2) oder ob sie echte Vermittlungsvorschläge einbringen (3).

Nicht einbezogen in den DQI wurde das Kriterium der *Wahrhaftigkeit*, mit dem trennscharf zwischen strategischen und kommunikativen Sprechakten unterschieden werden könnte. Der Verzicht auf dieses Kriterium lässt sich mit fast unlösbaren Messproblemen rechtfertigen. Um festzustellen, ob Redner auch wirklich das sagen, was sie meinen, müsste man in ihre Köpfe sehen können. Dies ist im Falle von protokollierten Sprechakten nicht möglich und auch sonst mit großen Problemen behaftet. Selbst Habermas (2007: 421) bekräftigt, dass Einstellungen von Diskursteilnehmern tendenziell „opak" sind.

1.2. Typ II Standards

Wie bereits erwähnt, gab es in den letzten Jahren mehrere Versuche, Deliberation aus dem engen Korsett des rationalen Diskurses zu befreien. Insbesondere von feministischer Seite wurde moniert, dass der Fokus auf rationale Diskussion die Inklusion benachteiligter Gruppen in Diskussionsprozesse entscheidend behindern kann (Sanders 1997; Young 2001). Deshalb wird auf alternative Kommunikationsformen wie "story-telling", "testimony" oder "rhetoric" verwiesen, die aus Sicht von Typ II Theoretikerinnen der Sprechkultur von benachteiligten Gruppen besser entgegenkommen. Daneben argumentieren Mansbridge et al. (2010), dass auch Eigeninteressen einen Platz in deliberativen Modellen haben müssen: "Including self-interest in deliberative democracy reduces the possibility of exploitation, introduces information that facilitates reasonable solutions and the identification of integrative outcomes, and also motivates vigorous and creative deliberation. Excluding self-interest from deliberative democracy is likely to produce obfuscation." Aus diesem Grund plädiert Mansbridge (2009) dafür, „bargaining" - als zentrales Mittel, Eigeninteressen im politischen Verhandlungsprozess durchzusetzen – nicht von vornherein aus der deliberativen Analyse auszuschließen.

Es stellt sich nun aber die Frage, inwieweit der deliberative Ansatz durch die Aufnahme von Typ II Standards verwässert wird. Auf den ersten Blick sieht eine solche Erweiterung stark nach „concept stretching" aus. Doch wie Neblo (2007) überzeugend argumentiert, sind Typ II Standards letztlich durchaus kompatibel mit der Habermas'schen Diskurstheorie: „Most arguments for admitting testimony, story-telling and the like begin from concrete questions of institutionalization in which "all else" is expressly unequal. And here, Habermas explicitly countenances moving away from the abstract ideal to accommodate the realities of human psychology, institutional design, and patterns of social inequality" (Neblo 2007: 533). Deshalb, so Neblo, führt der Einbezug alternativer Kommunikationsformen zu keiner fundamentalen Spannung in der deliberativen Theorie: „Indeed, this question of alternative forms might be the most fruitful yet for empirical research. While it is apparent that deliberators do vary widely in their ability (and perhaps inclination) to hew to canonical argumentative forms, it is not clear how effective and under what conditions incorporating alternate forms into actual deliberative practices serves the goals of doing so." Deshalb erachten wir es als sinnvoll, zwei zusätzliche Elemente für die (empirische) Evaluation deliberativer Prozesse aufzunehmen: „story-telling" und „deliberatives Verhandeln".

(7) *„Story-telling"*: Gemäß Polletta und Lee (2006) ist „story-telling" das wichtigste Element alternativer Kommunikationsformen. Polletta und Lee zeigen theoretisch und empirisch auf, dass „story-telling" eine zentrale Rolle in deliberativen Prozessen spielen kann: „We find that narrative's conventional openness to interpretation – in essence, its ambiguity – proved a surprising deliberative resource for people with marginalized points of view." (S. 701)

Bezüglich „story-telling" hat Stromer-Galley (2007) einen Indikator entwickelt, den sie mit "sourcing" betitelt. Dieser Indikator fokussiert auf die „Quellen", mit denen Diskussionsteilnehmer ihre Positionen begründen. Bei „story-telling" handelt es sich dabei um persönliche Geschichten und persönliche Erfahrungen. Wir erheben, ob in einer Rede auf persönlichen Erfahrungen und Geschichten rekurriert wird (oder nicht).

(8) *„Deliberatives Verhandeln"*: In den vergangenen Jahren hat Jane Mansbridge (2009) wiederholt dafür plädiert, deliberative Prozesse mit Verhandlungslogiken zu versöhnen. Dies ist ein entscheidender Punkt, denn es gibt in der Realität kaum einen Verhandlungsprozess, in dem „bargaining" nicht auftritt (gleichzeitig gibt es auch kaum einen Verhandlungsprozess, in dem Argumentieren nicht vorkommt; siehe Risse 2004: 289-299). Mansbridge unterscheidet nun zwischen „deliberativen" und „nicht-deliberativen" Verhandlungen. „Deliberative" Verhandlungen sind offen, fair und geprägt durch hohen Respekt, gegenseitige Begründungen und Zwangsfreiheit (2009: 34). Zwangsfrei heißt für Mansbridge, dass die Verhandlungsparteien einander zwar etwas anbieten, dabei aber auf Sanktionsdrohungen verzichten. Deliberative Verhandlungen umfassen gemäß Mansbridge beispielsweise „integratives bargaining". „Nicht-deliberative" Verhandlungen dagegen enthalten Sanktionsdrohungen und

strategische Irreführungen. Mit der Unterscheidung zwischen „deliberativen"
und „nicht-deliberativen" Verhandlungen gelingt es Mansbridge, das Konti-
nuum zwischen reiner Deliberation und reinem „bargaining" (Risse 2004) besser auszuleuchten, welches die empirische Deliberationsforschung bisher so
stark behindert hat.

Empirisch gilt es nun, die verschiedenen Formen von „bargaining" messbar
zu machen. Hierzu hat Holzinger (2001) auf der Grundlage der Sprechakttheorie
einen sehr hilfreichen Katalog erstellt. Danach beinhaltet „bargaining" Sprechakte wie drohen, fordern, Kompromisse vorschlagen, versprechen oder zugeste-
hen (Konzessionen machen). Wie oben erwähnt, sind gemäß Mansbridge (2009)
Drohungen dabei das zentrale Problem, da sie Zwang beinhalten. Kompromiss-
vorschläge und Versprechen dagegen mögen durchaus Teil „deliberativer Verhandlungen" sein, sofern sie mit hohem Respekt und gegenseitigen Begründungen einhergehen. Diese Unterscheidung kann mit Holzingers Katalog einfach
getroffen werden. Wir erheben, ob in einer Rede Drohungen und Versprechungen vorkommen (oder nicht). In der Kombination mit anderen deliberativen
Standards wie Begründungsrationalität und Respekt lässt sich - wie wir im
nächsten Abschnitt darlegen - die Unterscheidung von Mansbridge zwischen
„deliberativen" und „nicht-deliberativen" Verhandlungen empirisch relativ
einfach treffen.

2. Diskurstypen

In den letzten Jahren ist zunehmend das Bedürfnis entstanden, Schwellenwerte
für hohe und geringe Deliberationsqualität zu definieren. So schreiben Black et
al. (im Erscheinen): "Analysts may wonder if variables have some threshold
level that groups must exceed in order to count as being highly deliberative."
Bisherige quantitative Studien deliberativer Qualität haben größtenteils *verglei-
chende* Analysen vorgelegt, dabei aber selten auf absolute Standards fokussiert
(siehe Steiner et al. 2004; auch Holzinger 2005). Im Falle von DQI-Analysen
liegt ein Grund dafür in der Komplexität von Deliberation in der realen Welt.
Der DQI basierte auf dem Grundgedanken, dass seine verschiedenen Komponenten empirisch ein kohärentes Ganzes bilden würden. Dieser Grundgedanke
stammt aus der klassischen Deliberationstheorie, wonach die verschiedenen
Deliberationskomponenten einander gegenseitig verstärken sollten - d.h. wer
ausführlich argumentiert, sollte beispielsweise auch respektvoller sein. In parlamentarischen Debatten hat sich diese uni-dimensionale Konzeption von Deli-

beration aber als Illusion erwiesen. Eine Re-Analyse von 29 parlamentarischen Debatten in der Schweiz, Deutschland und den USA zeigt, dass die durchschnittliche partielle Korrelation der verschiedenen DQI-Komponenten auf individueller Ebene gerade mal 0.12 beträgt. Verschiebt man den Analysefokus auf die Ebene ganzer Debatten, ergibt sich ein leicht anderes Bild: Hier finden wir eine relativ starke Korrelation zwischen Begründungsrationalität und Gemeinwohlorientierung (Pearson's r=.61; p=.01), eine mittlere Korrelation zwischen Respekt gegenüber Positionen/Gegenargumenten und Konstruktivität (Pearson's r=.39; p=.04), jedoch keine oder schwache Korrelationen zwischen Begründungsrationalität und Respekt (Pearson's r=.08; p=.58), zwischen Begründungsrationalität und Konstruktivität (r=-.04; p=.83), Gemeinwohlorientierung und Respekt (r=.20; p=.29) sowie zwischen Gemeinwohlorientierung und Konstruktivität (r=-.07; p=.73). In einer Faktoranalyse mit obigen vier DQI Komponenten wurden zwei Faktoren extrahiert: Ein erster Faktor kombiniert Begründungsrationalität und Gemeinwohlorientierung, ein zweiter Faktor kombiniert Respekt gegenüber Positionen und Gegenargumenten mit Konstruktivität.[3] Dies indiziert, dass Deliberation in der realen Welt ein erheblich komplexeres Phänomen darstellt, als die klassische Theorie es annimmt. Konkret: Debatten können auf einigen Deliberationskomponenten hohe Werte, auf anderen Deliberationskomponenten tiefe Werte annehmen. Aus einer philosophischen Perspektive ist dies zwar sicherlich interessant, gleichzeitig aber auch unbefriedigend, denn wie will man auf dieser Basis deliberative von weniger deliberativen Debatten unterscheiden? Nun ist es natürlich möglich, auf der Grundlage des uni-dimensionalen Ideals Schwellenwerte für die einzelnen Deliberations-Komponenten zu definieren und nach Debatten Ausschau zu halten, bei denen diese Schwellenwerte erreicht (oder übertroffen) werden; solche Debatten wären dann als deliberativ zu werten. Diese Strategie ist in der Tat Bestandteil des Lösungsansatzes, den wir später präsentieren werden. Generell angewandt ist diese Strategie aber gleichwohl problematisch. Erstens: Das uni-dimensionale Ideal, bei dem alle Deliberations-Komponenten maximiert werden, wird in der realen Welt wohl ein seltenes Ereignis bilden (siehe Goodin 2005). Zweitens: Wie soll mit der Mehrheit der Debatten verfahren werden, bei welchen einzelne Deliberations-Komponenten die definierten Schwellenwerte erreichen, andere

---

3 Die Ladungen auf dem ersten Faktor (Eigenvalue: 1.62) betragen 0.89 für sophistizierte Begründung, 0.90 für Gemeinwohlorientierung, 0.11 für Respekt (gegenüber Positionen, Gegenargumenten und Gruppen) and -0.10 für Konstruktivität. Die Ladungen auf dem zweiten Faktor (Eingenvalue: 1.40) betragen 0.84 für Respekt (gegenüber Positionen, Gegenargumenten und Gruppen), 0.84 für Konstruktivität, 0.01 für sophistizierte Begründungen und 0.00 für Gemeinwohlorientierung.

aber nicht (oder diese sogar deutlich unterschreiten)? Sind solche Debatten als „teilweise deliberativ" oder als „nicht deliberativ" zu werten? Nochmals: Wäre Deliberation empirisch ein uni-dimensionales Phänomen bei dem die verschiedenen Deliberationskomponenten entweder alle hoch, mittel oder tief wären, dann könnte man auf rein empirischer Basis eine Skala bilden und darauf Schwellenwerte für unterschiedliche Qualitätsniveaus von Deliberation (hoch, mittel, tief) definieren. Doch weil sich Deliberation empirisch als multidimensionales Phänomen entpuppt hat, d.h. die einen deliberativen Komponenten hohe, die anderen Komponenten tiefe Werte aufweisen können, braucht es eine *theoretisch angeleitete* Bewertung deliberativer Qualität.

Ein eleganter Weg, die Vielgestaltigkeit realweltlicher Deliberation in den Griff zu bekommen und auf theoretischer Basis verschiedene Qualitätsniveaus festzulegen, ist die Einteilung der verschiedenen deliberativen Standards in Diskurstypen. Hierbei beziehen wir uns auf ein Konzept von Shawn Rosenberg (2007), das für die Analyse zivilgesellschaftlicher Kommunikationsprozesse zwischen vier Diskurstypen unterscheidet: (1) Proto-Diskurs; (2) konventioneller Diskurs; (3) kooperativer Diskurs; (4) kollaborativer (oder rationaler) Diskurs. Um dieses Konzept aber für die politische Sphäre fruchtbar zu machen, braucht es einige Ergänzungen und Verfeinerungen. Einerseits ergänzen wir die vier Diskurstypen mit einem zusätzlichen Diskurstyp, nämlich dem „kompetitiven" Diskurs. Andererseits erhalten die verschiedenen Diskurstypen verhandlungstheoretische Entsprechungen, das heißt sie werden mit unterschiedlichen Verhandlungsformen (wie „integrativem" oder distributivem" bargaining) verknüpft.

Proto-Diskurs. Mit Proto-Diskurs wird Alltagskommunikation erfasst. Im Gegensatz zu anderen Diskurstypen geht es dabei nicht um die Auseinandersetzung mit kontroversen Geltungsansprüchen, sondern um Informationsaustausch und soziales Wohlbefinden. Proto-Diskurse weisen eine tiefe Begründungsrationalität und tiefe Konstruktivität auf, eine mittleres Niveau von Respekt sowie von Interaktivität. Sie beinhalten auch „story-telling". Die Partizipationsgleichheit kann gestört sein, da einzelne Teilnehmer das Gespräch dominieren könnten. Proto-Diskurse gibt es nicht nur in der Zivilgesellschaft, sondern auch in der Politik (beispielsweise wenn Politiker Korridorgespräche führen). Allerdings finden sich solche Proto-Diskurse kaum in protokollierten Debatten und sind für untenstehende Analysen (die darauf basieren) irrelevant.

Konventioneller Diskurs. In einem konventionellen Diskurs geht es um die Definition des Problems sowie die Frage, wie man das Problem effektiv löst. Im Gegensatz zu kooperativem Diskurs besteht hier nicht das Ziel, Gründe ausführlich abzuwägen und ein gemeinsames Verständnis herzustellen. Wie Rosenberg (2007: 134) festhält: „The discussion will consist of a succession of concrete contributions that are intended ... to describe, to explain or to evaluate an aspect of the topic at hand." Die Diskussion kann kooperative und kompetitive Elemente beinhalten (Zustimmung und Ablehnung). Konventionelle Diskurse bilden in der Typologie von Rosenberg eine Art Modalkategorie. Sie weisen eine relativ tiefe Begründungsrationalität, mittlere Respekt-, Interaktivitäts- und Konstruktivitätsniveaus auf. Sie können auch „story-telling" und „bargaining" beinhalten. Die handlungstheoretische Entsprechung ist einfaches Verhandeln, wo die Akteure einander relativ indifferent gegenüberstehen und einzig an ihrem Gewinn interessiert sind. Es besteht für sie wenig Anreiz, die eigenen Positionen ausführlich zu begründen, genauso wenig, wie die Positionen und Argumente der anderen zu würdigen oder abzuwerten; dies führt zu mittleren Respektniveaus und tiefer Begründungsrationalität. Aus klassischer Perspektive sind konventionelle Diskurse nicht als deliberativ zu werten. Ihnen fehlt sowohl Begründungsrationalität wie die Herstellung eines gemeinsamen Problemverständnisses.

Kompetitiver Diskurs. Kompetitive Diskurse beziehen sich einerseits auf „Debattieren" (insbesondere in der Öffentlichkeit), andererseits auf distributive Verhandlungsprozesse. „Debattieren" heißt in der angelsächsischen Tradition, dass die Protagonisten gegensätzliche Positionen einnehmen und diese kompetitiv vertreten. Walzer (1999: 171) beschreibt dies wie folgt: "A debate is very often a contest between verbal athletes with the object to win the debate. The means are the exercise of rhetorical skill, the mustering of favorable evidence (and the suppression of unfavorable evidence), and the discrediting of the other debaters." Kompetitiver Diskurs besteht folglich aus tiefen Respektniveaus und tiefer Konstruktivität, aber potentiell hoher Begründungsrationalität, Gemeinwohlorientierung, Interaktivität und Partizipationsgleichheit. Kompetitive Diskurse sind auch kompatibel mit „rhetorischem Handeln" (Schimmelfennig 1997). „Rhetorisches Handeln" heißt, dass Argumente strategisch verwendet werden, mit dem Ziel, andere zu überzeugen. Doch sind „rhetorische" Akteure nicht bereit, sich überzeugen zu lassen und ihre Meinungen im Sinne des „besseren Arguments" zu ändern. Allerdings werden damit die realweltliche und die theoretische Vielfalt von kompetitiven Diskursen noch nicht vollständig eingefangen. Deshalb nehmen wir zwei Ergänzungen vor. Einerseits gibt es kompetitive Diskurse, in denen primär „catchy soundbites" (wie etwa "minimum wage makes minimum sense") verwendet werden oder die mit Illustrationen angereichert sind, ohne dass Argumente aber wirklich ausgeführt werden (die Begründungsrationalität ist demnach tief). Solche kompetitiven Diskurse sind häufig im Kontext der amerikanischen Demokratie anzutreffen und entsprechen Chambers (2005: 257) Konzeption von „plebiscitory reason": "Arguments ... become shallow, poorly reasoned, pandering, or appeal to the worst we have in common.". Wir kennzeichnen diese Spielart von kompetitiven Diskursen - in denen die Begründungsrationalität und das Respektniveau tief sind – als „plebiszitorisch". Andererseits kann es in kompetitiven Diskursen auch dazu kommen, dass Akteure fair miteinander umgehen und persönliche Angriffe vermeiden. Solche kompetitiven Diskurse entsprechen Chambers (2005) Konzeption von „robust reasoning", wo Akteure in der Öffentlichkeit ihre Positionen ausführlich und gemeinwohlorientiert darlegen. Für Chambers bildet „robust reasoning" ein zentrales und realistisches deliberatives Ideal im Kontext öffentlicher Debatten. Gleichwohl bleiben diese Diskurse im Kern kompetitiv, das heißt, expliziten Respekt oder Übereinstimmung wird es nur sehr punktuell geben. Wir kennzeichnen diese Spielart von kompetitiven Diskursen - in denen Zustimmung und Konstruktivität tief, das Respektniveau mittel und die Begründungsrationalität, Gemeinwohlorientierung sowie die Interaktivität hoch sind – als „fair". Schließlich haben kompetitive Diskurse auch eine verhandlungstheoretische Entsprechung. Naurin (2007: 563) verweist in diesem Zusammenhang auf „distributives bargaining", wobei das einzige Ziel der Teilnehmer die Maximierung ihrer eigenen Ziele ist, auch auf Kosten anderer. Zentrale Mittel sind dabei Drohungen und Versprechungen, doch im Unterschied zum konventionellen Diskurs stehen sich die Akteure nicht indifferent gegenüber, sondern befinden sich in einem kompetitiven Verhältnis. Deshalb besteht ein erheblicher Anreiz, die Positionen und Argumente anderer Teilnehmer abzuwerten; die Respektniveaus sind folglich tief. Grundsätzlich entsprechen kompetitive Diskurse nicht einer klassisch deliberativen Logik (siehe auch Landwehr 2009). Obwohl sie gerade im öffentlichen Kontext eine hohe Begründungsrationalität und hohe Gemeinwohlorientierung aufweisen können, sind sie nicht auf Problemlösung und Verständigung, sondern auf rhetorischen Gewinn hin ausgelegt. Einzig die „faire" Variante kompetitiver Diskurse entspricht partiell einer klassisch deliberativen Logik: hier liegt der Fokus auf dem geregelten und ausführlichen Austausch von Gründen, ohne dass der rhetorische Gewinn das Hauptziel darstellt. Dies ist ein minimales Verständigungsziel und kann gleichzeitig die Basis für spätere erfolgreiche Deliberation und Kooperation bilden.

Kooperativer Diskurs. Kooperativer Diskurs ist problem- und verständigungsorientiert. Ziel ist eine Übereinkunft unter den Teilnehmern. Dabei werden die verschiedenen Standpunkte begründet und gegeneinander abgewogen. Kooperative Diskurse sind gekennzeichnet durch eine mittlere bis hohe Begründungsrationalität, eine hohe Gemeinwohlorientierung, ein hohes Respekt-, Interaktivitäts- und Konstruktivitätsniveau, sowie ein hohes Maß an Partizipationsgleichheit. Begründungsrationalität muss nicht stets hoch sein, da produktive Diskussionen auch „economies of speech" und damit nicht immer breit ausgeführte Argumente beinhalten können. Gleichzeitig kann kooperativer Diskurs auch „story-telling" beinhalten, damit Positionen und Argumente für andere Teilnehmer anschaulich dargestellt werden können. Kooperativer Diskurs findet seine verhandlungsmässige Ergänzung in "integrativem bargaining" (Naurin 2007: 563). Dieses umfasst ebenfalls ausführliche Begründungen, hohen Respekt sowie den Versuch, einen gemeinsamen Bezugsrahmen herzustellen. Der Anteil an Drohungen sollte minimal sein, dagegen kann es einen höheren Anteil an Versprechungen geben. Zusammenfassend enthalten kooperative Diskurse entscheidende Elemente hoher Deliberationsqualität wie Respekt, Gemeinwohlorientierung und Konstruktivität (siehe auch Rosenberg 2007: 154).

Rationaler (kollaborativer) Diskurs. Rationaler (oder kollaborativer) Diskurs ist der anspruchsvollste Diskurstyp und charakterisiert das Ideal klassischer Deliberation. Hier geht es darum, dass alle Teilnehmer ihre Präferenzen äußern, gleichermaßen einbezogen werden und Präferenzen in einem respektvollen Kommunikationsprozess transformiert werden. Wie Rosenberg (2007: 131) ausführt: "The assumption is that this presentation and interrogation of claims will involve the free and equal expression of personal views and a respectful consideration of others' perspectives, fairness and the common good. The goal is preference transformation, both personal and collective. It tries to manage disagreement in respectful, productive, and creative ways." Rationaler Diskurs zeichnet sich durch eine mittlere bis hohe Begründungsrationalität, eine hohe Gemeinwohlorientierung, sehr hohe Respekt-, Zustimmungs-, Interaktivitäts- und Konstruktivitätsniveaus, sowie einem hohen Maß an Partizipationsgleichheit aus. Wie bei kooperativen Diskursen muss Begründungsrationalität aber nicht zwingend hoch sein, da rationale Diskurse am Ende eines Kommunikationsprozesses auftreten können, wenn die relevanten Argumente bereits ausführlich dargestellt wurden. Ferner sollte es keine Drohungen geben, genauso wenig wie Versprechungen. Auch „story-telling" sollte selten oder gar nicht vorkommen. Rationaler Diskurs ist als extreme Diskursvariante konstruiert: Was ihn auszeichnet, ist „Überperformanz" im Vergleich mit kooperativen Diskursen. Tabelle 1 gibt einen Überblick über die verschiedenen deliberativen Standards und ihre Einteilung in die fünf Diskurstypen.

Tabelle 1: Überblick über die Diskurstypen

	Rationaler Diskurs	Kooperativer Diskurs	Kompetitiver Diskurs	Konventioneller Diskurs	Proto-Diskurs
Partizipationsgleichheit	gegeben	gegeben	teilweise gegeben	teilweise gegeben	teilweise gegeben
Begründungsrationalität	mittel bis hoch	mittel bis hoch	tief oder hoch*	tief bis mittel	tief
Gemeiwohlorientierung	sehr hoch	hoch	hoch	mittel	tief bis mittel
Respekt	sehr hoch	hoch	tief oder mittel*	mittel	mittel
Zustimung	sehr hoch	hoch	tief	mittel	mittel
Interaktivität	sehr hoch	hoch	mittel	tief bis mittel	tief
Konstruktivität	sehr hoch	hoch	tief	mittel	tief
„Storytelling"	tief	mittel	mittel	hoch	hoch
„Bargaining"	kommt nicht vor	kommt vor (Versprechungen, aber wenig Drohungen)	kommt vor (Versprechungen und Drohungen)	kommt vor (Versprechungen und Drohungen)	kommt selten vor

Bemerkungen: * wenn Begründungsrationalität und Respekt sehr tief sind, werden kompetitive Diskurse als „plebiszitorisch" gekennzeichnet; wenn Respekt mittel und Begründungsrationalität hoch sind, dann werden kompetitive Diskurse als „fair" gekennzeichnet.

In der Tabelle zeigt sich nochmals deutlich, dass verschiedene Diskurstypen die gleichen deliberativen Standards maximieren können. Beispielsweise finden wir hohe Gemeinwohlorientierung sowohl in kompetitiven wie auch in rationalen Diskursen. Gleichzeitig ist es auch möglich, dass kooperative und rationale Diskurse nicht immer eine hohe Begründungsrationalität aufweisen. Auf diese Weise sollte es besser gelingen, die Vielgestaltigkeit und Multidimensionalität realweltlicher Diskurse zu erfassen.

Wie lassen sich jetzt aber die qualitativ bestimmten Diskurstypen (mit ihren Schwellenwerten) quantitativ übersetzen? Ausgangspunkt bilden die verschiedenen Kategorien des ursprünglichen und erweiterten DQI. Dabei gilt es zu beachten, dass Schwellenwerte für politische und zivilgesellschaftliche Kontexte unterschiedlich definiert werden können.

Beginnen wir mit *Partizipationsgleichheit*. Partizipationsgleichheit ist gegeben, wenn verschiedene Gruppen (wie Frauen und sprachliche Minderheiten) gleich häufig und gleich lang partizipieren. Als Standard gilt, dass die anteilsmäßige Partizipation solcher Gruppen ihrem Sitzanteil entsprechen sollte. Anders gesagt, wenn in einem Gremium 30 Prozent Frauen vertreten sind, dann sollten diese auch einen Partizipationsanteil von 30 Prozent haben (diese Operationalisierung löst natürlich nicht das Problem der externen Partizipationsgleichheit, die ja stark verzerrt sein kann). In unten stehender Analyse konzentrieren wir uns lediglich auf die Häufigkeit der Partizipation, da Partizipationshäufigkeit und Partizipationsdauer in unseren Fällen keine unterschiedlichen Resultate in Bezug auf Partizipationsgleichheit lieferten.

Begründungsrationalität weist fünf Kategorien auf: In politischen Kontexten kann von professionellen Politikern erwartet werden, dass sie komplexe Argumente vorbringen können; deshalb scheint es sinnvoll, in politischen Gremien für hohe Begründungsrationalität einen Medianwert von 3 oder höher festzulegen. Dies bedeutet, dass die am Diskurs beteiligten Akteure im Schnitt mehrere vollständige oder sophistizierte Argumente vorgebracht haben. In zivilgesellschaftlichen Kontexten würde hohe Begründungsrationalität tiefer angesetzt, nämlich bei einem Medianwert von 2. Hier könnte Begründungsrationalität zudem als emergente Eigenschaft evaluiert werden, was bedeuten würde, dass erst über die Zeit hinweg höhere Durchschnittswerte erreicht würden.

Für *Respekt* wird eine ähnliche Logik angewendet. Der Orientierungswert wäre hier eine 1, was im Durchschnitt eine neutrale und sachliche Diskussion impliziert. Durchschnittliche Werte deutlich über 1 weisen auf überwiegend explizit respektvolle Reden hin; Werte deutlich unter 1 hingegen auf mehrheitlich nicht respektvolle Reden.

Meinungsänderungen wiederum lassen sich in Protokollen nur sehr schwer erfassen, da die beteiligten Akteure diese nicht mitteilen müssen. Deshalb wird nur auf den Anteil der Äußerungen fokussiert, bei denen die beteiligten Akteure Übereinstimmung signalisieren. Ein Zielwert kann hier nicht definiert werden; in qualitativ hochstehenden Debatten jedoch sollte der Anteil der Übereinstimmungen deutlich über 0 liegen.

Bezüglich *Interaktivität* wird die Anzahl der Referenzen gegenüber anderen Teilnehmern genommen. Um die Werte zu standardisieren, wird die Anzahl der Referenzen auf andere Redner durch die Anzahl der Reden in einer Sequenz oder in ganzen Debatten dividiert. Eine Zielgröße wird aber nicht definiert; vielmehr werden Abweichungen vom Gesamtdurchschnitt betrachtet.

Für *konstruktive Politik* ist das Kriterium „vermittelnder Vorschlag" entscheidend: Kommen solche vor oder nicht? Wie bei Übereinstimmung kann bezüglich konstruktiver Politik aber kein genauer Zielwert bestimmt werden; in qualitativ hochstehenden Debatten jedoch sollte der Anteil vermittelnder Vorschläge deutlich über 0 liegen.

Bei *Gemeinwohlorientierung, „story-telling"* und *„bargaining"* (Drohen und Versprechen) lassen sich schwerlich Zielwerte definieren. Aus diesem Grund wird auf Abweichungen von Durchschnittswerten in der Gesamtdebatte fokussiert. Im Falle von „bargaining" sollten beim rationalen Diskurs keine Drohungen und auch keine Versprechungen auftreten. In einem kooperativen Diskurs kann es Versprechungen geben, doch sollten Drohungen keine Rolle spielen.

Selbstverständlich mögen Diskurse in der realen Welt komplexer sein, als die fünf Diskurstypen es wiedergeben. Genauer: die einzelnen Komponenten von Diskursqualität können Kombinationen der deliberativen Standards aufweisen, die nicht mit den Erwartungen der hier skizzierten Diskurstypen korrelieren. Für unsere Bewertung ist das Zusammenspiel mehrerer Deliberations-Komponenten entscheidend. Weicht lediglich eine Komponente von den Erwartungswerten leicht ab, hat dieses keinen Einfluss auf die abschließende Einteilung in einen spezifischen Diskurstyp. Gibt es aber deutliche Abweichungen mehrerer Komponenten von den Erwartungswerten, ist eine genaue Re-Analyse erforderlich. Selbstverständlich ist es auch denkbar, dass bei einer wiederholten Häufung von nicht vorgesehen Kombinationen ein neuer Diskurstyp definiert wird. Ferner kann dieses „deterministische" Verfahren durch Kodierer-Bewertungen ergänzt werden (das heißt, Kodierer bestimmen nach der genauen Durchsicht der Kommunikationsprozesse, welchem Diskurstyp diese entsprechen; Rosenberg 2007: 144). Eine weitere Möglichkeit besteht darin, die Diskurstypen probabilistisch zuzuordnen. Dies ist zum Beispiel möglich mit dem Item-Response-Modell. Im bayesianischen Setting können die Diskriminanz-Parameter mit informativen *Priors* kontrolliert werden, sodass sich diskursty-pen-spezifische, latente Dimension herausbilden lassen. Wenn man den einzelnen Diskursgruppen einen Wert zuordnen kann, dann lassen sich auch mehr Informationen bezüglich der Sequenzialisierung gewinnen. Auch wenn zwei

Diskursgruppen dem konventionellen Typ zugeordnet werden, lässt sich vergleichen, welche Gruppe dem Diskurstyp am ehesten entspricht. In diesem Artikel belassen wir es allerdings bei einem deterministischen Verfahren der Diskurstypen-Zuordnung.

3. Sequenzialisierung

Wie verschiedene Verhandlungstheoretiker (Benz et al. 1992; Scharpf 1997; Risse 2000) festgehalten haben, beinhalten Verhandlungen oft mehrere Sequenzen. So wird gelegentlich zwischen einer Produktions- und einer Distributionsphase unterschieden, verbunden mit der Erwartung, dass diese Phasen unterschiedliche Kommunikationsmodi beinhalten (mehr Argumentieren in ersterer Phase, mehr „bargaining" in letzterer Phase). Benz (1994) hat außerdem ein zyklisches Modell von Verhandlungsprozessen vorgelegt, in dem positionsbezogene, kompromissorientierte und verständigungsorientierte Verhandlungsprozesse aufeinander folgen, ohne dass dabei aber ein zwangsläufiges Fortschreiten vom positionsbezogenen zum verständigungsorientierten Kommunikationsmodus erwartet wird.

Holzinger (2001) hat im Rahmen ihrer Sprechaktanalyse eines Mediationsverfahrens bereits eine Sequenzanalyse von Argumentieren und Verhandeln durchgeführt. Ihrer Analyse zufolge ist die genaue Unterscheidung zwischen Verhandlungs- und Argumentationssequenzen jedoch oft schwierig: „Es gibt zwar auch reine Verhandlungssequenzen, die in keinem weiteren Argumentationszusammenhang stehen, und umgekehrt, Argumentationssequenzen, die nicht in Verhandlungssprechakte führen. Oft folgt aber auf einer Forderung oder eine Ablehnung eine Begründung" (S. 439). Solche Abgrenzungsschwierigkeiten lassen sich jedoch, wie wir unten zeigen werden, mit unseren komplexeren Diskurstypen relativ leicht überwinden. Wie vorhin ausgeführt, können bestimmte Formen von Verhandeln – wie „integratives bargaining" – sehr wohl eine hohe Begründungsrationalität aufweisen, also sowohl Elemente von „bargaining" als auch von Deliberation beinhalten. Dadurch kommt es nicht wie bei Holzinger zu einer einfachen Gegenüberstellung von „bargaining" und Argumentieren, wodurch dann wiederum die Sequenzialisierung von Kommunikationsprozessen erleichtert wird.

Die Sequenzialisierung von Debatten bietet verschiedene Vorteile. Erstens lassen sich damit dynamische Aspekte von Kommunikationsprozessen herausarbeiten (siehe Goodin 2008). Zweitens bietet die Sequenzialisierungsstrategie einen weiteren Lösungsansatz für die bisher fehlende Uni-Dimensionalität deliberativer Qualität. Die Annahme, dass ganze Debatten eine hohe Deliberationsqualität aufweisen, scheint unrealistisch. Deshalb mag ein Fokus auf Debatten-Sequenzen helfen, einzelne Sequenzen zu entdecken, in denen alle Deliberationskomponenten maximiert werden. Wenn Habermas (1992: 323) Recht hat, dass rationale Diskurse „einen unwahrscheinlichen Charakter [haben] und … sich wie Inseln im Meer der alltäglichen Praxis heraus[heben]", dann werden wir sie - wenn überhaupt - nur in einzelnen Sequenzen ganzer Debatten finden. Drittens lässt sich eine sequenzielle Perspektive auf Deliberation auch idealiter mit realistischeren normativen Modellen deliberativer Demokratie verbinden. Goodin (2005) hat in diesem Zusammenhang die Idee von „distributed deliberation" entwickelt. Er postuliert, dass nicht eine einzige Arena alle normativen Kriterien gleichzeitig maximieren kann. Die Hoffnung besteht aber darin, dass der gesamte Entscheidungsprozess trotzdem deliberativen Standards gerecht wird, weil unterschiedliche politische und zivilgesellschaftliche Arenen unterschiedliche deliberative Kriterien maximieren. Diese Grundidee lässt sich auch auf einzelne Debatten übertragen: Die normative Erwartung ist lediglich, dass einzelne Sequenzen Spuren von rationalem Diskurs aufweisen, während die ganze Debatte diesen Standard nicht durchgängig erreichen muss (siehe Bächtiger et al. 2010).

Sequenzialisierung lässt sich wie folgt operationalisieren: Entweder nimmt man vorgegebene Unterteilungen von Debatten, wie etwa bestimmte Sitzungstage, oder man unterteilt die Debatte in sogenannte „topische" Sequenzen und fokussiert beispielsweise auf ein ganz bestimmtes Thema, das in einer Sequenz behandelt wird.

4. Eine Illustration

Um die empirische Relevanz der Diskurstypen und der Sequenzialisierungsstrategie zu illustrieren, fokussieren wir auf zwei parlamentarische Debatten im Schweizerischen Nationalrat in den 1990er Jahren. Das schweizerische Parlament eignet sich in hervorragender Weise für eine Analyse deliberativer und nicht-deliberativer Politikprozesse. Erstens ist die Schweizer Politik geprägt durch ein Konkordanzsystem, das alle wichtigen Parteien in die Regierung einbindet. Dadurch wird das starre Regierungs-Oppositionsmodell durchbrochen, was den beteiligten Parteien – auch im Parlament - eher ermöglicht, Positiv-Summen-Spiele zu spielen. Wie Austen-Smith (1992) festgehalten hat, sind solche Positiv-Summen-Spiele eine entscheidende Voraussetzung für das Zustandekommen produktiver und folgenreicher Kommunikation. Gleichzeitig beinhalten Koalitionssysteme aber nicht automatisch Positiv-Summen-Spiele, die dann kooperative oder gar rationale Diskurse auslösen. Wie Martin und Vanberg (2005: 94) festhalten: "Parties that participate in a coalition are engaged in a 'mixed motive' game. On the one hand, they have reason to cooperate with their partners to pursue successful common policies. On the other hand, each party faces strong incentives to move policy in ways that appeal to party members and to the constituencies on which the party relies for support." Deshalb werden wir in Koalitionssystemen stets auch kompetitive Diskurse vorfinden. Zweitens ist das schweizerische politische System „nicht-parlamentarisch": zwar wird die Regierung vom Parlament gewählt, kann dann aber während vier Jahren nicht abberufen werden. Dies hat in der Praxis zu einer Entkoppelung von Regierung und Parlament geführt, was Parlamentariern erlaubt, auch gegen die Regierung zu stimmen. Dieser im Vergleich mit parlamentarischen Systemen fehlende Zwang schafft einen weiteren Raum für deliberatives Handeln (siehe Bächtiger 2005; Bächtiger und Hangartner 2010).

Wir betrachten den Sprachenartikel und - als Kontrastfall - die Revision des Arbeitsgesetzes in den 1990er Jahren.[4] Die Revision des Sprachenartikels ging auf die Motion des Rätoromanen Martin Bundi aus dem Jahre 1986 zurück. Ziel war, die Stellung des Rätoromanischen zu stärken. Die Regierung arbeitete daraufhin einen Verfassungsartikel aus, in dem sowohl die Sprachenfreiheit als auch das Territorialitätsprinzip erwähnt wurden. Mit der Schwächung des Territorialitätsprinzips sollte den Rätoromanen mehr Flexibilität bei der Bewahrung ihrer Sprache gewährleistet werden. Doch dieser Entwurf der Regierung stieß bei französisch- und italienisch-sprachigen Parlamentariern auf Widerstand. Aus ihrer Sicht führte die Schwächung des Territorialitätsprinzips zu einer Germanisierungsgefahr, da Deutschschweizer in französischsprachigen Kantonen und im italienischsprachigen Tessin deutsche Schulen einfordern könnten.

Sprachdebatten in der Schweiz berühren einen zentralen Punkt schweizerischer Nationalität. Schmid (1981) hat zu Recht betont, dass es in der Schweiz bei Sprachfragen (insbesondere auf Eliteebene) starke historische Mythen von gegenseitigem Verständnis und Respekt gibt. Dies treibt Eliteakteure oft dazu, Sprachkonflikte zu „de-politisieren". Aus deliberativer Sicht beinhaltete die Revision des Sprachenartikels vier Elemente, welche eine produktive Debatte erwarten lassen: Erstens hatten Akteure eine spezifische Motivation, eine Über-

---

4   Die Textanalysen wurden unabhängig von drei Kodierern vorgenommen. Die Übereinstimmungswerte („ratios of coder agreement" (RCAs)) waren durchgehend sehr hoch.

einkunft zu erzielen; zweitens lagen die Präferenzen der Akteure nicht allzu stark auseinander; drittens waren die Interessen noch nicht völlig „kristallisiert" (das heißt, Akteure waren sich über die Verbindung ihrer grundlegenden Präferenzen und den zur Auswahl stehenden Optionen noch nicht völlig im Klaren); und viertens war das Thema wahlmäßig nicht salient, wodurch auch Parteiinteressen eine untergeordnete Rolle spielten. Im Zusammenspiel mit dem begünstigenden institutionellen Kontext sind dies entscheidende Voraussetzungen, dass sich in der Politik kooperative oder gar rationale Diskurse entwickeln können. Das Ergebnis der Debatte war denn auch ein „tiefer" und fast einstimmiger Kompromiss wie ihn Richardson (2002) als Ideal beschrieben hat. Zunächst konnten sich die Akteure darauf einigen, dass sowohl die Erwähnung der Sprachenfreiheit, wie auch die des Territorialitätsprinzips im Verfassungsartikel problematisch sind. Konkret blieb offen, was die genauen Folgen für den Sprachfrieden wären. Daraufhin schlugen zwei französischsprachige Ständeräte vor, sich nur auf die Problematik der Rätoromanen zu konzentrieren. Ihr Vorschlag war, dass kein Prinzip in der Verfassung erwähnt wird, dass es aber Regelungen gibt, um bedrohten sprachlichen Minderheiten finanziell zu helfen, wenn das von Seiten der Kantone gefordert wird. Dieser Vorschlag fand breite Zustimmung im Nationalrat (in der Schlussabstimmung waren 152 Abgeordnete dafür und lediglich 19 dagegen).

In der zweiten Debatte ging es um die Revision des Arbeitsgesetzes. Diese Debatte dient insofern als Kontrastfall, da es hier starke ideologische Unterschiede zwischen linken und bürgerlichen Parlamentariern gab. Auch waren die Präferenzen bereits im Vorfeld der Debatte relativ klar abgesteckt. Solche polarisierten und wahlmässig salienten Themen führen generell nicht zu einer hohen Deliberationsqualität (Steiner et al. 2004). Konkret ging es im neuen Arbeitsgesetz um die Revision von einigen Arbeitsmarktregelungen, mit dem Ziel, die Wettbewerbsfähigkeit der Schweizer Wirtschaft zu stärken. Zwei Artikel des neuen Arbeitsgesetzes waren heftig umstritten: Artikel 17, bei dem es um Nachtarbeit von Frauen ging, sowie Artikel 20, der längere Ladenöffnungszeiten an Sonn- und Feiertagen anvisierte. Ziel von Artikel 17 war, das Nachtarbeitsverbot von Frauen aufzuheben. Als Kompensation bot der Regierungsvorschlag einen 10 prozentigen Zeitzuschlag für Nacht- und Sonntagsarbeit an. Dies wurde von einer Gruppe bürgerlicher Politiker abgelehnt; sie wollten keine Kompensationsleistungen. Aus ihrer Sicht war auch das Argument hinfällig, dass Nachtarbeit die Gesundheit von Arbeitern beeinträchtigt. Linke Politiker beharrten auf dem Regierungsvorschlag; zudem forderten sie einen besseren Familienschutz, bessere medizinische Versorgung sowie eine bessere Kompensation für

Sonntagsarbeit. Ein Kompromiss wurde nicht gefunden. Nachdem der Schweizerische Gewerkschaftsbund begonnen hatte, Unterschriften für ein Referendum gegen das revidierte Arbeitsgesetz zu sammeln, gaben die meisten bürgerlichen Politiker die Kompromisssuche auf und setzten ihre Vorstellungen im Gesetz durch (keine Kompensationen für Nacht- und Sonntagsarbeit). Die Schlussabstimmung im Nationalrat zeigt die Polarisierung: das revidierte Arbeitsgesetz wurde mit 89 gegen 90 Stimmen angenommen.

Bevor wir auf die konkreten Resultate eingehen, ist zunächst festzuhalten, dass sich die einzelnen Debattensequenzen in der Tat in die vier Diskurstypen (rational, kooperative, kompetitiv und konventionell) einteilen lassen.[5]

In der Kommissionsdebatte im Schweizerischen Nationalrat zum Sprachenartikel können drei von acht Kommissionssitzungen als kooperative Diskurse und eine Sitzung als rationaler Diskurs gewertet werden; vier Sitzungen entsprechen konventionellen Diskursen (siehe Tabelle 2). Die also kooperativ eingestuften Diskurse zeichnen sich aus durch eine hohe Begründungsrationalität (Median = 3), einem starken Fokus auf das Gemeinwohl (über dem Debattendurchschnitt), Respektniveaus deutlich über 1, einem substantiellen Anteil an Zustimmungen (zwischen 4,8 bis 17,4%) , relativ hohen Interaktivitätsniveaus (im Vergleich mit dem Interaktivitätsgrad der Gesamtdebatte), wenig „bargaining" (insbesondere Drohungen kommen nicht vor) sowie Partizipationsgleichheit (für Sprachgruppen und Frauen). Im Falle der Sprachgruppen finden wir sogar Spuren von Minderheitsdominanz. Unerwartet hoch ist der Anteil von „story-telling" (auch im rationalen Diskurs), der aber mit hoher Begründungsrationalität einhergeht; dies ist ein Hinweis, dass die klassische Unterscheidung zwischen rationalem Diskurs und alternativen Kommunikationsformen offenbar nicht funktioniert. Vielmehr scheint es, dass Akteure genau dann von ihren persönlichen Erfahrungen sprechen, wenn sie Probleme lösen wollen (siehe auch Polletta und Lee 2006).

---

5 Wie vorhin erwähnt, fällt Proto-Diskurs weg, da es sich bei allen Analysen um protokollierte Debatten handelt, die eine höhere Formalität aufweisen als Proto-Diskurse.

Tabelle 2: Standards und Diskurstypen – Sprachenartikel, Kommissionsdebatte Nationalrat

	Zielwert für hohe Deliberationsqualität	Debattendurchschnitt (N=218)	Sitzung 1 (N=42)	Sitzung 2 (N=31)	Sitzung 3 (N=49)
Partizipationsgleichheit Frauen	Frauenanteil: 27.0 (Prozentanteil)	31.7*	16.7*	22.6*	24.5*
Partizipationsgleichheit Sprachgruppen	Anteil sprachlicher Minderheiten: 44.6 (Prozentanteil)	46.8*	54.8*	61.3*	75.5*
Begründungsrationalität	3 (Median)	3	3	3	3
Respekt	>1.0 (Mittelwert)	1.3	1.3	1.9	1.3
Gemeinwohlorientierung	>0.0 (Prozentanteil)	22.2	26.5	19.2	40.9
Zustimmung	>0.0 (Prozentanteil)	10.6	4.8	38.7	8.2
Interaktivität	N/A Anzahl Referenzen dividiert durch Anzahl Reden	0.6	0.6	1.1	0.7
Konstruktive Politik	>0.0 (Prozentanteil)	7.0	5.9	19.2	4.6
„Story-telling"	N/A (Prozentanteil)	18.8	33.3	29.0	20.4
„Bargaining"	0 Drohungen (Prozentanteil)	0.5	0.0	0.0	0.0
	N/A Versprechen (Prozentanteil)	3.7	0.0	0.0	4.1
Diskurstyp		Kooperativ	Kooperativ	Rational	Kooperativ

Grau unterlegte Felder bedeuten Abweichungen von den erwarteten Diskurstypen-Standards. * Effektive Partizipationsrate von Frauen und sprachlichen Minderheiten.

Tabelle 2 (Fortsetzung): Standards und Diskurstypen – Sprachenartikel, Kommissionsdebatte Nationalrat

	Sitzung 4 (N=23)	Sitzung 5 (N=11)	Sitzung 6 (N=22)	Sitzung 7 (N=28)	Sitzung 8 (N=12)
Partizipations-gleichheit Frauen	30.4*	45.5*	36.4*	60.7*	50.0*
Partizipations-gleichheit Sprachgruppen	46.5*	36.4*	31.8*	42.9*	25.0*
Begründungs-rationalität	3	1.5	2	2	2
Respekt	1.4	1.1	1.1	1.0	1.0
Gemeinwohl-orientierung	47.1	0.0	5.0	12.0	0.0
Zustimmung	17.4	0.0	0.0	3.6	0.0
Interaktivität	0.3	0.5	0.3	0.4	0.4
Konstruktive Politik	5.9	0.0	0.0	8.0	0.0
„Story-telling"	17.3	0.0	4.5	7.2	8.3
„Bargaining"	0.0	0.0	0.0	3.6	0.0
	8.7	9.1	0.0	10.7	0.0
Diskurstyp	Koope-rativ	Kon-ventionell	Kon-ventionell	Kon-ventionell	Kon-ventionell

Grau unterlegte Felder bedeuten Abweichungen von den erwarteten Diskurstypen-Standards. * Effektive Partizipationsrate von Frauen und sprachlichen Minderheiten.

In dem als rational bewerteten Diskurs sind praktisch alle Indikatoren deutlich über den Ziel- und Durchschnittswerten der Debatte. Zum Beispiel ist der Respektwert 1.9 (der Debattendurchschnitt ist 1.3); weiter liegt der Anteil Zustimmungen bei 38.7% (der Debattendurchschnitt liegt bei 10.6%); der Interaktivitäts-Wert beträgt 1.1 (im Debattendurchschnitt liegt dieser lediglich bei 0.6); und „bargaining" kommt gar nicht vor, es finden sich weder Drohungen noch Versprechungen. Die vier als konventionell eingestuften Diskurse weisen dagegen ein tieferes Niveau an Begründungsrationalität auf (Median = 2), sind weniger gemeinwohlorientiert, weniger respektvoll (der Wert nähert sich 1 an), genauso wie die Interaktivitäts-, Zustimmungs- und Konstruktivitätsraten deutlich zurückgehen. Auch ist eine leichte Dominanz deutschsprachiger Parlamentarier festzustellen.

Die Abfolge der verschiedenen Diskurstypen entspricht teilweise dem zyklischen Modell von Benz (1994), bei dem „verständigungsorientierte" und „kompromissorientierte" Verhandlungsprozesse aufeinander folgen können. Gleichzeitig findet sich auch Bestätigung für Holzingers (2001: 418) Bemerkung, „dass die Akteure voller verständigungsorientierter Hoffnung beginnen, dann aber aufgrund unüberbrückbarer Interessengegensätze ins strategische Handeln verfallen". Ein solches Muster findet sich ansatzweise in der Debatte zum Sprachenartikel: Nachdem es in der rationalen Diskurs-Sequenz zu keinem Verhandlungsdurchbruch kam, ging es in den nachfolgenden Debatten nicht mehr um kreative Problemlösungen, sondern vielmehr um Schadensbegrenzung. Dies mündete dann in einen Kompromiss, der eine Verteilungslösung beinhaltete. Dennoch ist dieser Prozess aus Sicht eines realistischeren deliberativen Ansatzes als höchst positiv zu bewerten: Erstens haben sich die beteiligten Akteure auf einen rationalen Diskurs eingelassen und in diesem die Möglichkeit eines rationalen Konsenses ausgelotet; zweitens haben sie gelernt, dass gewisse Prinzipien (Sprachenfreiheit und Territorialitätsprinzip) nicht so einfach miteinander vermittelt werden können und dass die Festschreibung der beiden Prinzipien – Sprachenfreiheit und Territorialitätsprinzip – nicht-intendierte Folgen für den Sprachfrieden in der Schweiz haben könnte. Dies hat sie dann dazu veranlasst, sich auf eine distributive Lösung zu einigen (und dies fast einstimmig).

Ferner zeigt sich auch, dass die Sequenzialisierung das Problem der fehlenden Uni-Dimensionalität lösen kann: Es gibt sehr wohl einzelne Sequenzen, wo alle Komponenten zusammenspielen und sehr hohe Werte aufweisen (wie es die klassische, Habermas-inspirierte deliberative Theorie erwartet). Doch gilt dies eben nur für einzelne Sequenzen, nicht aber für die ganze Debatte. Zudem wäre die ganze Debatte als kooperativer Diskurs zu werten, was aber unterschlägt, dass eine Sequenz rationalen Diskurs, vier Sequenzen dagegen lediglich konventionelle Diskurse beinhalten.

Wenn wir nun den Sprachenartikel mit dem Arbeitsgesetz vergleichen, fallen deutliche Unterschiede auf. In der Kommissionsdebatte können zwei Sitzungen als konventionell und eine als kompetitiv bezeichnet werden (siehe Tabelle 3); kooperative oder gar rationale Diskurs-Sequenzen finden sich dagegen nicht. Die als kompetitive bewertete Diskurs-Sequenz hat einen relativ tiefen Respektwert (0,8), zeichnet sich ferner durch fehlende Konstruktivität aus (0%) ein und beinhaltet sowohl Drohungen als auch Versprechungen. Diese Unterschiede zum Sprachenartikel lassen sich auf die klare Links-Rechts-Polarisierung bei diesem Thema zurückführen.

Betrachten wir zum Schluss die öffentliche Debatte im Schweizerischen Nationalrat zur Revision des Arbeitsgesetzes (Tabelle 4). Hier wird deutlich, dass öffentliche Debatten in der Regel kompetitiv angelegt sind: Die Begründungsrationalität ist hoch (mit einer Ausnahme ist der Median in den einzelnen Sequenzen 3) genauso wie die Gemeinwohlorientierung (im Durchschnitt beinhalten 34.7% aller Reden die Erwähnung des Gemeinwohls, während die Respektwerte tendenziell tief sind (zwei Sequenzen weisen Werte klar unter 1 auf), genauso wie die Zustimmungs- und Konstruktivitäts-Niveaus.[6] Die ersten beiden Sequenzen entsprechen der „fairen" Spielart von kompetitiven Diskursen, da die Respektwerte bei neutral angesiedelt, die Begründungsrationalität, die Gemeinwohlorientierung und die Interaktivität aber hoch sind. Die letzte Sequenz dagegen kann man als „plebiszitorisch" bezeichnen: Die Begründungsrationalität sinkt klar ab (Median = 2) und auch der Respektwert ist extrem tief (0.17). Hier nehmen auch die Gemeinwohlorientierung und die Interaktivitätsrate stark ab: 16.7% aller Reden beinhalten Gemeinwohlaussagen (der Debattendurchschnitt liegt bei 34.7%), der Respektwert ist bei 0.17 (der Debattendurchschnitt liegt bei 0.7). Diese Sequenz war Ausdruck der gänzlich missglückten Kompromisssuche bei diesem Geschäft: Als klar wurde, dass ein Referendum nicht mehr zu verhindern war, wurde der Diskussionsstil äußerst kompetitiv und die Protagonisten verfielen in gegenseitige Schuldzuweisungen.

---

6 Die Prozentzahlen sind hier leicht irreführend, da jeweils nu rein Redner Zustimmung äussert und einen Vermittlungsvorschlag macht.

Tabelle 3: Standards und Diskurstypen – Arbeitsgesetz, Nationalratskommission

	Zielwert für hohe Deliberationsqualität	Debatten-durch-schnitt (N=185)	Sitzung 1 (N=132)	Sitzung 2 (N=32)	Sitzung 3 (N=21)
Partizipationsgleichheit Frauen	Frauenanteil: 10.5 (Prozentanteil)	17.5*	21.2*	12.5*	4.8*
Begründungsrationalität	3 (Median)	2	2	2	2
Gemeinwohlorientierung	>0.0 (Prozentanteil)	7.0	6.1	3.4	19.0
Respekt	>1.0 (Mittelwert)	1.0	1.1	0.8	1.0
Zustimmung	>0.0 (Prozentanteil)	3.7	3.8	0.0	9.5
Interaktivität	N/A Anzahl Referenzen dividiert durch Anzahl Reden	0.6	0.5	0.6	0.8
Konstruktive Politik	>0.0 (Prozentanteil)	4.9	2.6	13.8	4.8
„Story-telling"	N/A (Prozentanteil)	4.2	3.8	3.1	9.5
„Bargaining"	0 Drohungen (Prozentanteil)	1.6	0.0	3.1	4.8
	N/A Versprechen (Prozentanteil)	1.1	0.0	6.3	0.0
Diskurstyp		Konventionell	Konventionell	Kompetitiv	Konventionell

Grau unterlegte Felder bedeuten Abweichungen von den erwarteten Diskurstypen-Standards. * Effektive Partizipationsrate von Frauen. In dieser Debatte waren die Anliegen sprachlicher Minderheiten nicht direkt betroffen; deshalb wird dieser Aspekt bei der Partizipationsgleichheit ausgeklammert.

Tabelle 4: Standards und Diskurstypen – Arbeitsgesetz, Plenardebatte National-rat

	Zielwert für hohe Deliberationsqualität (N=88)	Debattendurchschnitt	Sitzung 1 (N=47)	Sitzung 2 (N=21)	Sitzung 3 (N=14)	Sitzung 4 (N=6)
Partizipationsgleichheit Frauen	Frauenanteil: 21.5 (in %)	12.5*	14.9*	9.5*	7.1*	16.7*
Begründungsrationalität	3 (Median)	3	3	3	3	2
Gemeinwohlorientierung	>0.0%	34.7	46.9	28.6	23.1	16.7
Respekt	>1.0 (Mittelwert)	.91	1.0	1.0	.79	.17
Zustimmung	>0.0%	3.4	2.1	4.8	7.1	0.0
Interaktivität	N/A Anz. Referenzen durch Anz. Reden	0.7	0.8	0.8	0.6	.17
Konstruktive Politik	>0.0%	1.4	3.1	0.0	0.0	0.0
„Storytelling"	N/A (in %)	10.2	2.1	14.3	21.4	33.3
„Bargaining"	0 Drohungen (in %)	2.3	0.0	4.8	7.1	0.0
	N/A Versprechen (in %)	3.4	6.4	0.0	0.0	0.0
Diskurstyp		Kompetitiv	Kompetitiv (fair)	Kompetitiv (fair)	Kompetitiv	Kompetitiv (plebizitorisch)

Grau unterlegte Felder bedeuten Abweichungen von den erwarteten Diskurstypen-Standards. * Effektive Partizipationsrate von Frauen. In dieser Debatte waren die Anliegen sprachlicher Minderheiten nicht direkt betroffen; deshalb wird dieser Aspekt bei der Partizipationsgleichheit ausgeklammert.

5. Schlussfolgerungen

In diesem Artikel haben wir ein erweitertes Messinstrument für die Erfassung normativer Gehalte politischer Kommunikationsprozesse vorgestellt und eine empirische Anwendung anhand zweier Parlamentsdebatten aus dem Schweizerischen Nationalrat durchgeführt. Erstens konnten wir zeigen, dass sich verschiedene deliberative Standards – klassische und expansive – in Diskurstypen aggregieren lassen und dass letztere empirisch auch nachweisbar sind: In Sitzungen der öffentlichen und nicht-öffentlichen Parlamentsdebatten finden wir alle postulierten Diskurstypen (in einer Sitzung sogar einen rationalen Diskurs). Zweitens leistet unser Beitrag auch einen entscheidenden Beitrag, das Problem der bisher fehlenden Uni-Dimensionalität von Deliberation in der realen Welt zu lösen. Uni-Dimensionalität ist insofern bedeutend, da die klassische deliberative Theorie von der Idee ausgeht, dass ideale Deliberation die Maximierung aller Deliberationskomponenten (Begründungsrationalität, Gemeinwohlorientierung, Respekt etc.) beinhaltet. Das Fehlen von Uni-Dimensionalität in der realen Welt macht es wiederum schwierig, auf rein empirischer Basis unterschiedliche Qualitätsniveaus von Deliberation festzulegen. Unser Beitrag löst das Problem wie folgt: Zunächst leiten wir theoretisch verschiedene Diskurstypen (rationale, kooperative, kompetitive, konventionelle und proto-Diskurse) her, mit denen sich die verschiedenen Facetten von realweltlichen Kommunikationsprozessen herausarbeiten und verschiedene Niveaus von Deliberationsqualität festlegen lassen. Ferner zerlegen wir ganze Debatten in einzelne Sequenzen (hier Sitzungen) mit der Erwartung, dass in der realen Welt hohe Deliberationsqualität kaum auf der Ebene ganzer Debatten zu finden sein wird. In der Tat: Sobald wir im parlamentarischen Kontext ganze Debatten sequenzialisieren, finden sich in der Tat Sequenzen, die alle Deliberations-Komponenten maximieren. Anders gesagt: Die Sequenzialisierungs-Strategie kann einen entscheidenden Beitrag leisten, das uni-dimensionale Ideal klassischer Deliberation in der realen Welt ausfindig zu machen.

Unser erweitertes Messinstrument lässt sich natürlich noch ausbauen. Was insbesondere fehlt ist die Kombination der eher formellen Indikatoren der Deliberationsqualität (wie in unserer Studie) mit einer Analyse substanzieller Argumente. Auf diese Weise ließe sich einerseits untersuchen, welche Argumente im Sinne eines *emphasis framing* aufgenommen und respektvoll bewertet oder abgewertet werden. Andererseits könnte eine solche Analyse die Effektivität von Argumenten bezüglich ihrer Überzeugungskraft beurteilen. Wie die Prospekt-Theorie von Tversky und Kahnemann (1981) und darauf aufbauende Framing-Studien zeigen, kann je nach Darlegung desselben Sachverhalts (*equivalence framing*) die Zustimmung zu diesem anders ausfallen. Eine Gegenüberstellung zu Diskursqualität würde somit Hinweise zur Konstruktivität von Politik liefern, indem abgewägt wird, ob Zustimmung in Folge von Framing oder in Folge qualitativ hochstehender Argumentation, beziehungsweise aufgrund von Vermittlungsvorschlägen erfolgt. Schließlich muss es auch darum gehen, Prozesse und Politikergebnisse direkt miteinander in Beziehung zu setzen. Wie Schneiderhan und Khan (2008) in einer experimentellen Studie nachweisen, führen Elemente von Typ I Deliberation zu anderen Ergebnissen als einfache Kommunikation: Je mehr Gründe vorgebracht werden und je inklusiver (respektvoller) die Gruppeninteraktionen waren, desto häufiger änderten die Teilnehmer ihre Position. Solche Analysen lassen sich mit unseren Diskurstypen entscheidend vertiefen: Es lässt sich viel genauer prüfen, ob beispielsweise rationaler Diskurs wirklich zu normativ wünschbaren Ergebnissen führt (wie z.B. mehr Verständnis für andere Positionen oder auch Präferenz-Klarifikation) oder ob dazu konventioneller Diskurs (der ja ebenfalls Informationen vermittelt) bereits genügt.

Insgesamt liefert unser erweitertes Messinstrument einen Beitrag, politische Prozesse vertiefter auf ihren normativen (hier: deliberativen) Gehalt auszuwerten und die komplexen Handlungs- und Entscheidungslogiken in politischen Gremien besser zu durchleuchten.

Literaturverzeichnis

Austen-Smith, David, 1992: Strategic models of talk in political decision-making. In: International Political Science Review, 13, 124–52.

Austin, John L., 1972: Zur Theorie der Sprechakte (How to do things with Words). Stuttgart.

Bächtiger, André, 2005: The Real World of Deliberation. A Comparative Study of its Favorable Conditions in Legislatures. Bern: Paul Haupt.

Bächtiger, André, Shawn Rosenberg, Seraina Pedrini, Mirjam Ryser, Molly Patterson, und *Marco R. Steenbergen,* 2009: Discourse Quality Index 2: An updated measurement instrument for deliberative processes. Paper prepared for the MPSA Annual Conference, April 2-5, 2009, Chicago and at the ECPR General Conference, September 10-12, 2009, Potsdam.

Bächtiger, André, Simon Niemeyer, Michael Neblo, Marco R. Steenbergen. und *Jürg Steiner,* 2010: Disentangling Diversity in Deliberative Democracy: Competing Theories, their Empirical Blind-spots, and Complementarities. In: Journal of Political Philosophy, 18, 32-63.

Bächtiger, André und *Dominik Hangartner*, 2010: When Deliberative Theory Meets Political Science. Theoretical and Methodological Challenges in the Study of a Philosophical Ideal. Political Studies (Im Erscheinen).

Benhabib, Seyla, 1996: Toward A Deliberative Model of Democratic Legitimacy. In: Seyla Benhabib (Hrsg.): Democracy and Difference. Contesting the Boundaries of the Political. Princeton: Princeton University Press.

Benz, Arthur, 1994; Kooperative Verwaltung. Funktionen, Voraussetzungen, Folgen. Baden-Baden.

Benz, Arthur, Fritz Scharpf und *Reinhard Zintl*, 1992: Horizontale Politikverflechtung. Zur Theorie von Verhandlungssystemen. Frankfurt a. M.: Campus.

Black, Laura W., Stephanie Burkhalter, John Gastil und *Jennifer Stromer-Galley*, im Erscheinen: Methods for Analyzing and Measuring Group Deliberation. In L. Holbert (Hrsg.): Sourcebook of Political Communication Research: Methods, Measures, and Analytical Techniques. New York: Routledge.

Chambers, Simone, 1995: Discourse and Democratic Practices. In: Stephen K. White (Hrsg.): The Cambridge Companion to Habermas. Cambridge: Cambridge University Press.

Chambers, Simone, 2005: Measuring Publicity's Effect: Reconciling Empirical Research and Normative Theory. In: Acta Politica, 40, 255-266.

Dryzek, John S., 2007: Theory, Evidence, and the Tasks of Deliberation. S 237–250 in Shawn Rosenberg (Hrsg.): Deliberation, Participation and Democracy: Can the People Govern? London: Palgrave-Macmillan.

Goodin, Robert E., 2000: Democratic Deliberation Within. Philosophy and Public Affairs, 29, 81-109.

Goodin, Robert E., 2005: Sequencing deliberative moments. In: Acta Politica, 40, 182–196.

Goodin, Robert E., 2006: Talking politics: perils and promise. In: European Journal of Political Research, 45, 235–61.

Goodin, Robert E., 2008: Innovating Democracy: Democratic Theory and Practice After the Deliberative Turn. Oxford: Oxford University Press.

Habermas, Jürgen, 1992: Faktizität und Geltung: Beiträge zur Diskurstheorie des Rechts und des demokratischen Rechtsstaats. Frankfurt a.M.: Suhrkamp.

Habermas, Jürgen, 2005: Concluding comments on empirical approaches to deliberative politics. In: Acta Politica, 40, 384–92.

Habermas, Jürgen, 2007: Kommunikative Rationalität und grenzüberschreitende Politik: eine Replik. S. 406–459 in *Peter Niesen* und *Benjamin Herborth* (Hrsg.): Anarchie der kommunikativen Freiheit. Jürgen Habermas und die Theorie der internationalen Politik. Frankfurt a. M.: Suhrkamp.

Himmelroos, Staffan, 2009: Examining the Deliberative DNA – What Constitutes Citizen Deliberation and How to Measure it. Mimeo.

Holzinger, Katharina, 2001: Kommunikationsmodi und Handlungstypen in den Internationalen Beziehungen. Anmerkungen zu einigen irreführenden Dichotomien. In: Politische Vierteljahreschrift, 42, 414-446.

Holzinger, Katharina, 2005: Context or Conflict Types: Which Determines the Selection of Communication Mode. In: Acta Politica, 40, 239-254.

Landwehr, Claudia, 2009: Political Conflict and Political Preferences. Communicative Interaction between Facts, Norms, and Interests. Colchester: ECPR Press.

Macedo, Stephen, 1999: Introduction. In: Stephen Macedo (Hrsg.): Deliberative Politics. Essays on 'Democracy and Disagreement'. New York, Oxford: Oxford University Press.

Mansbridge, Jane, 2007: "Deliberative Democracy" or "Democratic Deliberation". In: Shawn Rosenberg (Hrsg.): Deliberation, Participation and Democracy: Can the People Govern? London: Palgrave-Macmillan.

Mansbridge, Jane, James Bohman, Simone Chambers, David Estlund, Andreas Follesdal, Archon Fung, Cristina Lafont, Bernard Manin und *José Luis Martí,* 2010: The Place of Self-Interest in Deliberative Democracy. In: Journal of Political Philosophy, 18, 64-100.

Mansbridge, Jane, 2009: Deliberative and Non-deliberative Negotiations. HKS Faculty Research Working Paper Series.

Martin, Lenny M. und *George Vanberg,* 2005: Coalition policymaking and legislative review. In: American Political Science Review, 99, 93-106.

Naurin, Daniel, 2007: Why Give Reason? Measuring Arguing and Bargaining in Survey Research. In: Swiss Political Science Review, 13, 559–575.

Neblo, Michael, 2007: Family Disputes: Diversity in Defining and Measuring Deliberation. In: Swiss Political Science Review, 13, 527-557.

Peters, Guy B., 2009: Approaches in comparative politics. In: Daniele Caramani (Hrsg.): Comparative Poitics. Oxford: Oxford University Press.

Polletta, Francesca und *John Lee,* 2006: Is Telling Stories Good For Democracy? Rhetoric in Public Deliberation after 9/11. In: American Sociological Review, 71, 699-723.

Rawls, John, 1971: A Theory of Justice. Cambridge, Mass.: Harvard University Press.

Richardson, Henry, 2002: Democratic Autonomy: Public Reasoning about the Ends of Policy. New York: Oxford University Press.

Risse, Thomas, 2000: Let's argue!: Communicative Action in World Politics. In: International Organization, 54, 1-39.

Risse, Thomas, 2004: Global Governance and Communicative Action. In: Government and Opposition, 39, 288–313.

Rosenberg, Shawn W., 2007: Types of Discourse and the Democracy of Deliberation. S. 130–158 in *Shawn Rosenberg* (Hrsg.): Deliberation, Participation and Democracy: Can the People Govern? London: Palgrave-Macmillan

Sanders, Lynn, 1997: Against Deliberation. In: Political Theory, 25, 347–76.

Scharpf, Fritz, 1997: Games Real Actors Play. Actor-Centered Institutionalism and Policy Research. Boulder (Colorado): Westview Press.

Schimmelfennig, Frank, 1997: Rhetorisches Handeln in der internationalen Politik. In: Zeitschrift für Internationale Beziehungen, 4, 219-254.

Schmid, Carol L., 1981: Conflict and Consensus in Switzerland. Berkeley and Los Angeles: University of California Press.

Schneiderhan, Erik und *Shamus Khan,* 2008: Reasons and inclusion. the foundation of deliberation. In: Sociological Theory, 26, 1–24.

Searle, John, 1969: Speech acts: An essay in the philosophy of language. Cambridge: Cambridge University Press.

Siu, Alice, 2009: Look Who's Talking: Deliberation and Social Influence. Paper presented at the 2009 Annual Meeting of the American Political Science Association in Toronto, Canada.

Spörndli, Markus, 2004: Diskurs und Entscheidung. Eine empirische Analyse kommunikativen Handelns im deutschen Vermittlungsausschuss. Wiesbaden: VS Verlag für Sozialwissenschaften.

Steiner, Jürg, André Bächtiger, Markus Spörndli und *Marco R. Steenbergen,* 2004: Deliberative Politics in Action. Cambridge: Cambridge University Press.

Steenbergen, Marco R., André Bächtiger, Markus Spörndli und *Jürg Steiner,* 2003: Measuring political deliberation. A Discourse Quality Index. In: Comparative European Politics 1, 21–48.

Stromer-Galley, Jennifer, 2007: Measuring deliberation's content: A coding scheme. Journal of Public Deliberation 3, Article 12. Available at http://services.bepress.com/jpd/vol3/iss1/art12.

Thompson, Dennis F., 2008: Deliberative Democratic Theory and Empirical Political Science. In: Annual Review of Political Science, 11, 497–520.

Tversky, A. und *D. Kahneman,* 1981: The Framing of Decisions and the Psychology of Choice. In: Science (new series), 211(4481), 453 -458.

Walzer, Michael, 1999: Deliberation, and What Else? In: Stephen Macedo (Hrsg.): Deliberative Politics. Essays on 'Democracy and Disagreement', Oxford: Oxford University Press.

Weihe, Anne C., Tanja Pritzlaff, Frank Nullmeier, Tilo Felgenhauer und *Britta Baumgarten,* 2008: Wie wird in politischen Gremien entschieden? Konzeptionelle und methodische Grundlagen der Gremienanalyse. In: Politische Vierteljahresschrift, 49, 339-359.

Young, Iris M., 2000: Inclusion and Democracy. Oxford: Oxford University Press.

Young, Iris M., 2001: Activist challenges to deliberative democracy. In: Political Theory, 29, 670–90.

Autorenverzeichnis

André Bächtiger
Oberassistent am Institut für Politikwissenschaft der Universität Bern, nimmt ab August 2010 eine Förderprofessur des Schweizer Nationalfonds an der Universität Luzern wahr
Andre.baechtiger@ipw.unibe.ch

Joachim Behnke
Inhaber des Lehrstuhls für Politikwissenschaften an der Zeppelin University Friedrichshafen.
Joachim.Behnke@zeppelin-university.de

Roger Berger
Wissenschaftlicher Mitarbeiter des Lehrstuhls Braun an der Ludwig-Maximilians-Universität München.
Roger.Berger@soziologie.uni-muenchen.de

Eduard Brandstätter
Außerordentlicher Universitätsprofessor in der Abteilung für Sozial- und Wirtschaftspsychologie der Johannes Kepler Universität Linz
Eduard.brandstaetter@jku.at

Manuela Gußmack
Abteilung für Sozial- und Wirtschaftspsychologie der Johannes Kepler Universität Linz

Susanne Hahn
Privatdozentin am Philosophischen Institut der Heinrich-Heine-Universität Düsseldorf.
Susanne.Hahn@uni-duesseldorf.de

Ralph Hertwig
Professor of Cognitive and Decision Sciences an der Fakultät für Psychologie der Universität Basel
ralph.hertwig@unibas.ch

Johannes Hintermaier
M.A. der Politikwissenschaft, arbeitet derzeit als wissenschaftlicher Mitarbeiter eines Abgeordneten des Deutschen Bundestags
johannes.hintermaier@web.de

Henning Laux
Wissenschaftlicher Mitarbeiter an der FSU Jena, Lehrstuhl für Allgemeine und Theoretische Soziologie (Lehrstuhlinhaber: Hartmut Rosa).
Henning.Laux@uni-jena.de

Johannes Marx
Wissenschaftlicher Mitarbeiter am Institut für Politikwissenschaft, Johannes Gutenberg-Universität in Mainz.
jmarx@uni-mainz.de

Seraina Pedrini
Doktorandin im NCCR-Projekt „Challenge to Democracy in the 21st Century"
Seraina.pedrini@ipw.unibe.ch

Lukas Rudolph
Student der Politikwissenschaft an der LMU München
LukasRudolph@gmx.de

Mirjam Ryser
Assistentin am Institut für Politikwissenschaft der Universität Bern
Mirjam.ryser@ipw.unibe.ch